中國學術思想 研究輯刊

三　編

林　慶　彰　主編

第 8 冊

《莊》《列》思想比較研究（下）

林　秀　香　著

花木蘭文化出版社

國家圖書館出版品預行編目資料

《莊》《列》思想比較研究（下）／林秀香 著—初版—台北
縣永和市：花木蘭文化出版社，2009〔民98〕

目 6+170 面；19×26 公分
（中國學術思想研究輯刊 三編：第8冊）

ISBN：978-986-6528-78-1（精裝）

1.（周）莊周 2.（周）列御寇 3.學術思想 4.比較研究

121.3　　　　　　　　　　　　　　　　　　98001661

中國學術思想研究輯刊
三 編 第八冊
ISBN：978-986-6528-78-1

《莊》《列》思想比較研究（下）

作　　者　林秀香
主　　編　林慶彰
總 編 輯　杜潔祥
出　　版　花木蘭文化出版社
發 行 所　花木蘭文化出版社
發 行 人　高小娟
聯絡地址　台北縣永和市中正路五九五號七樓之三
　　　　　電話：02-2923-1455／傳眞：02-2923-1452
網　　址　http://www.huamulan.tw 信箱 sut81518@ms59.hinet.net
印　　刷　普羅文化出版廣告事業
封面設計　劉開工作室
初　　版　2009 年 3 月
定　　價　三編 28 冊（精裝）新台幣 46,000 元

《莊》《列》思想比較研究（下）

林秀香　著

目

次

第六章　處世哲學

　　戰國時代是中國歷史上社會大變革、大動盪的時代,《莊子》與《列子》二書正是產生在這樣一個混亂又充滿巨變的年代。當時的社會雖然生產提高、財富增加,但是伴隨而來的是與日俱增的剝削和壓迫。統治者為了奪取權位,滿足個人私慾,不惜進行剷除異己的殺伐。甚至為了爭奪地盤而發動戰爭,使得民不聊生,死傷人數難以算計。生活在如此艱困危殆的社會環境中,百姓實有訴說不盡的悲苦。處在這個混亂的人間世,人際關係複雜糾結,當如何自處處人,才不會招致禍端,甚至喪失生命,必須要有一套應世自處之道來全生。

　　《莊子》與《列子》二書告誡人們應該珍惜生命,保持自己最自然的本性。要能與大道融為一體,順著事物的固然變化。要能藏跡匿志,韜光養晦,做一個平實而自然的人。並希望能回到上古時代那自由悠閒,與鳥獸同群的「至德之世」或稱「華胥國」。在這樣的理想社會裡,人們能順任自然之性,逍遙自在地生活,這也就是二書中的理想社會。

第一節　政治觀

　　春秋戰國時期,各學派的思想家們提出了不同的治國之道。如儒家主張以仁義禮樂治國,法家主張以嚴刑峻法治國,而道家則主張無為而治。無為的涵義有二:一是摒除私心,遵道而行,不故意有所作為,此指為政之動機而言。二是秉要執本,以簡御繁,不多事紛擾,此指為政的方法而言。〔註1〕

〔註1〕　見周紹賢:《列子要義》(台北:中華書局,1983 年 7 月),頁 65。

人性本是自然，順應自然，遵循事物自身的變化運作法則，才能使社會安定，百姓生活安樂。《老子》中所說「知常曰明」，「不知常，妄作，兇」（〈十六章〉），正是指出事情的一體兩面。若人們違反自然本性而行，將招來災禍。

一、《莊子》政治觀

儒家思想以仁義禮法為核心，建立道德規範與制度，本是為維持封建社會的秩序。但處在混亂的時代中，這些東西反而流於形式，成為拘囚人心的枷鎖，使人失去了自然本性，更被統治者、沽名釣譽者利用，成為控制百姓、求取榮華富貴的工具。統治者的種種作為，不僅不能為民謀福利，反而成為人民痛苦的製造者。在上位者愈是有為，人民生活愈是困苦，災難更是不斷。《莊子》正是希望將這些虛偽的仁義禮教加以剷除，使人們重返那自然純樸的生活狀態，不再遭受有為政治的迫害。

（一）捨棄仁義聖智

戰國是一個戰亂頻繁、權利爭奪的年代，政治社會動盪不安，殘酷的戰爭帶給人民生活上的疲弊與苦痛，統治者的壓榨剝削，使其陷入前所未有的險惡的境地。《莊子》書中描寫了百姓生活於苦難中的悲慘狀況，〈在宥〉說：

> 今世殊死者相枕也，桁楊者相推也，刑戮者相望也。

在混亂的時代中，現實社會黑暗，君王暴虐苛刻，而生活在這種環境下的百姓，是多麼地無辜、無奈與悲哀。而那些自以為是的統治者，還以為自己正在做治理天下的事，是為了天下百姓著想。〈庚桑楚〉說：

> 舉賢則民相軋，任知則民相盜。之數物者，不足以厚民。

在上位者越是標舉賢良，越是強調巧智，結果便是促使世人為爭奪名聲美譽、依憑小知而相互詆毀、作亂。成玄英疏說：

> 在上君王不能無為恬淡，清虛合道，而以知能治物，物必弊之，故大亂也。〔註2〕

好賢尚知的結果，不僅於治世平亂毫無裨益，反而是開啟人民爭奪好鬥之端，猶如「以火救火，以水救水，名之曰益多」（〈人間世〉），實則危害更深。尤其當巧智所造出的仁義，與所謂行仁義的聖人出現時，盜賊也就隨之產生，則天下愈趨於混亂。〈胠篋〉說：

〔註2〕 見郭慶藩輯：《莊子集釋》（台北：華正書局，1994年8月），頁360。

善人不得聖人之道不立，跖不得聖人之道不行；天下之善人少而不
善人多，則聖人之利天下也少，而害天下也多。

聖人不死，大盜不止。

絕聖棄知，大盜乃止。

人的本性本是自然，生活本是依順自然而行。後來由於強調仁義道德，憑藉
巧智謀略，反而使人心攻於算計，而逐漸喪失純樸天性。因此，要想恢復人
的本性，平息剷除盜賊，使天下大治，便要絕聖棄智，攘棄仁義。〈繕性〉說：

古之人在混芒之中，與一世而得澹漠焉。當是時也，陰陽和靜，鬼
神不擾，四時得節，萬物不傷，群生不夭。人雖有知，無所用之，
此之謂至一。當是時也，莫之為而常自然。逮德下衰，及燧人、伏
羲始為天下，是故順而不一。德又下衰，及神農、黃帝始為天下，
是故安而不順。德又下衰，及唐、虞始為天下，興治化之流，梟淳
散樸，離道以善，險德以行，然後去性而從於心。

古之人天性自然，既來自於自然，也生活在自然狀態之下，一切皆平淡無為，
太平無事。後來，出現了燧人、伏羲、神農、黃帝與唐堯、虞舜等人之治，
漸以有為之法施行統治，倡導仁義教化，則人民愈加速喪失其本性。人民本
不知仁義教化之名，有的只是順任自然而行。當這些後世的統治者提出仁義
教化之後，以其為統治人民的手段，反而使人民生出種種分別心，人心既知
區分差異，則爭奪禍害隨之而來。從這個角度來看，文明的發展興盛，君王
聖人的仁義統治，對人的本性來說是一種戕害災難了。《老子‧十八章》說：

大道廢，有仁義；慧智出，有大偽；六親不和，有孝慈；國家昏亂，
有忠臣。

儒家所視之為倫理規範的仁義禮樂，與所重視的聖人之智，對於《莊子》來
說，是產生盜賊的根源，是導致天下大亂的禍源。這樣的仁義聖人與統治者，
危害人民至深，又與殺人越貨的強盜有什麼分別？所謂「小盜者拘，大盜者
為諸侯，諸侯之門，仁義存焉」（〈盜跖〉）。這種對百姓有害無益的道德規範、
政治制度，實在是多餘。〈齊物論〉寫道：

愚者自以為覺，竊竊然知之。君乎，牧乎，固哉！

堅持主張君主統治制度的人，其實是愚昧不堪的，沒有認清仁義不過是諸侯
用來竊國的工具此一事實，卻自以為清醒了解一切。《莊子》對於文明的被利
用，甚至成為統治者爭權奪利的工具有所揭露。〈胠篋〉說：

> 聖人已死，則大盜不起，天下平而無故矣！聖人不死，大盜不止。雖
> 重聖人而治天下，則是重利盜跖也。爲之斗斛以量之，則并與斗斛
> 而竊之；爲之權衡以稱之，則并與權衡而竊之；爲之符璽以信之，
> 則并與符璽而竊之；爲之仁義以矯之，則并與仁義而竊之。何以知
> 其然邪？彼竊鉤者誅，竊國者爲諸侯，諸侯之門而仁義存焉。

斗斛、權衡、符璽和仁義這些東西，一落在盜賊、竊國者的手中，便成爲其
巧取爭奪的幫兇。這些人打著仁義的口號，雖從事不法的行爲，卻不會招致
任何刑罰。這正起了最不好的示範，等於是在鼓勵、暗示人民爭相爲盜，因
此天下大亂是必然的結果。《莊子》書中多處可見對仁義的批判：

> 堯既已黥汝以仁義，而劓汝以是非矣，汝將何以遊夫遙蕩恣睢轉徙
> 之塗乎？（〈大宗師〉）

> 昔者黃帝始以仁義攖人之心，堯舜於是乎股無胈，脛無毛，以養天
> 下之形，愁其五藏以爲仁義，矜其血氣以規法度……吾未知聖知之
> 不爲桁楊接槢也，仁義之不爲桎梏鑿枘也。（〈在宥〉）

儒家所提倡的仁義，就像是施在人們身上的黥、劓之刑一樣，是對人性的殘
害。〈天運〉中有一段老聃與孔子的對話，藉老聃之口批評了仁義，也對人性
自然之說提出看法。文中說：

> 孔子曰：「中心物愷，兼愛無私，此仁義之情也。」老聃曰：「意，
> 幾乎後言！夫兼愛，不亦迂乎！無私焉，乃私也。夫子若欲使天下
> 無失其牧乎？則天地固有常矣，日月固有明矣，星辰固有列矣，禽
> 獸固有群矣，樹木固有立矣。夫子亦放德而行，循道而趨，已而至
> 矣；又何偈偈乎揭仁義，若擊鼓而求亡子焉？意，夫子亂人之性也！」

若誤以爲仁義就是人的眞本性，那是認知上的錯誤。成玄英疏說：「孔子勉勵
身心，擔負仁義，強行於世，以教蒼生，何異乎打擊大鼓而求覓亡子，是以
鼓聲愈大而亡子愈離，仁義彌彰而去道彌遠，故無由得之。」﹝註3﹞仁義並非
人的本性，而是對人性有危害的。急於標舉、外求仁義，反而是違反自然之
道。〈駢拇〉說：

> 夫小惑易方，大惑易性。何以知其然邪？自虞氏招仁義以撓天下也，
> 天下莫不奔命於仁義，是非以仁義易其性與？

﹝註3﹞ 見郭慶藩輯：《莊子集釋》（台北：華正書局，1994 年 8 月），頁 480。

如果提倡仁義的本意，是爲了讓人民生活能有遵循的規範，那麼在知道仁義已成爲盜賊、竊國者及暴君等人，利用、統治的工具之後，就該停止繼續追逐。否則人心漸被扭曲，性命漸遭損傷，恐將造成難以挽救的災難。〈駢拇〉中便將仁義視爲人身上的贅瘤，帶來的只是痛苦和憂傷。文中說：

> 駢拇枝指，出乎性哉！而侈於德。附贅縣疣，出乎形哉！而侈於性。
> 多方乎仁義而用之者，列於五臟哉！而非道德之正也。是故駢於足
> 者，連無用之肉也；枝於手者，樹無用之指也；多方駢枝於五臟之
> 情者，淫僻於仁義之行，而多方於聰明之用也。

仁義就像是駢拇和枝指一樣，對人來說是一種累贅，給人帶來無休止的憂愁和煩惱。〈馬蹄〉中對聖知仁義所帶來的禍害也有描寫：

> 及至聖人，蹩躠爲仁，踶跂爲義，而天下使疑矣，澶漫爲樂，摘僻
> 爲禮，而天下始分矣。故純樸不殘，孰爲犧樽！白玉不毀，孰爲珪
> 璋！道德不廢，安取仁義！性情不離，安用禮樂！五色不亂，孰爲
> 文采！五聲不亂，孰應六律！夫殘樸以爲器，工匠之罪也；毀道德
> 以爲仁義，聖人之過也！

聖人費盡心力推行仁義，反而造成天下的混亂。這是因爲他破壞了素樸自然，以多餘之物強加於人民，違反人性而行。王夫之《莊子解》說：

> 以一人之情，蹩躠焉求合於眾人，而謂之仁；以一事之法，踶跂焉
> 求合于眾事，而謂之義；齊其不齊而爲禮，摘僻而已；和其不和而
> 爲樂，澶漫而已。此物不足，貸彼物以就之；一人不足，聯眾人以
> 成之；能之者號爲君子，不能者號爲小人。人無非黨也，此仁義禮
> 樂之必繼以兵戎寇讎也。皆聖人有爲之心啓之，而惡能禁之！〔註4〕

不以「仁義」拘執人性，才能保持其完整。成玄英疏說：「聖人以仁義之迹，毀無爲之道。」〔註5〕人人若能逐性命之情，順任自然，哪裡還會需要仁義。〈胠篋〉說：

> 絕聖棄知，大盜乃止，摘玉毀珠，小盜不起；焚符破璽，而民朴鄙；
> 掊斗折衡，而民不爭；殫殘天下之聖法，而民始可與論議。擢亂六
> 律，鑠絕竽瑟，塞瞽曠之耳，而天下始人含其聰矣。滅文章，散五
> 采，膠離朱之目，而天下始人含其明矣。毀絕鉤繩而棄規矩，攦工

〔註4〕　見王夫之：《莊子解》（台北：河洛圖書，1974 年 10 月），頁 83。
〔註5〕　見郭慶藩輯：《莊子集釋》（台北：華正書局，1994 年 8 月），頁 339。

> 捶之指，而天下始人有其巧矣。故曰：大巧若拙。削曾史之行，鉗
> 楊墨之口，攘棄仁義，而天下之德始玄同矣。彼人含其明，則天下
> 不鑠矣；人含其聰，則天下不累矣；人含其知，則天下不惑矣；人
> 含其德，則天下不僻矣。彼曾、史、楊、墨、師曠、工倕、離朱者，
> 皆外立其德而以爚亂天下者也，法之所無用也。

曾、史、楊、墨、師曠、工倕、離朱所代表的正是文明，人為的文明破壞了
自然和諧，造成社會的不安、人性的分化，應該是要被毀棄的。既然如此，
我們應該採取何種態度看待人的存在呢？〈大宗師〉說：

> 泉涸，魚相與處於陸，相呴以濕，相濡以沫，不如相忘於江湖。

成玄英疏說：「淳風既散，澆浪漸興，從理生教，聖迹斯起；矜蹩躠以為仁，
踶跂以為義，父子兄弟，懷情相欺。聖人羞之，良有以也。故知魚失水所以
呴濡，人喪道所以親愛之者也。」〔註6〕魚兒陷在陸地時，因失水而以濕氣泡
沫相噓吸、相浸潤，此並非魚的本性，而是不得不如此。大道對人來說，就
像江湖對魚一樣。個體本來就處在自然造化中，回歸大道，一切順隨自然的
安排。《老子‧三十八章》說：「上德無為而無以為。」無為便是自然，不刻
意標榜自己的作為，心中不存任何目的去行事，就不會受所行之德與目的所
限。〈列禦寇〉說：

> 賊莫大乎德有心而心有睫，及其有睫也而內視，內視而敗矣。

賊便是指虛假不實，別有用心。如果為著某種目的而行德，則是將此德視為
手段工具，既然是手段工具，其行為便不是德而是賊。郭象注說：「有心于為
德，非真德也。夫真德者，忽然自得而不知所以得也。」〔註7〕成玄英疏說：
「役智勞慮，有心為德，此賊害之甚也。」〔註8〕一切出於自然的東西都是自
然本性的反映，一切出於人為的東西都是背謬自然本性的。

（二）保持本性自然

> 道體是自然，人由道所生，人的本性就是自然，既然本性是自然，
> 那麼生活在自然的狀態下，便是對人類最好的生活方式。而一切制
> 度與規範，便成為多餘且不必要的，是使人心不得自由的最大因素。

吳康說：「順物自然，不以物易其性，是曰『率性』，所謂無為也而

〔註6〕 見王夫之：《莊子解》（台北：河洛圖書，1974年10月），頁242。
〔註7〕 見郭慶藩輯：《莊子集釋》（台北：華正書局，1994年8月），頁1057。
〔註8〕 同註6。

後安其性命之情，安其性命之情非他，即率性也。」〔註9〕這「率
性」之義可與「無爲」之義互相補充說明。〈馬蹄〉說：

彼民有常性，織而衣，耕而食，是謂同德；一而不黨，命曰天放。

人的本性屬於自然，本來就是喜歡過著自由自在的生活。《莊子》說：

道者，德之欽也；王者，德之光也；性者，生之質也。性之動，謂
之爲；爲之僞，謂之失。(〈庚桑楚〉)

泰初有無，無有無名；一之所起，有一而未形。物得以生，謂之德；
未形者有分，且然無間，謂之命；留動而生物，物成生理，謂之形；
形體保神，各有儀則，謂之性。性脩反德，德至同於初。同乃虛，
虛乃大。合喙鳴；喙鳴合，與天地爲合。其合緡緡，若愚若昏，是
謂玄德，同乎大順。(〈天地〉)

「性者，生之質也。」成玄英疏說：「質，本也。自然之性者，是稟生之本也。」
〔註10〕道生萬物，道之性爲自然，則萬物之性亦爲自然。這自然之性即天然之
性、本然之性。「物得以生，謂之德。」成玄英疏說：「德者，得也，謂得此也。
夫物得以生者，外不資乎物，內不由乎我，非無非有，不自不他，不知所以生，
故謂之德也。」〔註11〕萬物既由道所從生，則道性自然無爲，萬物得以生而不
知爲何，不過遵循自然而然之理。「形體保神，各有儀則，謂之性。」宣穎說：

形載神而保合之，視聽言動，各有當然之則，乃所謂性也。〔註12〕

人性自然，就連視聽言動都應循自然之則。人不過爲天地萬物之一物，，其
性與天地萬物之性並無什麼不同。則道與天地萬物，包括人在內，其性皆是
自然。〈馬蹄〉說：

馬，蹄可以踐霜雪，毛可以禦風寒，齕草飲水，翹足而陸，此馬之
眞性也。雖有義臺路寢，無所用之。及至伯樂，曰：「我善治馬。」
燒之，剔之，刻之，雒之，連之以羈馽，編之以皁棧，馬之死者十
二三矣；飢之，渴之，馳之，驟之，整之，齊之，前有橛飾之患，
而後有鞭筴之威，而馬之死者已過半矣。陶者曰：「我善治埴，圓者
中規，方者中矩。」匠人曰：「我善治木，曲者中鉤，直者應繩。」

〔註9〕見吳康：《老莊哲學》(台北：臺灣商務印書館，1955 年 2 月)，頁 150。
〔註10〕見郭慶藩輯：《莊子集釋》(台北：華正書局，1994 年 8 月)，頁 811。
〔註11〕同註 10，頁 425。
〔註12〕見宣穎著、王輝吉校：《莊子南華經解》(台北：宏業書局，1977 年 6 月)，頁
103。

> 夫埴木之性，豈欲中規矩鉤繩哉？然且世世稱之曰：「伯樂善治馬，
> 而陶匠善治埴木」，此亦治天下者之過也。

馬的真性，即馬的自然本性。馬的自然本性，「齕草飲水，翹足而陸」，自由
自在地生活在自然環境中，這對馬來說便是最快樂之事。可是自從伯樂出現
之後，卻自以爲是地以過多的作爲傷害馬，不僅「燒之，剔之，刻之，雒之，
連之以羈馽，編之以皁棧」，還「飢之，渴之，馳之，驟之，整之，齊之，前
有橛飾之患，而後有鞭筴之威」。經過這一連串的作爲後，馬的自然本性被破
壞殆盡，甚至死傷者過半。統治者以有爲的統治手段對待人民，不正如這伯
樂之對馬，殘生害性，卻還自鳴得意，實是可悲。馬的狀況如此，其他生物
也莫不如此。《莊子》說：

> 澤雉十步一啄，百步一飲，不蘄畜乎樊中。(〈養生主〉)

> 昔者，海鳥止於魯郊。魯侯御而觴之于廟，奏九韶以爲樂，具太牢
> 以爲膳。鳥乃眩視憂悲，不敢食一臠，不敢飲一杯，三日而死。此
> 以己養養鳥也，非以鳥養養鳥也。(〈至樂〉)

澤雉十步才能啄食，百步方能飲水，雖然辛苦，卻甘之如飴。而被養在鳥籠
中的生活，飲食雖然方便，卻失去自由。因此，就這兩種生活方式來說，能
快樂自由地生活，保有自然本性才是最重要的。海鳥的情況也是如此，雖生
活無虞，魯侯甚至爲其奏九韶之樂，最後仍不免一死，這是因爲魯侯的作爲
完全違背了鳥的本性。本是愛鳥心切，卻反而造成其死亡，豈不諷刺。由這
二則故事中，可得知保持本性的自然有多重要，相較之下，物質的享受就顯
得微不足道了。〈駢拇〉說：

> 彼正正者，不失其性命之情。故合者不爲駢，而枝者不爲跂；長者
> 不爲有餘，短者不爲不足。是故鳧脛雖短，續之則憂；鶴脛雖長，
> 斷之則悲。故性長非所斷，性短非所續，無所去憂也。意仁義其非
> 人情乎！彼仁人何其多憂也？

只要是出於自然本性，那麼就算是多生出的腳指、手指，都不是駢拇、枝指。
只要是出自自然，長的不算是有餘，短的不算是不足。林希逸說：

> 性長性短，言長短出于本然之性也。長短，性所安，無憂可去也。

〔註13〕

〔註13〕見林希逸：《南華真經口義》卷十一，張繼禹主編：《中華道藏》第十三冊（北
京：華夏出版社，2004 年 1 月），頁 768。

不論是野鴨的腳短，還是野鶴的腳長，這些都是天生自然的。因此，不需多事地為其加長或截短，這長與短，本就是生物之間的差別，一切皆是出於自然，又何必憂其不同。如果人們強施以作為，為之加長截短，都是對本性的破壞。本性若遭破壞，又如何過著自由快樂的生活？〈天地〉說：

> 百年之木，破為犧尊，青黃而文之，其斷在溝中。比犧尊於溝中之斷，則美惡有間矣，其於失性一也。跖與曾、史，行義有間矣，然其失性均也。

百年之木，被砍伐之後，可以成為犧尊，為人所用所愛，也可能成為破碎的木片，被棄置在溝中。也許以世俗的觀點來看，犧尊價值較高，但是就殘害本性這一點來說，是相同的。就像盜跖、曾參、史魚等人一樣，雖然有人成為強盜，有人成為仁義之士，在名聲與作為上有所不同，但是就其喪失自然本性這一點來說，是相同的。有為即是對人性的殘害，不論其結果以世俗標準來說是美醜或善惡，都是徒增滋擾。〈應帝王〉中以「鑿死渾沌」的故事說明此種看法：

> 南海之帝為儵，北海之帝為忽，中央之帝為渾沌。儵與忽時相與遇於渾沌之地，渾沌待之甚善。儵與忽謀報渾沌之德，曰：「人皆有七竅，以視聽食息，此獨無有，嘗試鑿之。」日鑿一竅，七日而渾沌死。

南海、北海二帝的出發點雖是好意，但終究是有為，「日鑿一竅」，七竅皆成之時，便是素樸善心的渾沌死亡之日。「七竅」指各種各樣的禮義法度，「渾沌之死」意味著失道之世之最終形成。〔註14〕宣穎說：

> 天下一渾沌之天下也，古今一渾沌之古今也。今日立一法，明日設一政，機智黜盡，元氣消亡矣。從來帝王，除去幾人，其餘皆儵也忽也，皆鑿渾沌之竅，而致之死者也。何以取名儵忽，而言其竅鑿，帝王相禪，一事儵造而有，一事忽廢而無。數番因革之後淳樸琢盡矣。解此方知帝儵帝忽取義之妙。中央之帝為渾沌者，守中則自然之道全也。〔註15〕

《莊子》以渾沌之死，暗示有為的政治作為給百姓帶來的災害有多深，甚至置人民於死地。為政者對於《莊子》所提出的警示，能不引以為戒嗎？為政

〔註14〕見韓林合：《虛己以游世——《莊子》哲學研究》（北京：北京大學出版社，2006年1月），頁304。

〔註15〕見宣穎著、王輝吉校：《莊子南華經解》（台北：宏業書局，1977年6月），頁80。

者若是一心想有所作爲，以自己的主觀意念行事，不但無濟於救世，反而貽害天下。《莊子》提醒著爲政者，統治天下當遵循無爲而治的原則。

（三）施行無為而治

老莊皆以道爲其哲學中心，對於道皆有詳細論述。但是《莊子》在老子思想基礎之下，更重視、落實人生問題的討論，也更多地考慮到生命的價值。〔註 16〕它所思考的重心在於如何救人，如何使人找到安身立命之所，如何才能維護社會的長治久安。〈在宥〉說：

> 聞在宥天下，不聞治天下也。在之也者，恐天下之淫其性也；宥之
> 也者，恐天下之遷其德也。天下不淫其性，不遷其德，有治天下者
> 哉！

在宥，即指自在、自得、自然。成玄英疏說：「宥，寬也；在，自在也。」〔註 17〕林希逸說：「在者，優游自在之意。淫，亂也，靜定則不淫矣。宥者，寬容自得之意。遷，爲外所遷移也。使天下之人性皆不外亂，德皆不移於外物，又何用治之乎。」〔註 18〕天下人人皆順著本性發展，哪裡還需要人爲的外在治理，也就不需要君王費心耗神地治理天下。天下本重於「在宥」，而不重在治理，若出於不得已而治天下，當以無爲爲遵循之法。君王若能無爲，百姓能各安其性命之情。〈在宥〉說：

> 故君子不得已而臨莅天下，莫若無爲。無爲也，而後安其性命之情。
> 故貴以身於爲天下，則可以託天下；愛以身於爲天下，則可以寄天
> 下。故君子苟能無解其五藏，無擢其聰明，尸居而龍見，淵默而雷
> 聲，神動而天隨，從容無爲而萬物炊累焉。吾又何暇治天下哉！

《莊子》希望通過「無爲」，以達到「無不爲」，使人人安其性命之情，而能反

〔註 16〕陳鼓應說：「莊子所談的道，和老子比較起來已經有了不同的發展。老子的道，
　　　　重客觀的意義，莊子的道，卻從主體透昇上去成爲一種宇宙精神。莊子把道
　　　　和人的關係，扣得緊緊的，他不像老子那樣費心思筆墨去證實或說明道的客
　　　　觀實存性，也不使道成爲一個高不可攀的掛空概念，他只描述體道以後的心
　　　　靈狀態。在莊子，道成爲人生所達到的最高境界，人生所臻至的最高的境界
　　　　便稱爲道的境界。由於老子形而上之本體論和宇宙論色彩濃厚的道，到了莊
　　　　子則內化而爲心靈的境界。」見陳鼓應：《老莊新論》（香港：中華書局，1991
　　　　年 4 月），頁 227。
〔註 17〕見郭慶藩輯：《莊子集釋》（台北：華正書局，1994 年 8 月），頁 364。
〔註 18〕見林希逸：《南華眞經口義》卷十三，張繼禹主編：《中華道藏》第十三冊（北
　　　　京：華夏出版社，2004 年 1 月），頁 777。

璞歸眞。蔣錫昌說：「『無爲』者，言其體；『無不爲』者，言其用。」〔註 19〕
「聖人無常心，以百姓心爲心」（《老子・四十九章》），爲政者要能以民爲主，
不強迫、桎梏其天性。《莊子》中陳述了對於治理天下的看法，〈天道〉說：

> 夫帝王之德，以天地爲宗，以道德爲主，以無爲爲常。無爲也，則
> 用天下而有餘；有爲也，則爲天下用而不足。故古之人貴夫無爲也。
> 上無爲也，下亦無爲也，是下與上同德，下與上同德則不臣；下有
> 爲也，上亦有爲也，是上與下同道，上與下同道則不主。上必無爲
> 而用天下，下必有爲爲天下用，此不易之道也。故古之王天下者，
> 知雖落天地，不自慮也；辯雖彫萬物，不自說也；能雖窮海內，不
> 自爲也。天不產而萬物化，地不長而萬物育，帝王無爲而天下功。
> 故曰莫神於天，莫富於地，莫大於帝王。故曰帝王之德配天地。此
> 乘天地，馳萬物，而用人群之道也。

《莊子》主張「無爲而治」，強調人性自然。無爲則萬物自然成長，有爲則疲
於奔命。君臣上下，各盡其分，不違背自然天性，使萬物能自由發展，相互
之間和諧無事，此即無爲而治。郭象注說：

> 無爲之言，不可不察也。夫用天下者，亦有用之爲耳。然自得此爲，
> 率性而動，故謂之無爲也。今之爲天下用者，亦自得耳。但居下者
> 親事，故雖舜禹爲臣，猶稱有爲。故對上下，則君靜而臣動；比古
> 今，則堯舜無爲而湯武有事。〔註 20〕

物各有其用，人各有其才，讓物盡其用，讓人盡其才，各安其性，則百姓生
活安樂，國家社會安定。吳康說：

> 順自然之性，守無私之教，不以人事干涉天行，是曰無爲。
> 無爲之施於政事……曰「明分」，君臣上下各有其分，上則主持大計
> 而不躬親庶政，下則戮力所事而上同承大計，各守其分而不相犯，
> 故上無爲而用天下，下有爲爲天下用，此明分之效，循自然之道，
> 亦可總曰無爲之用也。〔註 21〕

天地化育萬物，無爲無私，使萬物各逐其生，「生而不有，爲而不恃，功成而
弗居」（《老子・二章》）。君王不能以一己的私欲私利，使百姓蒙受其害。〈天

〔註 19〕見蔣錫昌：《老子校詁》（成都：成都古籍書店，1988 年 9 月），頁 240。
〔註 20〕見郭慶藩輯：《莊子集釋》（台北：華正書局，1994 年 8 月），頁 466。
〔註 21〕見吳康：《老莊哲學》（台北：臺灣商務印書館，1955 年 2 月），頁 150。

地〉說：

> 天地雖大，其化均也；萬物雖多，其治一也；人卒雖眾，其主君也。
> 君原於德而成於天。故曰：玄古之君天下，無為也，天德而已矣。
> 以道觀言而天下之君正，以道觀分而君臣之義明，以道觀能而天下
> 之官治，以道汎觀而萬物之應備。故通於天地者，德也；行於萬物
> 者，道也；上治人者，事也；能有所藝者，技也。技兼於事，事兼
> 於義，義兼於德，德兼於道，道兼於天。故曰，古之畜天下者，無
> 欲而天下足，無為而萬物化，淵靜而百姓定。

天地本來就是無為，正因為無為，萬物才能照其本性成長。若是有為，反而
成為妨礙其發展的阻力。君王為政，當取法天地自然之理，能順於自然則事
成，若是違反自然，則事難以有成。郭象注說：

> 各當其分，則無為位上，有為位下也。〔註22〕

成玄英疏說：

> 夫君道無為，而臣道有事，尊卑勞逸，理固不同。譬如首自居上，
> 足自居下，用道觀察，分義分明。〔註23〕

天德，即是指自然規律。君王名義上雖然為統治者，卻是行無為之治，聽任
自然，順應人民的自然天性，任其發展變化，此即為合於天道的統治者。因
此，君王要能讓臣下各司其職、各盡其能地做好天下事務，而自己不多加干
涉。〈應帝王〉中透過天根與無名人的對話，說明治天下的方法。文中說：

> 天根遊於殷陽，至蓼水之上，適遭無名人而問焉，曰：「請問為天
> 下。」無名人曰：「去！汝鄙人也，何問之不豫也！予方將與造物
> 者為人，厭，則又乘夫莽眇之鳥，以出六極之外，而遊無何有之
> 鄉，以處壙埌之野。汝又何帛以治天下感予之心為？」又復問。
> 無名人曰：「汝遊心於淡，合氣於漠，順物自然而無容私焉，而天
> 下治矣。」

身為一國之君，若是暴虐無道、專制獨裁、剛愎自用、貪心私欲過多，讓他治
理天下，將造成天下大亂。成玄英疏說：「無何有，猶無有也。莫，無也。謂寬
曠無人之處，不問何物，悉皆無有，故曰無何有之鄉也。」〔註24〕陸德明《經

〔註22〕見郭慶藩輯：《莊子集釋》（台北：華正書局，1994年8月），頁405。
〔註23〕同註22。
〔註24〕同註22。

－306－

典釋文》說：「謂寂絕無爲之地也。」〔註25〕君王要行無爲之治，必得遊心於恬淡之境，順任民性的自然，不強加私意於人民，清靜無爲，則天下可大治。

（四）內聖外王之道

「內聖外王」一詞始見於《莊子》，指的是以天人合一，無爲自然，修己內聖，以應人而王天下。〔註26〕〈天下〉說：

> 天下大亂，賢聖不明，道德不一，天下多得一察焉以自好。
>
> 是故內聖外王之道闇而不明，鬱而不發，天下之人各爲其所欲焉，
>
> 以自爲方。悲夫，百家往而不反，必不合矣！後世之學者，不幸不
>
> 見天地之純，古人之大體，道術將爲天下裂。

「內」指自身而言，就人格修養言則成爲聖人；「外」指對人而言，就經世致用言則能爲王者，此之謂內聖外王。〔註27〕所以「內聖」可以說是指個人內心的一種人格修養，而「外王」則是指處理社會群體的事務。〔註28〕若是個人皆堅持己見，甚至以此而沾沾自喜，則大道支離破碎，難以窺其原貌。於是《莊子》主張「內聖外王」之道，其「外王」之道，便是批判儒家形態的德治和人治。反對以人來統治人，也反對以儒家的道德來束縛人，基本上是反對任何形式的統治，認爲人民要依照其自然性、自由性、自主性而生活。因此，主張爲政之道，不要干涉，當順人性之自然，以百姓的意志爲意志。〔註29〕

《莊子》認爲欲求外王，必先至內聖，因此它非常重視「內聖」的功夫。〈天道〉說：「倒道而言，迕道而說者，人之所治也，安能治人！」〈應帝王〉中描繪了理想治者的形象：

> 齧缺問於王倪，四問而四不知。齧缺因躍而大喜，行以告蒲衣子。
>
> 蒲衣子曰：「而乃今知之乎？有虞氏不及泰氏。有虞氏，其猶藏仁以
>
> 要人；亦得人矣，而未始出於非人。泰氏，其臥徐徐，其覺于于；
>
> 一以己爲馬，一以己爲牛；其知情信，其德甚眞，而未始入於非人。」

爲政者治國不能再標榜仁義之道，「藏仁以要人」，仁義已成爲統治者束縛、控制百姓的工具。眞正理想的帝王，應像「泰氏」一樣，「一以己爲馬，一以

〔註25〕見郭慶藩輯：《莊子集釋》（台北：華正書局，1994年8月），頁41。
〔註26〕見邱榮鐋：《莊子哲學體系論》（台北：文津出版社，1999年7月），頁55。
〔註27〕見周紹賢：《莊子要義》（台北：文景書局，1973年9月），頁53。
〔註28〕見陳鼓應：《老莊新論》（香港：中華書局，1991年4月），頁205。
〔註29〕同註28。

己為牛；其知情信，其德甚眞，而未始入於非人」，心胸舒泰，自然純樸，突
破一切界限，作一個自由無礙的人。同篇中又說：

> 肩吾見狂接輿。狂接輿曰：「日中始何以語汝？」肩吾曰：「告我君
> 人者以己出經式義度，人孰敢不聽而化諸！」狂接輿曰：「是欺德也。
> 其於治天下也，猶涉海鑿河，而使蚉負山也。夫聖人之治也，治外
> 乎？正而後行，確乎能其事者而已矣。且鳥高飛以避矰弋之害，鼷
> 鼠深穴乎神丘之下，以避熏鑿之患，而曾二蟲之無知！」

「經式義度」，是違反人的本性，從外強加於人的，不過是統治者用來「欺德」
的手段。統治者若一意孤行，強迫人民接受，必然會引起人民的反感。連鳥
兒都知道高飛以逃避迫害，鼷鼠也知道挖洞藏身，牠們都有保護自身不受災
禍的本能，更何況是人民？統治者若想要欺騙、統治百姓，就好比「涉海鑿
河」、「使蚉負山」一樣，是不可能辦到的。

　　帝王的為政之道，應先端正自己的言行，再去推行教化，而且要能順應
自然與人民之性，不以個人的意願強人所難，要能任人各盡所能。李勉在《莊
子總論及分篇評注》說：

> 正而後行：言性正而後可。君先正性，始可化民，上行則下效也。
> 確乎能其事者而已矣：言不強為於民也，不以經式義度強示於人，
> 使人自由，能勝任而已。〔註30〕

這樣的思想在《老子》中也有：

> 聖人之治，虛其心，實其腹；弱其志，強其骨。常使民無知無欲，
> 使夫智者不敢為也。為無為，則無不治。(〈三章〉)

> 是以聖人無為，故無敗；無執，故無失。民之從事，常於幾成而敗
> 之。慎終如始，則無敗事。是以聖人欲不欲，不貴難得之貨。學不
> 學，復眾人之所過。以輔萬物之自然，而不敢為。(〈六十四章〉)

不要過度重視外在的物欲追求，而是要任人的本性自然發展。在《莊子》看
來，人若有了成心，便以己見為是，定出規矩法度強加於人，這是不可取的。
如果每個人皆是如此想法，又如何沒有紛爭？《莊子》要求統治者放棄獨裁
專制，還給人民自由。〈天地〉中記載將閭葂問季徹為政者之道一事：

> 季徹曰：「大聖之治天下也，搖蕩民心，使之成教易俗，舉滅其賊心

〔註30〕見李勉：《莊子總論及分篇評注》(台北：臺灣商務印書館，1990年8月)，頁
181。

> 而皆進其獨志，若性之自爲，而民不知其所由然。若然者，豈兄堯
> 舜之教民，溟涬然弟之哉？欲同乎德而心居矣。」

爲政者不要有賊害、利用人民的私心，也不要有獨斷、算計百姓的私意；要能廣納眾人的意見，以多數人民的利益爲施政的重點，重視民心民意的向背問題。〈天地〉說：

> 夫子問于老聃曰：「有人治道若相放，可不可，然不然。辯者有言曰：
> 『離堅白若縣寓。』若是則可謂聖人乎？」老聃曰：「是胥易，技係
> 勞形怵心者也。執狸之狗成思，猿狙之便自山林來。丘，予告若，
> 而所不能聞與而所不能言。凡有首有趾無心無耳者眾，有形者與無
> 形無狀而皆存者盡無。其動止也，其死生也，其廢起也，此又非其
> 所以也。有治在人，忘乎物，忘乎天，其名爲忘己。忘己之人，是
> 之謂入於天。」

這裡借藉孔子與老子的對話，指出爲政者的治世之道，在於人們遵循本性地生活，忘己忘物，與自然融爲一體。若是國君不能體道，所造成的影響是十分嚴重的。〈在宥〉說：

> 自而治天下，雲氣不待族而雨，草木不待黃而落，日月之光益以荒
> 矣。

又說：

> 亂天之經，逆物之情，玄天弗成；解獸之群，而鳥皆夜鳴；災及草
> 木，禍及昆蟲，噫，治人之過也！

由於爲政者施政不良，導致自然常規與現象的混亂，事物不能有所成。因此，《莊子》提醒君王治國，當無心於治，能「順物自然」，就能使百姓萬物「不失其性命之情」（〈駢拇〉）。〈讓王〉說：

> 道之眞以治身，其緒餘以爲國家，其土苴以治天下。由此觀之，帝
> 王之功，聖人之餘事也。

帝王之功不過是聖人的餘事，所以《莊子》強調的是內聖的功夫。「知天之所爲，知人之所爲者」、「與造物者爲人，而遊乎天地之一氣」（〈大宗師〉），這就是其內聖的理想境界。儒家提倡仁義禮智，本是希望建立可供遵循的規範，最後反而成了統治者的工具，拘限人民本性的枷鎖。因此，《莊子》試圖以道作爲解脫束縛的方法，使萬事萬物能依循自然和諧的法則。

　　《莊子》的無爲並非什麼也不做，而是提倡順性而爲，不戕喪本性，不

強行作爲。若是不順理而爲，造成不平的現象，則動亂紛起，終至不可收拾，所謂「以不平平，其平也不平」（〈列禦寇〉）。因此，無爲實是治平的最簡易而又最根本的治道。〔註31〕徐復觀說：

> 老莊自認爲道、天，是無爲而無不爲，人應以此爲法，因而都主張無爲。但莊子卻將老子的「不得已」三字，加以發展，以補充無爲的漏洞。因爲普通人也好，統治者也好，如何能完全無爲呢？他只是怕人好事多事，卻不能真的叫人在現實生活中不事事。所以他特強調「不得已」三字，以形容事事而不好事多事的情形，這樣便比僅說「無爲」二字實際得多了。〔註32〕

人間世即是人所處的地方，是任何人皆需面對的環境。人處於世，當然就得面對現實生活與政治上的問題。《莊子‧人間世》說：「絕癢易，無行地難。」什麼都不做，比較容易做到，但做了什麼卻不留下任何痕跡，就不容易了。《莊子》重視精神的超脫，強調自由的重要，若能將無爲作爲一種精神境界，則可遊心於外在束縛之上。

二、《列子》政治觀

當傳統而閉鎖的社會走向崩潰時，用來凝固社會、鞏固秩序的傳統政治思想必然瓦解。〈說符〉記載了一則「施氏與孟氏」的故事。施氏有兩個兒子，一個好學多聞，一個喜歡軍事。兩人分別到齊國、楚國謀求發展，都有很好的成就。孟氏也有兩個兒子，因羨慕施氏家兒子的成就，便去請教方法。施氏二子誠實以告，孟氏其中一個兒子聽了之後，前往秦國，以學術求爲任用，秦王向孟氏之子說：

> 當今諸侯力爭，所務兵食而已。若用仁義治吾國，是滅亡之道。

後來孟氏之子受了宮刑，才被釋放。施氏與孟氏之子，所學相同，結果卻大不相同。施氏之子得到富貴，孟氏之子卻遭受刑罰。秦王所說的話，正反映傳統價值觀念的改變與瓦解。過去儒家提倡以仁義治理天下，《列子》在這裡卻藉秦王之口說，「用仁義治吾國，是滅亡之道」。以仁義治國，不僅於事無補，反而帶來滅亡，這是對仁義的否定。

〔註31〕 見蔡明田：《莊子的政治思想》（台北：牧童出版社，1974 年 10 月），頁 57～58。
〔註32〕 見徐復觀：《中國人性論史》（台北：臺灣商務印書館，1969 年 1 月），頁 411。

　　此外，《列子》認爲治國需先治身。〈說符〉中記載楚王問治國之道一事，詹何答以治身爲首要目的。文中說：

> 楚莊王問詹何曰：「治國奈何？」詹何對曰：「臣明於治身而不明於治國也。」楚莊王曰：「寡人得奉宗廟社稷，願學所以守之。」詹何對曰：「臣未嘗聞身治而國亂者也，又未嘗聞身亂而國治者也。故本在身，不敢對以末。」楚王曰：「善。」

治國的根本在於自身，一個能將自身管理好的人，卻無法治理好國家，這是從來不曾聽說過的事。反之，也未曾聽說過，一個人自身都管理不好，卻能將國家治理好。《列子》在這裡藉由詹何之口，討論了治身與治國的關係，反映了《列子》以治身爲本，身國並治的觀念。同篇中還說：

> 嚴恢曰：「所爲問道者爲富。今得珠亦富矣，安用道？」子列子曰：「桀紂唯重利而輕道，是以亡。幸哉余未汝語也。人而無義，唯食而已，是雞狗也。彊食靡角，勝者爲制，是禽獸也。爲雞狗禽獸矣，而欲人之尊己，不可得也。人不尊己，則危辱及之矣。」

嚴恢以爲有了金銀珠寶，即是富有，爲何還要講道？列子以「人而無義，唯食而已，是雞狗也」之語，加以斥責。一個人若只是重視飲食享受，那和雞狗禽獸有何不同？就像桀、紂因重財利輕道義，導致身死國亡。行爲與禽獸沒兩樣，卻希望得到別人的尊重，那是不可能的。人不能治身，無法獲得他人的尊重，那麼災禍和恥辱就會相繼降臨了。爲政者身負國家重任，無法獲得人民百姓的擁戴敬重，國家危殆不安，如何能長治久安。因此，爲政者要能修身。〈說符〉說：

> 趙襄子使新穉穆子攻翟，勝之，取左人中人，使遽人謁之。襄子方食而有憂色。左右曰：「一朝而兩城下，此人之所喜也。今君有憂色，何也？」襄子曰：「夫江河之大也，不過三日；飄風暴雨不終朝，日中不須臾。今趙氏之德行無所施於積，一朝而兩城下，亡其及我哉！」孔子聞之曰：「趙氏其昌乎！夫憂者所以爲昌也，喜者所以爲亡也。勝非其難者也，持之，其難者也。賢主以此持勝，故其福及後世。齊楚吳越皆嘗勝矣，然卒取亡焉，不達乎持勝也。唯有道之主爲能持勝。」……故善持勝者以強爲弱。

趙襄子派人攻打翟，打了勝戰，卻反而憂愁起來，因爲他擔心趙國並沒有積累太多德行，如今卻有這樣的功績，擔憂勝利得意的事是不會太長久的，趙

國也許將要敗亡。孔子在聽說了這件事之後，認爲趙國有這種君王，是趙國將昌盛的原因。人常因喜悅得意而忘形，最後導致滅亡，若能時刻謹愼懷憂，不驕矜自恃，則爲成功帶來契機。求得勝利並不是最艱難的事情，更難得的是守住這勝利。《老子‧九章》說：

> 持而盈之，不若其已。揣而梲之，不可長保。金玉滿堂，莫之能守。
> 富貴而驕，自遺其咎。

爲人謙虛退讓，功成不居，以保持長安久樂。賢明的君主能自我修持，所以能將福祉傳給後代子孫。歷史上有過許多的教訓，像齊、楚、吳、越等國，都曾經強盛一時，得過勝利，爲什麼最後仍走上滅亡一途？那就是不明白「善持勝者以強爲弱」的道理。人們常被勝利的喜悅沖過頭，卻忘了背後所隱藏的憂患。而能於此處自省自見的人，不僅難能可貴，更可見其持勝之道。

而一個好的爲政者應該去認識人民，善於任用人民，而不仗恃個人的能力。〈說符〉說：

> 列子曰：「色盛者驕，力盛者奮，未可以語道也。故不斑白語道，失，而況行之乎？故自奮則人莫之告。人莫之告，則孤而無輔矣。賢者任人，故年老而不衰，智盡而不亂。故治國之難在於知賢而不在自賢。」

一個驕傲逞強的人，別人是不會與之論道的，更不會告訴他治國、修身的道理。如此一來，這個人就孤立無援了，不知修身，也無以治國。越是想要表現凸顯什麼，越是爲自己帶來更多的困擾。《老子》書中說：

> 不欲見賢。(〈七十七章〉)
>
> 不自見故明，不自是故彰，不自伐故有功，不自矜故長。(〈二十二章〉)
>
> 自見者不明，自是者不彰，自伐者無功，自矜者不長。(〈二十四章〉)

「自見」、「自是」、「自伐」、「自矜」，皆人君有爲的表示。〔註33〕人君應當無私無欲，不自矜其才能，不刻意顯現誇耀其功，一切順應自然。《列子》透過「詹何釣魚」的故事，說明治國之道在以弱制強。〈湯問〉說：

> 詹何以獨繭絲爲綸，芒鍼爲鉤，荊篠爲竿，剖粒爲餌，引盈車之魚，於百仞之淵，汨流之中；綸不絕，鉤不伸，竿不橈。楚王聞而異之：

〔註33〕見蔣錫昌：《老子校詁》(成都：成都古籍書店，1988 年 9 月)，頁 163。

召問其故。詹何曰：「臣聞先大夫之言，蒲且子之弋也，弱弓纖繳，乘風振之，連雙鶬於青雲之際。用心專，動手均也。臣因其事，放而學釣。五年始盡其道。當臣之臨河持竿，心無雜慮，唯魚之念；投綸沈鉤，手無輕重，物莫能亂。魚見臣之鉤餌，猶沈埃聚沫，吞之不疑。所以能以弱制彊，以輕致重也。大王治國誠能若此，則天下可運於一握，將亦奚事哉」楚王曰：「善」。

詹何在河邊釣魚時，心無雜念，只想著釣魚一事，放下釣鉤後，注意握竿的力量，不讓任何事干擾自己的專注力。魚看見釣餌，以為是塵埃或泡沫，毫不考慮地吞下去，沒有半點遲疑。這就是以弱制強，以輕微之物獲致重物的道理。詹何釣魚的秘訣，便是在平均、柔弱，能均就可以承受重物，能弱就可以制強。將此理運用於治理國家，天下即可運於掌間。〈楊朱〉說：

子產相鄭，專國之政。三年，善者服其化，惡者畏其禁，鄭國以治，諸侯憚之。而有兄曰公孫朝，有弟曰公孫穆。朝好酒，穆好色。朝之室也聚酒千鍾，積麴成封，望門百步，糟漿之氣逆於人鼻。方其荒於酒也，不知世道之安危，人理之悔吝，室內之有亡，九族之親疏，存亡之哀樂也。雖水火兵刃交於前，弗知也。穆之後庭比房數十，皆擇稚齒婑媠者以盈之。方其耽於色也，屏親昵，絕交游，逃於後庭，以晝足夜，三月一出，意猶未愜。鄉有處子之娥姣者，必賄而招之，媒而挑之，弗獲而後已。子產日夜以為戚，密造鄧析而謀之，曰：「僑聞『治身以及家，治家以及國』，此言自於近至於遠也。僑為國則治矣，而家則亂矣。其道逆邪？將奚方以救二子？子其詔之！」鄧析曰：「吾怪之久矣，未敢先言。子奚不時其治也，喻以性命之重，誘以禮義之尊乎？」子產用鄧析之言，因閒以謁其兄弟，而告之曰：「人之所以貴於禽獸者，智慮。智慮之所將者，禮義。禮義成，則名位至矣。若觸情而動，耽於嗜慾，則性命危矣。子納僑之言，則朝自悔而夕食祿矣。」朝穆曰：「吾知之久矣，擇之亦久矣，豈待若言而後識之哉？凡生之難遇而死之易及。以難遇之生，俟易及之死，可孰念哉？而欲尊禮義以夸人，矯情性以招名，吾以此為弗若死矣。為欲盡一生之觀，窮當年之樂。唯患腹溢而不得恣口之飲，力憊而不得肆情於色，不遑憂名聲之醜，性命之危也。且若以治國之能夸物，欲以說辭亂我之心，榮祿喜我之意，不亦鄙而

可憐哉？我又欲與若別之。夫善治外者，物未必治，而身交苦。善治內者，物未必亂，而性交逸。以若之治外，其法可暫行於一國，未合於人心；以我之治內，可推之於天下，君臣之道息矣。吾常欲以此術而喻之，若反以彼術而教我哉？」子產忙然無以應之。他日以告鄧析。鄧析曰：「子與真人居而不知也，孰謂子智者乎？鄭國之治偶耳，非子之功也。」

子產治理鄭國，百姓服從他的教化，畏懼他的禁令，國家因此安定。子產的兄弟公孫朝與公孫穆，一好酒一好色，皆不理世事，子產以為家未能治，憂愁不已。於是以禮義的施行、名位的獲得加以勸告，公孫朝與公孫穆不認同，回答說：「欲尊禮義以夸人，矯情性以招名，吾以此為弗若死矣」。從這兩人的回答中，可以知道子產所推行的治國方法，是對人性的扭曲與壓迫，是違背自然本性的，也許暫時獲得了成效，但對於人性的破壞與國家的安定來說，卻是最為嚴重且難以長治安久的。

　　《列子》透過公孫朝與公孫穆之口，說明了禮義制度的不合乎人性，又以功名利祿誘惑人心，使人在追逐外物的過程中，不斷地耗損心力，弄得精疲力竭，這對於本性的戕害是非常嚴重的。而這些為政者，卻還沾沾自喜於自己的治國之道，這不是可悲的事嗎？但是這裡特別要指出的是，公孫穆、公孫朝耽於酒色，縱欲無度的生活態度是不可取的，也不要仿效。人要能超越情感、慾望的誘惑，「實現人生的最好辦法，也是根本的解決途徑，就是使天下人都能順應自我本性。如果能夠這樣，君臣職分也就成為多餘，可以消除現實的利益地位之分造成的紛爭。」〔註34〕

　　對於治道，《列子》還主張要「察其所以然」。〈說符〉說：

關尹謂子列子曰：「言美則響美，言惡則響惡；身長則影長，身短則影短。名也者，響也；身也者，影也。故曰：慎爾言，將有和之；慎爾行，將有隨之。是故聖人見出以知入，觀往以知來，此其所以先知之理也。度在身，稽在人。人愛我，我必愛之；人惡我，我必惡之。湯武愛天下，故王；桀紂惡天下，故亡，此所稽也。稽度皆明而不道也，譬之出不由門，行不從徑也。以是求利，不亦難乎？嘗觀之神農有炎之德，稽之虞、夏、商、周之書，度諸法士賢人之

〔註34〕見強昱：《知止與照曠——莊學通幽》（北京：宗教文化出版社，2004 年 10 月），頁 522。

言，所以存亡廢興而非由此道者，未之有也。」

列子學射中矣，請於關尹子。尹子曰：「子知子之所以中者乎？」對曰：「弗知也。」關尹子曰：「未可。」退而習之。三年，又以報關尹子。尹子曰：「子知子之所以中乎？」列子曰：「知之矣。」關尹子曰：「可矣。守而勿失也。非獨射也，爲國與身亦皆如之。故聖人不察存亡，而察其所以然。」

列子練習射箭，關尹子要他了解爲何能射中靶心的原因，並提醒他治國與修養身心的道理是一樣的，要知道其中的原因，而不侷限於表面的現象。事物的發展變化有其內在因素，就像商湯、武王的受人民擁戴，與夏桀、商紂的身死亡國，皆有其原因，因此要「察其所以然」。《老子》一書中提到「吾何以知眾甫之狀哉」（〈二十一章〉）、「吾何以知天下然哉」（〈五十四章〉），便具有此意。

堯舜爲儒家聖王代表，堯舜之治向來爲儒家理想之治的象徵，孔子曾讚美堯舜，他說：

大哉堯之爲君也！巍巍乎！唯天爲大，唯堯則之。〔註35〕（《論語・泰伯》）

無爲而治者，其舜也與？夫何爲哉？恭己正南面而已矣。〔註36〕（《論語・衛靈公》）

《列子》卻認爲堯舜之治，並未能眞正達到無爲而治的境界。〈仲尼〉說：

堯治天下五十年，不知天下治歟，不治歟？不知億兆之願戴己歟？不願戴己歟？顧問左右，左右不知。問外朝，外朝不知。問在野，在野不知。堯乃微服游於康衢，問兒童謠曰：「立我蒸民，莫匪爾極。不識不知，順帝之則。」堯喜問曰：「誰教爾爲此言？」童兒曰：「我聞之大夫。」大夫曰：「古詩也。」堯還宮，召舜，因禪以天下。舜不辭而受之。關尹喜曰：「在己無居，形物其著。其動若水，其靜若鏡，其應若響。故其道若物者也。物自違道，道不違物。善若道者，亦不用耳，亦不用目，亦不用力，亦不用心。欲若道而用視聽形智以求之，弗當矣。瞻之在前，忽焉在後；用之彌滿六虛，廢之莫知

〔註35〕見朱熹：《四書章句集注・論語集注》（濟南：齊魯書社，1992 年 4 月），頁80。
〔註36〕同註35，頁 155。

其所。亦非有心者所能得遠，亦非無心者所能得近。唯默而得之而
性成之者得之。知而忘情，能而不爲，真知真能也。發無知，何能
情？發不能，何能爲？聚塊也，積塵也，雖無爲而非理也。」

堯將天下禪讓給舜，是順隨自然，舜接受不推辭，亦是順隨自然。關尹知道
後高興地說，一個人如果能無所偏執，就已做到了通達事理，外界事理亦自
然顯明。此時，人的作爲如流水、明鏡與回音，自然且如實地反映外物，與
道同順自然規律，而不違背事理。善於體悟道的人，不用感官作爲，一切順
任自然。《列子》透過童謠古詩，說明「不識不知，順帝之則」的道理，此即
是無爲之治。聖人依順於自然而施行教化，人民順其本性的發展，去除巧智
謀略，不刻意強求，遵循著自然規律，也就無所謂治或不治。

　　《列子》認爲堯治理天下，雖使人民愛戴稱頌，仍是有心於施政，在意
自己政績優良與否，未能相忘於大道，所以堯並未達到聖人的境界，甚至連
三王、五帝、三皇，也都不能稱是聖人。那麼，《列子》所認爲的聖人境界是
如何呢？〈仲尼〉說：

商太宰見孔子曰：「丘聖者歟？」孔子曰：「聖則丘何敢，然則丘博學
多識者也。」商太宰曰：「三王聖者歟？」孔子曰：「三王善任智勇者，
聖則丘不知。」曰：「五帝聖者歟？」孔子曰：「五帝善任仁義者，聖
則丘弗知。」曰：「三皇聖者歟？」孔子曰：「三皇善任因時者，聖則
丘弗知。」商太宰大駭，曰：「然則孰者爲聖？」孔子動容有閒，曰：
「西方之人有聖者焉，不治而不亂，不言而自信，不化而自行，蕩蕩
乎民無能名焉。丘疑其爲聖。弗知真爲聖歟？真不聖歟？」

三王、五帝、三皇憑藉智勇仁義、順應時勢而治天下，但終究不是《列子》理
想中的統治者形象，仍是受限於以有爲治理天下。《列子》的政治理想是「不治
而不亂，不言而自信，不化而自行，蕩蕩乎民無能名焉」，也就是達到「我無爲
而民自化，我好靜而民自正，我無事而民自富，我無欲而民自樸」（《老子・五
十七章》）的境界。治理天下之道，在於無爲、好靜、無事、無欲，不刻意去治
理天下，天下不亂；不用心於教化，天下莫不化，一切順乎自然。〈說符〉說：

宋人有爲其君以玉爲楮葉者，三年而成。鋒殺莖柯，毫芒繁澤，亂
之楮葉中而不可別也。此人遂以巧食宋國。子列子聞之，曰：「使天
地之生物，三年而成一葉，則物之有葉者寡矣。故聖人恃道化而不
恃智巧。」

楮葉雖幾可亂眞，但依靠的終究是人工的雕琢，而非自然之道。自然對其本身來說就是最好的，不必加以任何人工的作爲。「聖人恃道化而不恃智巧」的治國之道，便是告誡爲政者治國要以道，即以自然之道化天下，不要去依恃智巧。

三、《莊》《列》政治觀比較

　　任何事物都有與生俱來的所然、所可之處，所以說「物固有所然，物固有所可」（《莊子·齊物論》）。這所然、所可之處，可說是自然的而非人爲的，當然得予以尊重、保護。正因爲生命與自然處於一種天然的聯繫之中，故生命離不開自然；一旦離開了自然，生命便不能保持其自身的特質，便會異化爲他物而失去自我。〔註37〕

（一）順性自然

　　《莊子》認爲人是道的產物，是「天地之委形」（〈知北遊〉），隨自然而生。人的身體並不屬於個人所擁有，而是客觀自然的存在。因此，也就不需要以主觀的情感好惡去損害生命、天性，一切只要遵循自然。對於接觸外物所引起的好惡之情，要加以去除。〈刻意〉說：

> 悲樂者德之邪，喜怒者道之過，好惡者德之失。故心不憂樂，德之至也；一而不變，靜之至也；無所於忤，虛之至也；不與物交，淡之至也。無所於逆，粹之至也。故曰，形勞而不休則弊，精用而不已則勞，勞則竭。

悲哀、歡樂、喜悅、憤怒、愛好、憎惡等等，這些情緒上的改變反應，都是使人背離大道，忘卻眞性的禍源。因此，對於這些外物及所引起的種種情緒，皆要「忘」，「忘其所不忘，此謂誠忘」（〈德充符〉）。能超越於外在形體，心中沒有得失、快樂和憂愁，保持恬惔平靜的心態，這是人性最純潔的時候，也就是與大道融爲一體的時候。《莊子》反對那種勞形損神的情，〈德充符〉說：

> 惠子謂莊子曰：「人故無情乎？」莊子曰：「然。」惠子曰：「人而無情，何以謂之人？」莊子曰：「道與之貌，天與之形，惡得不謂之人？」
> 惠子曰：「既謂之人，惡得無情？」莊子曰：「是非吾所謂情也。吾所謂無情者，言人之不以好惡內傷其身，常因自然而不益生也。」

〔註37〕見李霞：《生死智慧——道家生命觀研究》（北京：人民出版社，2004 年 5 月），頁 43。

惠子曰：「不益生，何以有其身？」莊子曰：「道與之貌，天與之形，無以好惡內傷其身。今子外乎子之神，勞乎子之精，倚樹而吟，據槁梧而瞑。天選子之形，子以堅白鳴！」

《莊子》所反對的，是以「好惡內傷其身」的情，是因外界的人事變化、人爲增益、過度的物欲和功業聲名，使人勞神苦思以致傷害性命、本眞的「情」。成玄英疏說：「莊子所謂無情者，非木石其懷也，止言不以好惡緣慮分外，遂成性而內理其身者也。何則？蘊虛照之智，無情之情也。」〔註38〕鍾泰說：

情之正曰性情，情之賊曰情欲。「無人之情」者，無情欲之情，非無性情之情也，故於此辨之。或曰：好惡非性情之情乎？抑性情之情獨無好惡乎？曰：好惡誠性情也，然以之內傷其身，則非性情之正，而情欲矣。情欲、性情，豈有二哉？用之過當與不過耳。〔註39〕

當除去個人意識，超越於世俗感官，精神無拘無束，心靈和諧愉悅，把握道的同時，這是「至美至樂」（〈田子方〉）的境界，而能「獨與天地精神往來」（〈天下〉）。陳鼓應在《老莊新論》一書中說：

人的身體、相貌是天和道自然地賜予我們的，自身就是完美和諧的，只要順任自然，摒除偏情，就可以昇華爲有「德」之人。只有這種有「德」而無「情」的人，才能眞正體悟天地之美，才能與天地並生而與萬物爲一。〔註40〕

《莊子》所反對的情，是使人辛勞忙碌、勞心傷性、焦慮苦惱的情，這些情就是所謂的物情，「人之有所不得與，皆物之情也」（〈大宗師〉）。這樣的物情，是人的慾望之情，非本眞之性。〈天地〉說：

且夫失性有五：一曰五色亂目，使目不明；二曰五聲亂耳，使耳不聰；三曰五臭薰鼻，困惾中顙；四曰五味濁口，使口厲爽；五曰趣舍滑心，使性飛揚。此五者，皆生之害也。

使人失性的因素有五種，五色、五聲、五臭、五味、趣舍，這些都是外在之物，能刺激感官，誘惑人心。成玄英疏說：「趣，取也。滑，亂也。順心則取，違情則舍，撓亂其心，使自然之性馳競不息，輕浮躁動，故曰飛揚也。」〔註41〕這

〔註38〕 見郭慶藩輯：《莊子集釋》（台北：華正書局，1994 年 8 月），頁 222。
〔註39〕 見鍾泰：《莊子發微》（上海：上海古籍出版社，2002 年 4 月），頁 126～127。
〔註40〕 見陳鼓應：《老莊新論》（香港：中華書局，1991 年 4 月），頁 190。
〔註41〕 同註38。

些外在之物，雖然以世俗標準來說，價值很高，爲人們所拼命追逐，但實際上卻是造成人心性迷亂的因素。人的情欲一經引發，反而爲外物所役使，喪失生命的本眞。因此，對於這樣的情欲，當予以去除。〈繕性〉說：

> 物之儻來，寄也。寄之，其來不可圉，其去不可止。故不爲軒冕肆志，不爲窮約趨俗，其樂彼與此同，故無憂而已矣。今寄去則不樂，由是觀之，雖樂，未嘗不荒也。故曰，喪己於物，失性於俗者，謂之倒置之民。

將外物視爲暫時之寄託，本不爲己所有，則外物的到來或離去，不歡欣也不難過，不追逐亦不攔阻，則物於我無傷。但一般人大多過於執著外物情欲的獲得，成玄英疏說：

> 今世之人，識見浮淺，是以物之寄也，欣然而喜，及去也，悒然不樂。豈知彼此事出儻來，而寄去寄來，常憂常喜，故知雖樂而心未始不荒亂也。〔註42〕

世俗之人，人心本性爲外物所迷惑，使生命遭受危害，卻仍不自知，或知而不能停止。爲了外物而傷性害命的作爲，無疑是本末倒置的行爲，這樣的人實是「倒置之民」。不論是因物感到快樂或哀傷，皆是不必要，因爲哀樂是沒有固定標準可言的。此時之樂，轉換一時空，可能轉變爲哀，反之亦然，如此說來，哀樂不過是傷身害性之物。

《列子》中有一段描述，可視爲人性的本然狀態。〈湯問〉說：

> 禹之治水土也，迷而失塗，謬之一國。濱北海之北，不知距齊州幾千萬里。其國名曰終北，不知際畔之所齊限，無風雨霜露，不生鳥獸、蟲魚、草木之類。四方悉平，周以喬陟。當國之中有山，山名壺領，狀若甌甄，頂有口，狀若員環，名曰滋穴。有水湧出，名曰神瀵，臭過蘭椒，味過醪醴。一源分爲四埒，注於山下。經營一國，亡不悉徧。土氣和，亡札厲。人性婉而從物，不競不爭。柔心而弱骨，不驕不忌。長幼儕居，不君不臣。男女雜游，不媒不聘。緣水而居，不耕不稼。土氣溫適，不織不衣。百年而死，不天不病。其民孳阜亡數，有喜樂，亡衰老哀苦。其俗好聲，相攜而迭謠，終日不輟音。飢惓則飲神瀵，力志和平。過則醉，經旬乃醒。沐浴神瀵，膚色脂澤，香氣經旬乃歇。周穆王北游過其國，三年忘歸。既反周

室，慕其國，敝然自失。不進酒肉，不召嬪御者，數月乃復。

人民的生活遵循著自然之道，呈現最為自然的狀態，這何嘗不是人生的理想狀態。盧梭認為：「這種狀態是人世的真正青春，後來的一切進步只是個人完美化方向上的表面的進步，而實際上它們引向人類的沒落。」〔註43〕當人類進入文明社會之後，加入了許多人為的思維、措施，並以此為進步發展的證明，從此離自然愈來愈遠，自然狀態也就成為失而難以復得的理想狀態。〈天瑞〉中有一則「善為盜者」的故事：

> 齊之國氏大富，宋之向氏大貧；自宋之齊，請其術。國氏告之曰：「吾善為盜，始吾為盜也，一年而給，二年而足，三年大壤。自此以往，施及州閭。」向氏大喜。喻其為盜之言，而不喻其為盜之道，遂踰垣鑿室，手目所及，亡不探也。未及時，以贓獲罪，沒其先居之財。向氏以國氏之謬己也，往而怨之。國氏曰：「若為盜若何？」向氏言其狀。國氏曰：「嘻！若失為盜之道至此乎？今將告若矣。吾聞天有時，地有利。吾盜天地之時利，雲雨之滂潤，山澤之產育，以生吾禾，殖吾稼，築吾垣，建吾舍。陸盜禽獸，水盜魚鼈，亡非盜也。夫禾稼、土木、禽獸、魚鼈，皆天之所生，豈吾之所有？然吾盜天而亡殃。夫金玉珍寶，穀帛財貨，人之所聚，豈天之所與？若盜之而獲罪，孰怨哉？」向氏大惑，以為國氏之重罔己也，過東郭先生問焉。東郭先生曰：「若一身庸非盜乎？盜陰陽之和以成若生，載若形，況外物而非盜哉？誠然，天地萬物不相離也。認而有之，皆惑也。國氏之盜，公道也，故亡殃；若之盜，私心也，故得罪。有公私者，亦盜也；亡公私者，亦盜也。公公私私，天地之德，知天地之德者，孰為盜邪？孰為不盜邪？」

天地有四季、雲雨、山澤等等，藉之可使稻禾生長、莊稼繁盛。而不論是飛禽走獸，或是魚蝦龜鼈，都是天地的物產。人生活於天地之中，所需來自於其中，其實就是「盜取」大自然。雖是取自自然，卻不去傷害自然本身。萬物皆來自自然，人亦不能例外，並沒有什麼是個人所獨自擁有的，所以說「知天地之德者，孰為盜耶？孰為不盜耶？」天地有其自然運行的規律，人們若能有此認識，便可順應自然變化，與自然和諧相處。若是企圖去改變控制它，

〔註43〕見盧梭著、李常山譯：《論人類不平等的起源和基礎》（台北：唐山出版社，1986 年 10 月），頁 108。

那就是違背自然，將造成人與自然對立的緊張關係。世人應以此爲警惕，節制自己的私念、私欲，與自然和平相處，方能確保人類自身的持久生存、繁衍和發展。

（二）去除仁義

無爲本乎無私，但是由於文明的進展，人的欲求愈多，爭鬥愈趨激烈，迷失於聲色財貨之中，難以自拔。上下各施展其巧詐計謀，人離本性愈來愈遠，終致天下大亂。《老子·三章》說：

> 常使民無知無欲，使夫智者不敢爲也。爲無爲，則無不治。

《莊子·天地》說：「古之畜天下者，無欲而天下足，無爲而萬物化，淵靜而百姓定。」無爲乃是不以人爲的雕琢強造，而順事物自然之理，所謂「無爲而無不爲」（《老子·三十七章》）。萬物由道而生，若能體道自然，萬物各遂其性，則能自然生長化育。治國之理亦是相同，老子反對以智治國，《老子·六十五章》說：

> 以智治國，國之賊；不以智治國，國之福。

爲政者假仁義之名，運用權謀巧智，有所目的而爲，是在賊害百姓的本性。仁義巧智淪爲統治者的工具，失去本來作爲倫常規範的本意。《莊子·徐無鬼》說：

> 夫民，不難聚也；愛之則親，利之則至，譽之則勸，致其所惡則散。
>
> 愛利出乎仁義，捐仁義者寡，利仁義者衆。夫仁義之行，唯且無誠。

仁義既然淪爲獲利工具，人們競相爭奪，於是引起了許多是非與紛爭。仁義不僅無法使人相親相愛，反而成爲殘害生命、戕傷人性的東西。更何況人民爲利而來，亦必爲利而去。〈山木〉說：

> 子獨不聞假人之亡與？林回棄千金之璧，負赤子而趨。或曰：「爲其布與？赤子之布寡矣；爲其累與？赤子之累多矣；棄千金之璧，負赤子而趨，何也？」林回曰：「彼以利合，此以天屬也。」

人與人之間的關係若只是建立在財利上，彼此之間毫無誠信可言，虛僞不實，各爲其私，當利益上有所衝突時，關係趨於破裂，和諧自然被破壞殆盡。天下的災難禍亂，便是由此而起。

《列子》亦排斥行仁義之道，〈仲尼〉中《列子》假孔子之口說：

> 曩吾脩詩書，正禮樂，將以治天下，遺來世，非但脩一身，治魯國而已。而魯之君臣日失其序，仁義益衰，情性益薄。此道不行一國與當年，其如天下與來世矣？吾始知詩書禮樂無救於治亂。

當君臣倫常關係已被破壞，國家運作已失序，仁義是無法照其原來制訂的用意推行的，反而成為有心人利用的工具罷了。

《列子》還責備孔子「廢心而用形」（〈仲尼〉），告訴他用形體感官是不可能得道、體道的，所得到的只是表象。它所推崇的是老聃的弟子亢倉子，文中說：

> 老聃之弟子有亢倉子者，得聃之道，能以耳視而目聽。

當人的精神與道契合為一時，一切順任自然，應對外物毫無阻礙，外在感官失去作用，所以能夠以耳視、以目聽。《列子》認為「心將迷者，先識是非」（〈仲尼〉），一有是非分別之心，則心已受外物所影響，已受外物所役使。因此，要求精神的自由，就要能超越外物的束縛，「物物而不物於物」（《莊子·山木》）。《列子·說符》以伯仲為喻說：

> 伯曰：「仁義使我愛身而後名。」仲曰：「仁義使我殺身以成名。」
> 叔曰：「仁義使我身名竝全。」彼三術相反，而同出於儒。孰是孰非
> 邪？

仁義的道理究竟為何，這兄弟三人所得出的結論並不相同，那麼誰說的才是正確的？誰說的又是錯誤的呢？「天地不仁，以萬物為芻狗」（《老子·五章》），則何來仁義？天地對萬物一視同仁，大公無私，取法自然。人道亦取法天道，則當順任自然，治國應順事物的規律，百姓的本性去做，所謂「皆曰我自然」（《老子·十七章》）。

（三）無為之治

無為之治，本乎人的本性，無所冀求，亦不以私意強加於人，所以說「聖人之兵也，亡國而不失人心；利澤施於萬物，不為愛人」（《莊子·大宗師》）。一切循乎天理，「使物自喜」（《莊子·應帝王》），而不居功不顯功。使百姓各安其性，順乎自然，「官施而不失其宜，拔舉而不失其能，畢見其情事而行其所為，行言自為而天下化，手撓顧指，四方之民莫不俱至，此之謂聖治」（《莊子·天地》）。

為政者要先端正自己的行為，再去感化別人，順任自然，讓人民去做該做的事。《列子·黃帝》說：

> 神游而已。其國無師長，自然而已。其民無嗜欲，自然而已。不知
> 樂生，不知惡死，故無夭殤；不知親己，不知疏物，故無愛憎；不
> 知背逆，不知向順，故無利害。

這「自然」便是其本性，便是最適合人生活的狀態，便是使人能和諧安樂的因素。《莊子・應帝王》中有關於「明王之治」的論述：

> 陽子居見老聃，曰：「有人於此，嚮疾彊梁，物徹疏明，學道不勌。如是者，可比明王乎？」老聃曰：「是於聖人也，胥易技係，勞形怵心者也。且也虎豹之文來由，猨狙之便執斄之狗來藉。如是者，可比明王乎？」陽子居蹵然曰：「敢問明王之治。」老聃曰：「明王之治，功蓋天下而似不自己，化貸萬物而民弗恃；有莫舉名，使物自喜；立乎不測，而遊於無有者也。」

明王以安定人心爲施政目標，而人心的安定在於不隨意擾動其心，引起過多的情緒起伏。因此，要去其利害、名利之心，使機心不生，不致傷害性命。所以明王不居功，因爲一居功，便又引起爭奪名利、渴求欲望之心。明王遊心於自然無爲的境地，從而體現道家博大的心胸與精神，也是《莊子》理想中的爲政者形象。成玄英疏說：

> 夫聖人爲政，功侔造化，覆等玄天，載周厚地，而功成不處，故非己爲之也。〔註44〕

《莊子》所說的明王之治即是要無爲而治。《老子・三十七章》說：

> 道常無爲而無不爲。侯王若能守之，萬物將自化。化而欲作，吾將鎭之以無名之樸。無名之樸，夫亦將無欲。不欲以靜，天下將自定。

明王應做的便是爲人民創造一個自然的生活環境，讓人民自然地去做事，每個人能順自然行事、生活，就不會興起過多的欲望，彼此之間也就無須炫耀才華、功績，也就不會追逐名利、榮華。

《列子》談及政治教化，亦在求無爲而治。〈天瑞〉說：

> 子列子曰：「天地無全功，聖人無全能，萬物無全用。故天職生覆，地職形載，聖職教化，物職所宜。然則天有所短，地有所長，聖有所否，物有所通。」

天地、聖人、萬物各有所職、各有所能，也因各有所能，所以總是有限，有不足之處。所以說「天有所短，地有所長，聖有所否，物有所通」，這也是事物所具有的普遍規律。《列子》依此談論政治，主張不強有所作爲。萬物既各有其才、其能，讓其各盡才能即是，治理百姓亦是如此。〈黃帝〉記載惠盎晉見宋康王一事，表現出使「天下丈夫女子莫不延頸舉踵而願安利之」的政治

〔註44〕見郭慶藩輯：《莊子集釋》（台北：華正書局，1994 年 8 月），頁 297。

理想。盧重玄解說：「此崇道以明德，垂跡以利人。眾徒見孔墨之教傳，豈知隱道以彰德？所以問津不群於鳥獸。」〔註 45〕「不治而不亂，不言而自信，不化而自行」（〈仲尼〉），施行無為之治，天下得以大治。

第二節　處世之道

　　處在人間世中，與他人之間必然發生一定之聯繫，這是不可逃避的事實。如何處理好自身與現實的關係，是道家面臨的一大難題。程兆熊《道家思想》中說：

> 人有其「存在」，即有其人與人之間。有其人與人之間，即有其人與人間之世。因此，有人之存在，即有其人間之存在。有人間之存在，亦即有其人間世之存在。〔註46〕

人們生活在沒有秩序、準則的環境當中，對於可能產生的災禍，是充滿危機與恐懼感的，但這也是不得不去面對的問題。因此，要如何在這樣的環境中生存，既能夠保全生命，又能不失去自然本性，活得自由自在，這在處世方式上便得特別謹慎小心處理了。

一、《莊子》處世之道

　　《莊子》所追求的是心靈、精神的逍遙自由，是人對於現實世界的超越。人活在這世上，不斷地和外物相互競爭，終其一身奔波忙碌不曾歇息，這樣的人生，究竟有什麼意義？即使追求到了什麼，也只能短暫擁有，隨著時光的消逝，最後連生命都沒有了，還能留下些什麼？如此，怎能不讓人感到悲哀。〈齊物論〉有一段話說：

> 一受其成形，不亡以待盡。與物相刃相靡，其行盡如馳，而莫之能止，不亦悲乎！終身役役而不見其成功，薾然疲役而不知其所歸，可不哀邪！人謂之不死，奚益！其形化，其心與之然，可不謂大哀乎？人之生也，固若是芒乎？其我獨芒，而人亦有不芒者乎？

當人有了形軀，接著有了主觀意念，便想向外追求。為求達成目的，便不斷與外物發生擠撞、摩擦，馳驅奔走，不知道心的歸宿在哪裡，也就沒有停下

〔註45〕見楊伯峻：《列子集釋》（台北：華正書局，1987 年 9 月），頁 89。
〔註46〕見程兆熊：《道家思想》（台北：明文書局，1985 年 12 月），頁 231。

來的時候。人生不過短短數十年，何苦如此勞累自己，要自己經歷這無數的
磨難。世人盲目地追求財與勢，陷溺於共同的迷惑之中。成玄英疏說：「芒，
闇昧也。」〔註47〕王雱說：

> 芒者，昧也。人之生也，受形於眞宰，而豈日無知。惟不能自悟，
> 而愈迷愈惑，所以入於無知也。〔註48〕

對於自己心馳於外、於物的情形，未能有所覺悟，無法加以止息，對於生命
迷惘失去了方向，這樣反覆無止息地糟蹋著心靈，對於生命實在是莫大的傷
害，對人們來說也是莫大的悲哀。因此，《莊子》主張以一種放下達觀的胸懷
態度來對待一切，「不就利，不違害，不喜求，不緣道」（〈齊物論〉），「不樂
壽，不哀夭；不榮通，不醜窮」（〈天地〉），對於所有的外在事物，採取超越
的立場，以追求精神自由的最高人生境界。

（一）順任自然

　　事物所具有的自然本性稱爲天理和固然，凡事照著天理去行事，順著固
然的變化，即使處在混亂紛雜的人間世中，也能維護自身的安全。〈養生主〉
中有一則「庖丁解牛」的故事：

> 庖丁爲文惠君解牛，手之所觸，肩之所倚，足之所履，膝之所踦，
> 砉然嚮然，奏刀騞然，莫不中音。合於桑林之舞，乃中經首之會。
> 文惠君曰：「譆，善哉！技蓋至此乎？」庖丁釋刀對曰：「臣之所好
> 者道也，進乎技矣。始臣之解牛之時，所見無非全牛者。三年之後，
> 未嘗見全牛也。方今之時，臣以神遇而不以目視，官知止而神欲行。
> 依乎天理，批大郤，導大窾，因其固然。技經肯綮之未嘗，而況大
> 軱乎！良庖歲更刀，割也；族庖月更刀，折也。今臣之刀十九年矣，
> 所解數千牛矣，而刀刃若新發於硎。彼節者有間，而刀刃者無厚；
> 以無厚入有間，恢恢乎其於遊刃必有餘地矣，是以十九年而刀刃若
> 新發於硎。雖然，每至於族，吾見其難爲，怵然爲戒，視爲止，行
> 爲遲。動刀甚微。謋然已解，如土委地。提刀而立，爲之四顧，爲
> 之躊躇滿志，善刀而藏之。」文惠君曰：「善哉！吾聞庖丁之言，得
> 養生焉。」

〔註47〕見郭慶藩輯：《莊子集釋》（台北：華正書局，1994年8月），頁61。
〔註48〕見王雱：《南華眞經新傳》卷二，張繼禹主編：《中華道藏》十三冊（北京：
　　　華夏出版社，2004年1月），頁572。

庖丁解牛從「所見無非全牛者」到「未嘗見全牛」，再到「以神遇而不以目視，官知止而神欲行」共經歷了三個階段。到第三階段時，對牛的生理結構已熟悉到不需用眼睛去看。因此解牛時所有的感官都停止活動，只有精神與解牛的動作同步進行，達到出神入化的階段。

人間世紛紛擾擾，變動不居，如牛之有「技經肯綮」和「大軱」。解牛時順著牛的生理結構，從未碰到經絡筋骨連結的地方，更不用說會砍到大塊骨頭上了。處世之道如解牛之道，世事世物雖繁雜，若能順自然紋理去做，不強行妄為，即可迎刃而解。庖丁的解牛刀十九年仍新，其技巧在於「遊刃」功夫，這是其十九年求道並且得道的結果。在這學習的過程中，是經由反覆不斷地練習，且每次解牛總是小心謹慎，就算完成解牛一事，最後仍要「善刀而藏之」，內斂不露鋒芒。這正是提醒人們處世的態度，要謹慎而不自矜誇耀，要像庖丁手中的解牛刀那樣，擊虛避實，則雖處人間世而無傷。所以文惠君在聽完庖丁的故事後，心有所悟地說：「吾聞庖丁之言，得養生焉。」文惠君悟出的養生之道，包括安身立命的處世之道。王夫之說：

> 大名之所在，大刑之所嬰。大善大惡之爭，大險大阻存焉，皆大軱
> 也。而非彼有必觸之險阻也，其中必有間矣。所患者：厚其情，厚
> 其才，厚其識，以強求入耳。〔註49〕

事物各有其本性，各有其功能，「因其固然」，順其本性，發揮其功能，則自然有所成。若妄以人為勉強，使其違背本性，則事難以有所成。

（二）無用之用

世俗關於有用、無用的價值論定，往往建立在實不實用、見不見用的標準上。認為可以產生實際效用，可以見用於世的，便是有用；而沒有實際效用，不見用於世的，就是無用。《莊子》突破世俗價值的窠臼，提出「無用之用」的看法。〈逍遙遊〉說：

> 惠子謂莊子曰：「吾有大樹，人謂之樗。其大本擁腫而不中繩墨，其
> 小枝卷曲而不中規矩，立之塗，匠者不顧。今子之言，大而无用，
> 眾所同去也。」莊子曰：「子獨不見狸狌乎？卑身而伏，以候敖者；
> 東西跳梁，不避高下；中於機辟，死於罔罟。今夫斄牛，其大若垂
> 天之雲。此能為大矣，而不能執鼠。今子有大樹，患其无用，何不

〔註49〕見王夫之：《莊子解》（台北：河洛圖書，1974年10月），頁32。

> 樹之於无何有之鄉，廣莫之野，彷徨乎无爲其側，逍遙乎寢臥其下。
> 不夭斤斧，物无害者，无所可用，安所困苦哉！」

惠施說樗樹大而無用，並以爲莊子的學說亦屬無用之論。莊子則從萬物皆具差異性的角度去看，何必執著於物的大小功用。如斄牛大如垂天之雲，捕鼠卻不如狸牲；狸牲捕鼠本事雖大，卻避不了人類設的機關。「不夭斤斧，物无害者，无所可用，安所困苦哉」，果木遭到果剝枝折之苦，原因在於有用。比之於人，那些爲世俗所嫉恨、打擊乃至遭殺身之禍的人，原因也在於他們有才有用。吾人應試著跳出世俗的觀點，不以有沒有實際效用去看物類。那樗樹能保全天壽，對其自身來說不正是最大之「用」。因此，何不愜意地在樗樹蔭下休息，逍遙於無何有之鄉，不以有才有用誇顯於世，外界事物又哪裡能傷害我們呢？同篇中還有「五石瓠」、「不龜手之藥」的故事：

> 惠子謂莊子曰：「魏王貽我大瓠之種，我樹之成而實五石，以盛水漿，其堅不能自舉也。剖之以爲瓢，則瓠落無所容。非不呺然大也，吾爲其無用而掊之。」莊子曰：「夫子固拙於大用矣。宋人有善爲不龜手之藥者，世世以洴澼絖爲事。客聞之，請買其方百金。聚族而謀曰：『我世世爲洴澼絖，不過數金；今一朝而鬻技百金，請與之。』客得之，以說吳王。越有難，吳王使之將，冬與越人水戰，大敗越人，裂地而封之。能不龜手一也；或以封，或不免於洴澼絖，則所用之異也。今子有五石之瓠，何不慮以爲大樽而浮乎江湖，而憂其瓠落无所容？則夫子猶有蓬之心也夫！」

惠子從功利的觀點，認爲五石之瓠爲無用，這就是受世俗價值影響太深，礙於成見所致。一方面的「無用」，正是其他方面的「有用」。五石瓠的用，正是一般物品難以具有的妙用，何不以之浮於江湖，悠閒自在地遨遊於世。宣穎《莊子南華經解》說：

> 不適於用者，所以全其大用也，瓠而無瓠之用，乃有超於瓠之用焉。
>
> 知超於瓠之用者，豈第江湖之適已哉？何期反來惠子之揶揄。〔註50〕

同是治療皮膚不皸裂的藥物，有人用它來漂洗絲絮，有人用它得到封賞。因此，對於同樣一種東西，因著不同人有著不同的使用方法，結果有如此大的差異，這是暗示著世人的不善用其大。〈人間世〉中還說了一則櫟社樹的故事：

〔註50〕見宣穎著、王輝吉校：《莊子南華經解》（台北：宏業書局，1977 年 6 月），頁16。

匠石之齊，至于曲轅，見櫟社樹。其大蔽數千牛，絜之百圍，其高
臨山千仞而後有枝，其可以爲舟者旁十數。觀者如市，匠伯不顧，
遂行不輟。弟子厭觀之，走及匠石，曰：「自吾執斧斤以隨夫子，未
嘗見材如此之美也。先生不肯視，行不輟，何邪？」曰：「已矣，勿
言之矣！散木也，以爲舟則沈，以爲棺槨則速腐，以爲器則速毀，
以爲門戶則液樠，以爲柱則蠹。是不材之木也，無所可用，故能若
是之壽。」匠石歸，櫟社見夢曰：「汝將惡乎比予哉？若將比予於文
木邪？夫柤梨橘柚，果蓏之屬，實熟則剝，剝則辱；大枝折，小枝
泄。此以其能苦其生者也，故不終其天年而中道夭，自掊擊於世俗
者也。物莫不若是。且予求無所可用久矣，幾死，乃今得之，爲予
大用。使予也而有用，且得有此大也邪？且也若與予也皆物也，奈
何哉其相物也？而幾死之散人，又惡知散木！」匠石覺而診其夢。
弟子曰：「趣取無用，則爲社何邪？」曰：「密！若無言，彼亦直寄
焉，以爲不知己者詬厲也。不爲社者，且幾有翦乎！且也彼其所保
與眾異，而以義喻之，不亦遠乎！」

像櫟社樹這樣大的樹木，「觀者如市」，匠石弟子也以之爲難得一見的美材，
匠石卻不屑一顧。這裡匠石與弟子的觀念，呈現明顯的對比。原來弟子是以
世俗功利的觀點，來判斷櫟社樹的有用與無用。匠石早看出櫟社樹爲「散木」，
且此正爲其「若是之壽」的原因。物一有用，便招致他人覬覦，即是置己身
於危險之中，如「柤梨橘柚，果蓏之屬」，果實、樹枝皆遭破壞牽連。此則寓
言，以其豐富的情節、人物、對話，來宣揚不材以長壽、寄社以全己、無用
即大用的思想。郭象注說：

> 物皆以自用傷。〔註51〕

陳壽昌注說：

> 和光隱耀，寄跡人間，不苦其生，壽斯永矣，無所可用，乃得大用。
> 〔註52〕

有用正是使其遭受傷害，引來無限災禍紛爭的原因。〈人間世〉說：

> 山木自寇也，膏火自煎也。桂可食，故伐之；漆可用，故割之。人
> 皆知有用之用，而莫知無用之用也。

〔註51〕 見郭慶藩輯：《莊子集釋》（台北：華正書局，1994年8月），頁173。
〔註52〕 見陳壽昌輯：《南華眞經正義》（台北：新天地書局，1977年7月），頁69。

世俗之人認為「有用」的事物，往往因其自身所具有的用途，為自己招致災禍。而其認為的「無用」，才是真正為自己帶來了「大用」。〈人間世〉說：

> 支離疏者，頤隱於齊，肩高於頂，會撮指天，五管在上，兩髀為脅。
> 挫鍼治繲，足以餬口；鼓笑播精，足以食十人。上徵武士，則支離
> 攘臂於其間；上有大役，則支離以有常疾不受功；上與病者粟，則
> 受三鍾與十束薪。夫支離其形者，猶足以養其身，終其天年，又況
> 支離其德者乎！

支離疏身體殘缺畸形，對當兵打仗這件事來說也許沒用，但以保全生命來說，正是其大用。對人自身來說，維護本性與生命的本真，才是最重要的。求為統治者所用，殘害身心自由，是捨本逐末的行為。站在道的高度來說，萬物皆同，也就無所謂用與不用、有用與無用的差別，一切只要順著事物的自然變化而變化。〈山木〉說：

> 莊子行於山中，見大木，枝葉盛茂，伐木者止其旁而不取也。問
> 其故，曰：「無所可用。」莊子曰：「此木以不材得終其天年！」
> 夫子出於山，舍於故人之家。故人喜，命豎子殺雁而烹之。豎子
> 請曰：「其一能鳴，其一不能鳴，請奚殺？」主人曰：「殺不能鳴
> 者。」明日，弟子問於莊子曰：「昨日山中之木，以不材得終其天
> 年；今主人之雁，以不材死；先生將何處？」莊子笑曰：「周將處
> 乎材與不材之間。材與不材之間，似之而非也，故未免乎累。若
> 夫乘道德而浮遊則不然，無譽無訾，一龍一蛇，與時俱化，而無
> 肯專為；一上一下，以和為量，浮遊乎萬物之祖；物物而不物於
> 物，則胡可得而累邪！」

萬物所具有的「材」與「不材」，是相對而言的，沒有絕對性，是會隨著時空的移轉而改變的。「處乎材與不材之間」，正反映了處於人間世之艱困，也說明了處世必須靈活，縱覽事物的變化，而不拘泥於其中，千萬不要固執不知變通。「一龍一蛇，與時俱化」說明若是能遵循大道而行，順隨自然而化，也就不會有牽累，能自由自在遨遊於天地之間。宣穎《莊子南華經解》說：

> 材則以有用致傷，不材則以無用致傷，若材若不材猶以兩界而不免於
> 傷，唯道德則材不材之跡俱化，超然萬物之上，累何自至邪？〔註53〕

〔註53〕見宣穎著、王輝吉校：《莊子南華經解》（台北：宏業書局，1977 年 6 月），頁
150。

以「化」來解除生命之累，使人能超然物外，涉世而不傷。這裡表現出一種超越外物束縛、追求精神自由的嚮往。世俗之人難免以「有用」、「無用」，作為判斷事物價值的標準。但是這種判斷標準，並不是永恆不變的，是可能隨著時間、環境、對象等因素而改變的。既然判斷的標準處在變動中，又如何確定依此判斷出的結果是真實不變的呢？因此，世人之判斷「有用」、「無用」，是沒有實質意義的。試著以更謙卑的胸懷、更開闊的心胸與更客觀的態度，去體會人生中真正的「大用」。

（三）虛己遊世

人應以什麼樣的方式應世處世，《莊子》在〈山木〉中以「方舟濟河」做了形象的比喻。文中說：

> 方舟而濟於河，有虛船來觸舟，雖有惼心之人不怒；有一人在其上，則呼張歙之；一呼而不聞，再呼而不聞，於是三呼邪，則必以惡聲隨之。向也不怒而今也怒，向也虛而今也實。人能虛己以遊世，其孰能害之！

把船並起來渡河，遇到空船前來觸撞，即使是急性子的人也不會生氣。但是，如果前來觸撞的船上有人，那渡船上的人得不到回應，就會被激怒而生起氣來。之前不生氣，後來卻憤怒不平，原因就在觸撞的船，先前是空船，而後來卻有人。人如果能像空船那樣遨遊世上，對於外物所帶來的衝擊絲毫不受影響，自然可以避免許多的衝突，那麼，還有什麼事情什麼人能使他生氣，外界又如何能加害於他呢？〈列禦寇〉中亦有此思想：

> 巧者勞而知者憂，無能者無所求，飽食而遨遊，汎若不繫之舟，虛而敖遊者也。

社會現實是殘酷痛苦的，人們汲汲於追求名利地位，心力交瘁，失去了自在純真的本性。人若能像空船那樣遨遊，不會引起外來的災禍，而能無憂無慮、無拘無束地自由生活。人能夠虛己遊世，無心而純任自然，就不會招致傷害。那些自以為有才，以態驕人的人，過度顯露炫耀，容易招致災禍上身。〈徐無鬼〉中有一則「吳狙獻巧」的故事，說明了逞能招禍的道理。文中說：

> 吳王浮于江，登乎狙之山。眾狙見之，恂然棄而走，逃於深蓁。有一狙焉，委蛇攫搔，見巧乎王。王射之，敏給搏捷矢。王命相者趨射之，狙執死。王顧謂其友顏不疑曰：「之狙也，伐其巧恃其便以敖予，以至此殛也！戒之哉！嗟乎，無以汝色驕人哉！」

這隻技巧高的猴子為什麼會喪命，這是因為它自以為是地在吳王面前賣弄技巧的結果。有才能卻不知謙虛，得意忘形，終將遭受大禍臨頭的下場。〈逍遙遊〉中，亦可看見《莊子》對於這些自鳴得意、見識淺陋者的描寫。如蜩與學鳩的譏笑大鵬：

> 我決起而飛，槍榆枋，時則不至而控於地而已矣，奚以之九萬里而南為？

斥鴳也嘲笑大鵬說：

> 彼且奚適也？我騰躍而上，不過數仞而下，翱翔蓬蒿之間，此亦飛之至也，而彼且奚適也？

蜩、學鳩與斥鴳所代表的是見識淺陋者，這些人生活範圍狹隘，視野無法開闊，卻毫不自知，以自我的小知小見去批評嘲笑他人，反而凸顯了自己的愚昧無知。〈秋水〉中還有一則「井底之蛙」的故事，說明生活環境造成所見所聞偏狹的情形。文中說：

> 子獨不聞夫埳井之蛙乎？謂東海之鱉曰：「吾樂與！吾出跳梁乎井幹之上，入休乎缺甃之崖；赴水則接腋持頤，蹶泥則沒足滅跗；還虷蟹與科斗，莫吾能若也。且夫擅一壑之水，而跨跱埳井之樂，此亦至矣；夫子奚不時來入觀乎！」東海之鱉左足未入，而右膝已縶矣。於是逡巡而卻，告之海曰：「夫千里之遠，不足以舉其大；千仞之高，不足以極其深。禹之時十年九潦，而水弗為加益；湯之時八年七旱，而崖不為加損。夫不為頃久推移，不以多少進退者，此亦東海之大樂也。」

天下事物何其多，人生極其有限，以有限的人生，想要了解所有的事情，那幾乎是不可能的，更何況自己的見識和經驗，還受到生活環境的侷限。人處於世，並非張揚、誇顯自己的才能才是有用，要想避免災禍，還是得學習理解無用之用的道理。

（四）若即若離

道家處世哲學要人與社會保持一定的距離，並根據實際狀況隨時加以調整，要人和社會保持若即若離的關係。《莊子・人間世》中假借顏回為衛靈公太子師的故事，對此加以說明。面對個性殘暴的太子，與之相處難，要教導他更難，這樣的人：

> 其德天殺。與之為無方，則危吾國；與之為有方，則危吾身。其知適足以知人之過，而不知其所以過。若然者，吾奈之何？

顏闔將要做衛靈公太子老師，臨行前請教蘧伯玉，要如何對待這樣的人。蘧伯玉告訴他：

> 善哉問乎！戒之慎之，正汝身哉！形莫若就，心莫若和；雖然，之
> 二者有患。就不欲入，和不欲出。形就而入，且為顛為滅，為崩為
> 蹶；心和而出，且為聲為名，為妖為孽。彼且為嬰兒，亦與之為嬰
> 兒；彼且為無町畦，亦與之無町畦；彼且為無崖，亦與之為無崖；
> 達之，入於無疵。

重點就在於「形莫若就，心莫若和」、「就不欲入，和不欲出」。外表做出親附的樣子，內心有調和的願望，但要注意掌握分寸。親附時不要太過份，調和他但不要顯露自己。君臣之間保持友好的關係，凡事要分寸得體，使彼此有安全感，感受不到來自對方的威脅。不可過度為炫耀自己的才智聰慧，否則可能遭禍。〈人間世〉說：

> 汝不知夫螳螂乎？怒其臂以當車轍，不知其不勝任也，是其才之美
> 者也。戒之慎之，積伐而美者以犯之，幾矣。

與人相處，尤其與君王相處，若自矜炫耀、自以為是，其下場就像螳臂擋車一樣，粉身碎骨。同篇中還提到，不要去激起對方欲望的情緒：

> 汝不知夫養虎者乎？不敢以生物與之，為其殺之之怒也；不敢以全
> 物與之，為其決之之怒也；時其飢飽，達其怒心。虎之與人異類而
> 媚養己者，順也；故其殺者，逆也。

餵食老虎，不給牠活的、整隻的動物，就是不希望激起牠殘暴的本性。與君王無相處，道理亦同於此，要了解其個性習性，盡量避免刺激其殘暴本性的發生，採取隨順的教育方法，與之和平相處，施以潛移默化之教，發揮因勢利導的功效。千萬別因愛護過度，而招致災害。同篇接著說：

> 夫愛馬者，以筐盛矢，以蜄盛溺。適有蚊虻僕緣，而拊之不時，則
> 缺銜毀首碎胸。

本意是愛馬的，卻因表現過度，反而招致不幸，連命都喪失了。世事變化繁複快速，統治者難以捉摸，〈人間世〉中所言，不正給世人當頭棒喝。人們若只是一味地諂媚聽從，結果可能是適得其反，陷自己於性命之憂中。《莊子》在〈山木〉藉由對燕子生存方式的讚揚，說明為人處世當如何應對。文中說：

> 鳥莫知於鷾鴯，目之所不宜處，不給視，雖落其實，棄之而走。其

畏人也，而襲諸人間，社稷存焉爾。

鷾鴯看到周遭環境不安全，不再多去注意，立即飛走，即便失落食物也不顧念。雖然「畏人」，卻又「襲諸人間」。郭象注說：「未有自疏外於人而人存之者也。畏人而入於人舍，此鳥之所以稱知也。」〔註54〕鷾鴯所代表的是具有智慧的形象，其所反映出的生活態度，正是人處於世所應學習的。人難以離群索居，但處在這世網之中，又必須面對人事、環境紛雜的問題。《莊子》所提出的方法，便是與這世間社會保持一種若即若離關係，既知不可完全離世避人，便為自己找尋避禍遠害的生存之道。成玄英疏說：

> 燕子畏懼於人而依附人住，入人舍宅，寄作窠巢，是故人愛而狎之，
> 故得免害。亦猶聖人和光在世，混跡人間，戒慎災危，不溺塵境，
> 蒼生樂推而不厭，故得久視長生。〔註55〕

這種對生存環境，知道其具危害性，卻又不得不居住的清楚認識，正是對身處亂世，知生存艱難所發出的深沈感慨。人與現實環境，要保持適度的距離，時遠時近，隨時加以調整，方能全身保生。如此，不論現實多麼險惡，遇到多大的困境，內心始終處於寧靜、平和的狀態，順任自然消除為物所累的自我，則可保持自然本性。《莊子‧大宗師》說：

> 化則無常。

天地萬物、彼此物我都是變化不居的，將一切視為相同無別，也就無所謂好惡，也就不再固執了。對萬物不再有主觀的好惡，就能與道俱化同於大道。所以要順應客觀外界的變化，不能泥古不變，滯於陳跡。〈知北遊〉說：

> 顏淵問乎仲尼曰：「回嘗聞諸夫子曰：『無有所將，無有所迎。』回
> 敢問其遊。」仲尼曰：「古之人，外化而內不化，今之人，內化而外
> 不化。與物化者，一不化者也。安化安不化，安與之相靡，必與之
> 莫多。」

古時候的人，外表適應環境變化，而內心凝靜安寂；現在的人，內心游移不定，而外表不能適應外在的變化。「外化」是「不譴是非，以與世俗處」（〈天下〉），不拘泥於是非，與世俗和睦相處。「內不化」是「審乎無假而不與物遷，命物之化而守其宗也」（〈德充符〉），面對外界事物的千變萬化，始終能堅守自己的本心本性，保持內心的寧靜，處於無所待的境界。儘管客觀環境發生

〔註54〕見郭慶藩輯：《莊子集釋》（台北：華正書局，1994 年 8 月），頁 693。
〔註55〕同註 54。

各種變化，但人的內心依然保持虛靜，不萌生好惡。將此二者結合，就是要「安化安不化」，既順應客觀外界的變化，又保持自身的天性自然。順應外界變化，就能處物不傷物；保持內心虛靜，外物就不能傷人。人不傷物，物不傷人，由此實現主體客體之間的協調。〔註56〕

二、《列子》處世之道

　　不論身處治世或亂世，人與人、與社會之間，皆有一定的關聯。因此，每個人皆須面對與學習應物處世之道。尤其處在黑暗混濁的政治環境中，更應小心行事，不宜過度顯露才能，要保持謙虛謹慎的態度，懂得「上德若谷，大白若辱，廣德若不足」（《老子‧四十一章》）、「大白若辱，盛德若不足」（《列子‧黃帝》）的道理。否則，雖有才能，也可能因驕矜炫耀惹來殺身之禍。

（一）持後處先

　　自處處人之道，要能謹慎自戒，謙虛自然地與人相處。爵位高者，功祿厚者，財富豐者，若驕傲不仁，即已埋下禍源。不僅人民埋怨憤怒，亦惹人主憎惡嫉妒，將招來更多災禍。若是能謙卑下人，退讓不爭先，反而能得他人的擁護愛戴，此為處世自保之道。《老子‧六十七章》說：「我有三寶，持而保之。一曰慈，二曰儉，三曰不敢為天下先。」「不敢為天下先」，便是謙讓持後，是「屈申任物而不在我」（《列子‧說符》）。因物之屈伸變化，而隨之屈伸變化，不以己意勉強之，同於物而不違其本性，不為外物困擾，外物亦不會傷害他，因而說能持後方能持身。〈說符〉說：

> 狐丘丈人謂孫叔敖曰：「人有三怨，子之知乎？」孫叔敖曰：「何謂
> 也？」對曰：「爵高者，人妬之；官大者，主惡之；祿厚者，怨逮之。」
> 孫叔敖曰：「吾爵益高，吾志益下；吾官益大，吾心益小；吾祿益厚，
> 吾施益博。以是免於三怨，可乎？」

一般來說，容易招致怨恨的有三個因素：爵位高、官職大、俸祿豐厚。因為爵位高令人嫉妒，官職大易使君王心生厭惡，俸祿豐厚則怨恨臨頭，人們不願接近他。要是能像孫叔敖一樣，謙沖自牧，謹慎其身，博施濟眾，爵位愈高、官位愈大、俸祿愈優厚，愈能卑下助人，就不會招致怨怒。正因其不與

〔註56〕見李炳海：《道家與道家文學》（長春：東北師範大學出版社，1992年5月），頁365。

人爭，則「天下莫能與之爭」（《老子・六十六章》），而回歸質樸的狀態。同篇中還有「孫叔敖戒子」的故事：

> 孫叔敖疾，將死，戒其子曰：「王亟封我矣，吾不受也。爲我死，王則封汝，汝必無受利地。楚越之間有寢丘者，此地不利而名甚惡。楚人鬼而越人禨，可長有者唯此也。」孫叔敖死，王果以美地封其子。子辭而不受，請寢丘與之。至今不失。

孫叔敖病重將死，告誡他的兒子，不可接受楚王所分封的好地域，只能接受楚越之間的寢丘之地。那裡貧瘠且人民多信鬼神，但因無利可圖名聲不好，反而不會招來別人的覬覦與妒忌，而能長期保有其地。這裡呈現孫叔敖謙退處世、持後處先的明哲保身之道。而《列子》此處所舉孫叔敖謙卑處世之道，與其戒子知足取劣之事，可與《老子》互爲參考。《老子》說：

> 知其榮，守其辱，爲天下谷。爲天下谷，常德乃足。（〈二十八章〉）

> 欲不欲，不貴難得之貨。（〈六十四章〉）

> 處眾人之所惡，故幾於道。（〈八章〉）

人們處世作爲，若能謙虛納人，不驕縱待人，不好財利，減少慾望，則能遠離災禍。若是以驕態示人，專事擅權，欲深谿壑，禍患就可能降臨己身了。〈說符〉中「腐鼠招禍」的故事，便是說明驕矜致禍的道理。文中說：

> 虞氏者，梁之富人也，家充殷盛，錢帛無量，財貨無訾。登高樓，臨大路，設樂陳酒，擊博樓上。俠客相隨而行。樓上博者射，明瓊張中，反兩撎魚而笑。非鳶適墜其腐鼠而中之。俠客相與言曰：「虞氏富樂之日久矣，好游而常有輕易人之志。吾不侵犯之，而乃辱我以腐鼠。此而不報，無以立懧於天下。請與若等戮力一志，率徒屬必滅其家焉。」等倫皆許諾。至期日之夜，聚眾積兵以攻虞氏，大滅其家。

梁國有個富翁虞氏，家中錢財萬貫，財貨無數，平日生活奢靡，縱情聲色。一日，家中又聚集眾人飲酒作樂，有隻老鷹由空中墜落所唧之腐鼠，正好擊中一名俠客。俠客感覺受辱，認爲虞氏平日作風即驕傲自恃，輕視他人，虞氏聯合其他俠客，將虞氏全家消滅掉了。人因平日作爲驕傲招搖，欺壓別人，終於引起殺機，使自己與家人同遭殺身之禍。《列子》在這裡透過虞氏滅門一事，說明以驕傲處世，所帶來的嚴重後果，則吾人尤其是富貴顯達者，豈能不深自警惕，引以爲戒？

（二）投隙抵時

宇宙中的一切事物，無不處於運動變化的過程中。《列子》對於處世的態度提出「投隙抵時，應事無方」的方法，要人們把握事物變化的形勢條件，不失去合宜的時機，以達到在現實生活中，與自然和諧的目的。在〈說符〉中，以「施氏與孟氏二子」的故事加以說明：

> 魯施氏有二子，其一好學，其一好兵。好學者以術干齊侯，齊侯納之，以爲諸公子之傅。好兵者之楚，以法干楚王。王悅之，以爲軍正。祿富其家，爵榮其親。施氏之鄰人孟氏同有二子，所業亦同，而窘於貧。羨施氏之有，因從請進趨之方。二子以實告孟氏。孟氏之一子之秦，以術干秦王。秦王曰：「當今諸侯力爭，所務兵食而已。若用仁義治吾國，是滅亡之道。」遂宮而放之。其一子之衛，以法干衛侯。衛侯曰：「吾弱國也，而攝乎大國之間。大國吾事之，小國吾撫之，是求安之道。若賴兵權，滅亡可待矣。若全而歸之，適於他國，爲吾之患不輕矣。」遂刖之，而還諸魯。既反，孟氏之父子叩胸而讓施氏。施氏曰：「凡得時者昌，失時者亡。子道與吾同，而功與吾異，失時者也，非行之謬也。且天下理無常是，事無常非。先日所用，今或棄之；今之所棄，後或用之。此用與不用，無定是非也。投隙抵時，應事無方，屬乎智。智苟不足使若博如孔丘，術如呂尚，焉往而不窮哉？」孟氏父子舍然無慍容，曰：「吾知之矣。子勿重言！」

魯國施氏的兩個兒子，一個去見齊侯，成了太子的老師；一個遊說楚王，得到官位。孟氏也有兩個兒子，羨慕施氏兒子的成就，請教其謀求功利名位的方法。後來，一個到秦國以所學遊說秦王，卻遭宮刑；另一個欲以軍事謀略打動衛侯，卻遭刖刑。孟氏與施氏的兒子，所學並沒有什麼不同，結果卻有如此大的差異，原因是什麼，是因爲不懂因時制宜的道理，所謂「得時者昌，失時者亡」。行爲能掌握、合於時宜就會興盛，違背、錯失時宜就會發生危險。

天下沒有永恆不變道理，事情的對錯沒有固定不變的標準。用與不用、是與非之間，因情勢時機的不同，是會有變化的。能夠根據時代需要與具體情況，採取因應措施，隨時應變事物的發展，提出適當的方法，這才是眞正有智慧的人。如果環境局勢已經改變，仍執著於之前的作法，固執不知變通，那災難也就接踵而至了。盧重玄說：

智者道之用，任智則非道矣。〔註57〕

能夠投隙抵時、應事無方才是真正的智慧。如果只是利用巧智，圖謀財利名聲，妄自作爲，將弄巧成拙，爲自己招來毀敗。徐文珊在《先秦諸子導讀》一書中說：

> 投隙抵時，應事無方者，不錯過機會，爭取時效，應事接物，無固定法則，必因時制宜也。能之者智，不能者愚。智者成而愚者敗，必然之理也。總之，時移事異，未有常經，時代遞嬗，適者成功。苟無時代眼光，不能因應事局，未有不敗者。〔註58〕

「理無常是，事無常非」，今日認爲是者，他日卻爲非；昔者以爲非者，今日竟爲是。有一天突然發現過去所孜孜追求的東西，今日看來卻是如此微不足道。當我們將價值判斷置於時間的長流當中時，根本就不存在絕對的標準，所以也無絕對的是非利害可言，因爲事物存在的條件是處在變化中的。當時空、情境發生轉變，世人所使用的判斷標準也隨之改變。因此，能不能「投隙抵時，應事無方」，適當合宜地去把握變化的情勢，以提出因應之道，便是考驗著人們的智慧。尤其是處在動亂的時代裡，沒有一定的常規可供遵循，更需要謹慎地面對處世的問題。〈說符〉中有一則「蘭子獻技」的故事：

> 宋有蘭子者，以技干宋元，宋元召而使見。其技以雙枝，長倍其身，屬其踁，並趨並馳，弄七劍迭而躍之，五劍常在空中。元君大驚，立賜金帛。又有蘭子又能燕戲者，聞之，復以干元君。元君大怒曰：
> 「昔有異技干寡人者，技無庸，適值寡人有歡心，故賜金帛，彼必聞此而進復望吾賞。」拘而擬戮之，經月乃放。

蘭子晉見宋元君，並在他的面前表演雜技，宋元君看完後大感驚奇，給予了許多的賞賜。不久，另外一位蘭子也前來獻技，宋元君看完後卻大爲生氣，並將此人拘禁起來。這兩個蘭子技巧相差不多，遭遇卻大不相同，原因只是因爲宋元君看表演時的心情不同罷了。事理哪裡有一定不變的道理，重要的是要懂得投隙抵時，一個不懂得因時任物的人，是極有可能招致禍患的。同篇中還有一則「牛缺遇盜」的故事：

> 牛缺者，上地之大儒也，下之邯鄲，遇盜於耦沙之中，盡取其衣裝車，牛步而去。視之，歡然無憂悋之色。盜追而問其故。曰：「君子不以

〔註57〕見楊伯峻：《列子集釋》（台北：華正書局，1987年9月），頁246。
〔註58〕見徐文珊：《先秦諸子導讀》（台北：幼獅書店，1972年1月），頁180。

> 所養害其所養。」盜曰：「嘻！賢矣夫！」既而相謂曰：「以彼之賢，
> 往見趙君，使以我為，必困我。不如殺之。」乃相與追而殺之。燕人
> 聞之，聚族相戒，曰：「遇盜，莫如上地之牛缺也。」皆受教。俄而
> 其弟適秦。至關下，果遇盜，憶其兄之戒，因與盜力爭。既而不如，
> 又追而以卑辭請物。盜怒曰：「吾活汝弘矣，而追吾不已，迹將著焉。
> 既為盜矣，仁將焉在？」遂殺之，又傍害其黨四、五人焉。

牛缺是一位學者，在前往邯鄲的路途中遇上了強盜，他表現得從容自若，強盜問其原因，他說一位君子是不會因為身外之物而去損害自己的身心的。強盜聽完後，認為他是個賢人，他日若受重用必當不利於己，於是將他殺害了。這件事傳到了燕國，有個人便以牛缺之事告戒族人。不久，這個人的弟弟在往秦國的途中遇上強盜，記起兄長的勸告，便奮力與強盜爭奪，並百般要求要強盜歸還物品。強盜擔心對方窮追不捨，使自己暴露行蹤，於是將此人與同行者一起殺了。

　　牛缺不計較財物的得失而招殺身之禍，燕人的弟弟記取牛缺的前車之鑑，表現對財貨的重視，也失去了生命。這前後事件的對比，反映出投隙抵時的重要。當時機環境已改變時，人也要懂得隨機應變，「應事無方」，沒有一個方法可以放諸四海而皆準的。身處在一個動輒得咎的時代裡，面對的是失序的社會環境，人們要求自保實在不是一件容易的事。

三、《莊》《列》處世之道比較

　　世人總是不由自主地追求各種外在的物質，如富貴、名譽、地位等等。但是這追逐的過程卻是十分疲累、緊張，到頭來卻可能是一場空。即使一時僥倖得到，一定能帶來永遠的幸福快樂嗎？說不定是埋下更大的禍害。《莊子・盜跖》說：

> 小人殉財，君子殉名。

不管是為名或為利，汲汲苦求，耗損精神，甚至犧牲生命，而不知自省，對人生來說，實在是一種悲哀與疑惑。〈天地〉有一則「厲人生子」的故事：

> 厲之人夜半生其子，遽取火而視之，汲汲然唯恐其似己也。

世人迷失在名利中，不正是種愚昧迷惑嗎？〈徐無鬼〉說：

> 南伯子綦隱几而坐，仰天而噓。顏成子入見曰：「夫子，物之尤也。
> 形固可使若槁骸，心固可使若死灰乎？」曰：「吾嘗居山穴之中矣。

> 當是時也，田禾一覘我，而齊國之眾三賀之。我必先之，彼故知之；
> 我必賣之，彼故鬻之。若我而不有之，彼惡得而知之？若我而不賣
> 之，彼惡得而鬻之？嗟乎！我悲人之自喪者，吾又悲夫悲人者，吾
> 又悲夫悲人之悲者，其後而日遠矣。」

一般人爲滿足外在感官的需求，追逐名利聲色，在這過程中對人的眞性已造成損害。從南伯子綦對世人迷失的哀嘆中，可看出追名逐利的悲哀。《莊子·外物》說：「外物不可必。」追求外物的心，若是如無底深淵，永無止盡之時，精神終將因過度的憂懼，而被折磨銷蝕殆盡。

《列子》同樣認爲外物會傷害人的本性，人們因追求高壽、名譽、地位、財貨等東西，反而被外物所役使。〈楊朱〉說：

> 生民之不得休息，爲四事故：一爲壽，二爲名，三爲位，四爲貨。
> 有此四者，畏鬼，畏人，畏威，畏刑：此謂之遁民也。可殺可活，
> 制命在外。不逆命，何羨壽？不矜貴，何羨名？不要勢，何羨位？
> 不貪富，何羨貨？此之謂順民也。

人們所在乎的，不外乎是生命的壽夭、名譽的得失、地位的高低、財富的多少等四件事情。這些事情，都是不符合人的本性的，愈是去追求，愈難擺脫其對自己的影響與控制。於是，身心備受煎熬，精神耗損嚴重，外物的追求卻沒有窮盡的一天。要想回復自然本性，必須將這些事情全部拋棄。若不違反天命、不重視尊貴、權勢、財富，又何必羨慕長壽、名譽、地位、財貨這些東西呢？順應自然的人，才能不爲物累，而爲自己生命的主宰。《莊子·繕性》中說：

> 今之所謂得志者，軒冕之謂也。軒冕在身，非性命也，物之儻來，
> 寄也。寄之，其來不可圉，其去不可止。故不爲軒冕肆志，不爲窮
> 約趨俗，其樂彼與此同，故無憂而已矣。今寄去則不樂，由是觀之，
> 雖樂，未嘗不荒也。故曰，喪己於物，失性於俗者，謂之倒置之民。

《莊子》認爲眞正潔身自好的人，具有堅毅的崇高人格，視名利榮華富貴如外物，既然是外物則任其來去。若是因外物而有憂樂情緒的感覺，那麼是迷惑了眞性。〈天運〉說：

> 以富爲是者，不能讓祿；以顯爲是者，不能讓名；親權者，不能與
> 人柄。操之則慄，舍之則悲，而一無所鑒，以闚其所不休者，是天
> 之戮民也。

對於不斷追求的富貴顯達、功名利祿，得到時又害怕失去，得不到憂愁困苦，要其放棄卻又捨不得，如此反覆熬煎著人們的身心，精神不得自由，這樣的人稱為「天之戮民」。為了取得名聲，而「苦其身，燋其心」（〈楊朱〉），甚至違背、喪失了本性。〈楊朱〉說：

> 遑遑爾競一時之虛譽，規死後之餘榮；偊偊爾慎耳目之觀聽，惜身意之是非；徒失當年之至樂，不能自肆於一時。重囚纍梏，何以異哉？太古之人知生之暫來，知死之暫往；故從心而動，不違自然所好；當身之娛非所去也，故不為名所勸。從性而游，不逆萬物所好；死後之名非所取也，故不為刑所及。名譽先後，年命多少，非所量也。

倉皇不安地競相爭奪名聲美譽，但這名聲美譽也不過是一時的、是暫存的，哪裡能夠永遠保有？人們不明白這道理，仍然固執自私地追求著，甚至為了死後的遺榮，一刻不肯放鬆那追逐，身心一刻不得休息。這樣的情形，與那關進監牢帶著刑具的人，有什麼差別呢？遠古時候的人，知道生死皆不過是暫存的現象，皆大化流行中的一種過程，不違反自然本性，不追求名聲美譽等外物，因此能從容自在地過生活。〈楊朱〉說：

> 凡彼四聖者，生無一日之歡，死有萬世之名。名者，固非實之所取也。雖稱之弗知，雖賞之不知，與株塊無以異矣。

《列子》舉舜、禹、周公、孔子四人為例，說明雖生前為聖人，享有崇高的名譽聲望，但是這些虛名，並不能減少免除生前生活上的艱困，與身心所受的憂愁痛苦。為求「萬世之名」，生時「無一日之歡」，違背本性，毀損性命，而求得這「名」又有何用？人死後竟是「稱之弗知」、「賞之不知」，此時回過頭去思考，人的一生所求為何？犧牲本性生命而換得此一虛名空位，其人生的意義價直又何在？同篇中接著說：

> 彼四聖雖美之所歸，苦以至終，同歸於死矣。彼二凶雖惡之所歸，樂以至終，亦同歸於死矣。

舜、禹、周公、孔子四位聖人，雖然為天下人所稱頌讚揚，但一生憂愁困苦至極，最終仍將一死。而桀、紂兩位暴君，雖然天下人皆痛惡之，最後亦為一死罷了。以同歸於死亡此一結果而言，聖人與暴君這兩者之間又有什麼不同呢？《列子》之意當在強調不以虛名聲譽等外物，戕害人的本性自然，並非鼓勵桀紂之行。《列子》進一步引鬻子的話說：

　　去名者無憂。（〈楊朱〉）

能夠徹底將虛名拋棄掉，才能擺脫煩惱憂愁，才能眞正把握生命的眞諦。對
人們來說，最大的意義應該在於自身的存在與發展，如果執著於追求功名利
祿，都只能是對人的無情的損傷。〈駢拇〉說：

　　自三代以下者，天下莫不以物易其性矣。小人則以身殉利，士則以
　　身殉名，大夫則以身殉家，聖人則以身殉天下。故此數子者，事業
　　不同，名聲異號，其於傷性以身爲殉，一也。

多少人爲了求名利、外物，而喪失本性，丟掉生命。也許所追求的不同，但
爲了這些本身以外的東西，而傷害了自身，其迷失愚昧的行爲是相同的。更
何況人們爲追逐名利得失而勞苦憂懼，心神永遠沒有安寧的一刻。何不一切
順任自然，不爲名利所束縛，就不會爲外物所役使操控。能捨棄名利的人，
自然不會招致不幸。《莊子‧讓王》說：

　　子列子窮，容貌有飢色。客有言之於鄭子陽者曰：「列禦寇，蓋有道
　　之士也，居君之國而窮，君无乃爲不好士乎？」鄭子陽即令官遺之
　　粟。子列子見使者，再拜而辭。使者去，子列子入，其妻望之而拊
　　心曰：「妾聞爲有道者之妻子，皆得佚樂，今有飢色。君過得遺先生
　　食，先生不受，豈不命邪！」子列子笑謂之曰：「君非自知我也。以
　　人之言而遺我粟，至其罪我也又且以人之言，此吾所以不受也。」
　　其卒，民果作難而殺子陽。

《列子‧說符》亦有類似記載。列子生活困窮，鄭子陽派人送糧食給他，列
子不肯接受。他認爲聽別人之言送來糧食，將來必因他人之言加罪於自己。
後來百姓果然作亂，鄭子陽被殺害。列子在面臨利益時，已透視到背後所隱
藏的危機。世人有多少人了解禍福相生，利害相倚的道理。世人往往只見當
前的利益，而忘卻身後的禍害。這個道理，在〈山木〉中有說明：

　　莊周遊乎雕陵之樊，覩一異鵲自南方來者，翼廣七尺，目大運寸，
　　感周之顙而集於栗林。莊周曰：「此何鳥哉，翼殷不逝，目大不覩？」
　　蹇裳躩步，執彈而留之。覩一蟬，方得美蔭而忘其身；螳蜋執翳而
　　搏之，見得而忘其形；異鵲從而利之，見利而忘其眞。莊周怵然曰：
　　「噫！物固相累，二類相召也。」捐彈而反走，虞人逐而誶之。莊
　　周反入，三月不庭。藺且從而問之：「夫子何爲頃間甚不庭乎？」莊
　　周曰：「吾守形而忘身，觀於濁水而迷於清淵。且吾聞諸夫子曰：『入

其俗，從其俗。』今吾遊於雕陵而忘吾身，異鵲感吾顙，遊於栗林

而忘眞。栗林虞人以吾爲戮，吾所以不庭也。」

莊周到雕陵果園去遊玩，有鳥飛來，莊周準備拿起彈弓射牠。此時看見一隻蟬正躲在樹蔭乘涼，背後有一隻螳螂從樹葉暗處爬過來，想要殺牠。而在這隻螳螂的背後，那鳥也正等著捕捉牠。莊周看了，心中有所警醒，想到物物追逐，招來禍端。正拋下彈弓離開時，就看到管園的人從後頭追趕他，以爲他要偷東西。〈則陽〉說：

安危相易，禍福相生。

人們追逐財聲名利而忘卻禍患，不正像這蟬、螳螂、異鵲一樣，只見眼前利益，忽略背後所帶來更大的危機。人在面臨得利之時，能否抗拒當前的利慾，是其能否保全生命本性的關鍵。

《列子》中對於財利使人迷惑，甚至違法亂紀的現象，亦有所描述。〈天瑞〉記載一則故事，齊國的國氏非常富有，宋國的向氏非常貧困，請教國氏富有的方法，卻未悟得話中之理，竟然偷取別人的財物，「踰垣鑿室，手目所及，亡不探也。未及時，以贓獲罪，沒其先居之財」。這人最後不僅吃上了官司，連原來的財產也被沒收了。〈說符〉中還有一則「齊人攫金」的故事：

昔齊人有欲金者，清旦衣冠而之市，適鬻金者之所，因攫其金而去。

吏捕得之，問曰：「人皆在焉，子攫人之金何？」對曰：「取金之時，

不見人，徒見金。」

齊人欲金，眼中所見，心中所想，皆只有金子。因此，在眾目睽睽，光天化日之下，竟然做起搶劫的事情來了。人的貪念竟將人蒙蔽至此地步，良心被財利腐蝕殆盡，罔顧於道德與法律規範，一心只爲滿足個人貪欲。從這攫金者身上，我們看到了多麼可怕的事實，看到了私欲是如何地攪亂人的頭腦，遮蔽人的眼睛，而不顧下場如何。「取金之時，不見人，徒見金」，豈不說明當人面臨利益時，內在心靈的混亂狀態。向氏與攫金者，眼中只有財利，不惜以不正當的手段奪取他人的財富，反而是爲自己招來了災禍，正是所謂「人爲財死」的不幸例子。

在看了這兩則寓言故事之後，那些平日不肯腳踏實地工作，卻只做著發財白日夢的人能不深自反省，以此爲警惕嗎？《莊子》試著告訴人們，從大道的角度去觀看人世，則貧富貴賤沒有什麼不同。〈天地〉中對此觀點做了概述：

夫道，覆載萬物者也，洋洋乎大哉！君子不可以不刳於心焉。無爲

爲之之謂天，無爲言之之謂德，愛人利物之謂仁，不同同之之謂大，
行不崖異之謂寬，有萬不同之謂富。故執德之謂紀，德成之謂立，
循於道之謂備，不以物挫志之謂完。君子明於此十者，則韜乎其事
心之大也，沛乎其爲萬物逝也。若然者，藏金於山，藏珠於淵，不
利貨財，不近貴富;不樂壽，不哀夭;不榮通，不醜窮;不拘一世之利
以爲己私分，不以王天下爲已處顯。顯則明，萬物一府，死生同狀。

大道覆載萬物，博大無邊無際，若人的心中受限於財利、富貴、貧賤、壽夭
等世俗價值，無法開闊心胸，使心靈獲得自由，又如何接近體悟大道的廣大
無窮。精神受困於功名利祿，又如何獲得快樂。《莊子·山木》中說:

孰能去功與名，而還與眾人，道流而不明，居得行而不名處，純純
常常，乃比於狂，削迹捐勢，不爲功名。是故無責於人，人亦無責
焉。至人不聞，子何喜哉?

不自顯功績，不自求聲名，無求於人，人亦無求於我，人人自足而常樂，則
遠離災禍。反之，若終日競逐名利，使本性受損，不免招來禍患。成玄英疏
說:

流俗之夫，倒置之甚，情纏繞於名利，心決絕於爭求，以此而言，
豈非大惑之甚也。〔註59〕

郭象注則說:

功自彼成，故勢不在我，而名迹皆去。〔註60〕

名位財利，往往是傷性害命的毒物，人人卻不自覺，反而挖空心思汲汲追求，
成爲物欲的奴役。對於人本身來說，維持其獨立的存在、本性的自然、精神
的自由，不是其最主要的目的與意義，如今卻任由外物不斷侵蝕人心，損害
心靈本性，這不是一種迷惑嗎?外物終究在本身之外，爲了身外之物而損及
自身，這樣的追求有何意義?吾人當以此爲鑑，勿使人心淪爲名利物欲的工
具，否則身心永難進入自由逍遙的境界。

人來自於自然，亦應取法自然，若是能放棄個人的想法與私意，行爲處
事一切順任自然無爲，則所有的是非價值判斷將可以泯除。「聖人無爲，故無
敗」(《老子·六十四章》)、「不爲而成」(《老子·四十七章》)。不刻意也不執
著於有所作爲，自然不會招致失敗與挫折。萬物因得道而自然生長化育，道

〔註59〕見郭慶藩輯:《莊子集釋》(台北:華正書局，1994 年 8 月)，頁 683。
〔註60〕同註 59。

並不自恃爲其作爲。不用刻意想要表現些什麼，要懂得持後處先的道理。《列子‧說符》中藉由觀察影隨形動，說明此道理：

> 子列子學於壺丘子林。壺丘子林曰：「子知持後，則可言持身矣。」列子曰：「願聞持後。」曰：「顧若影，則知之。」列子顧而觀影，形枉則影曲，形直則影正。然則枉直隨形而不在影，屈申任物而不在我，此之謂持後而處先。

列子向壺丘子林請教做人的道理，壺丘子林告訴他，要先懂得持後的道理，然後才能談如何保持己身。而持後的道理，就在自己的影子中。列子發現影子的形狀，是隨著身形的或彎或直而變化的，而不是影子本身可以決定。《莊子‧山木》中有一則「意怠鳥」的故事：

> 東海有鳥焉，其名曰意怠。其爲鳥也，翂翂翐翐，而似無能；引援而飛，迫脅而棲；進不敢爲前，退不敢爲後；食不敢先嘗，必取其緒。是故其行列不斥，而外人卒不得害，是以免於患。

意怠鳥隨群鳥起飛，飛時跟在後面，棲息時擠在中間，前進時不敢飛在前面，返回時也不敢落後在最後面。吃東西的時候，不敢爭先，讓其他鳥先吃，自己撿食剩下的食物。這意怠鳥生活平順，處在鳥群中不被排斥，外物也無法傷害牠。因其不材，且與世無爭，故能免於禍患。意怠鳥的處世態度，正可以作爲人們在面對社會現實時，所做的權衡和選擇的參考。《莊子‧列禦寇》中還記載「列禦寇之齊」一事：

> 子列子之齊，中道而反，遇伯昏瞀人。伯昏瞀人曰：「奚方而反？」曰：「吾驚焉。」「惡乎驚？」「吾食於十漿，而五漿先饋。」伯昏瞀人曰：「若是，則汝何爲驚已？」曰：「夫內誠不解，形諜成光，以外鎮人心，使人輕乎貴老，而韲其所患。夫漿人特爲食羹之貨，無多餘之贏，其爲利也薄，其爲權也輕，而猶若是，而況萬乘之主，身勞於國而智盡於事，彼將任我以事而效我以功，吾是以驚。」伯昏瞀人曰：「善哉觀乎！汝處已，人將保汝矣！」無幾何而往，則戶外之屨滿矣。伯昏瞀人北面而立，敦杖蹙之乎頤。立有間，不言而出。賓者以告列子。列子提屨徒跣而走，暨乎門。問曰：「先生既來，曾不廢藥乎？」曰：「已矣。吾固告汝曰，人將保汝，果保汝矣。非汝能使人保汝，而汝不能使人無汝保也。而焉用之感也？感豫出異。且必有感也，搖而本身，又無謂也。與汝游者，莫汝告也。彼所小

言，盡人毒也。莫覺莫悟，何相孰也。巧者勞而知者憂，無能者無所求，飽食而遨遊，汎若不繫之舟，虛而敖遊者也。」

《列子・黃帝》中亦有類似記載。列子到齊國，酒店老闆送他五杯酒，列子受到驚嚇，認為可能是自己內心的情欲不能解除，行為舉止在別人看來卻好似光彩照人，靠這看似莊嚴的外表鎮懾人，使別人尊敬自己比老人還要多，這樣是會給自己帶來禍患的。列子了解自己犯了「內誠不解，形諜成光，以外鎮人心」的缺失，而能自我反省。人要懂得收斂鋒芒，消除感官的作用，不要自我炫耀，欲求博得聲名。《老子・五十六章》說：「塞其兌，閉其門，挫其銳；解其紛，和其光，同其塵。」這便是要人閉塞感官與心智，超然物外，淡泊無欲，深藏不露。《莊子・應帝王》中也提到過，列子在經過壺子的教導之後，反省過去的生活，回家後過著「食豨如食人，於事無親，雕琢復朴，塊然獨以其形立。分然而封戎，壹以是終」的生活。

列子雖有所警惕，善於觀察，行為謹慎，但伯昏瞀人認為他尚未達於至道，進而告誡列子「無能者無所求，飽食而遨遊，汎若不繫之舟，虛而敖遊者也」，希望列子「無能」，而後能「無所求」，所謂「善行無轍迹」(《老子・二十七章》)。凡事順自然而行，澹泊無為，保其精神，「大成若缺」、「大巧若拙」(《老子・四十五章》)，不使形諜成光而傷害內誠。能謙下不爭，以淡泊為懷，而能無所拘繫地神遊於塵世之外，「遊乎天地之一氣」(《莊子・大宗師》)，此即為逍遙自在之境地。

《莊子》與《列子》的處世方式，還主張從根本上剷除競爭的心理，達到與世無爭。《莊子・達生》記載「紀渻子養鬥雞」的故事：

紀渻子為王養鬥雞。十日而問：「雞已乎？」曰：「未也，方虛憍而恃氣。」十日又問，曰：「未也。猶應嚮景。」十日又問，曰：「未也。猶疾視而盛氣。」十日又問，曰：「幾矣。雞雖有鳴者，已無變矣，望之似木雞矣，其德全矣，異雞無敢應者，反走矣。」

《列子・黃帝》中亦記載此事，內容大致相同。紀渻子為周宣王養鬥雞，王四問雞可鬥否，紀渻子分別以「虛矯而恃氣」、「應嚮景」、「疾視而盛氣」、「似木雞」四種情形來回答。紀渻子的四種回答代表了四種不同的境界，鬥雞從驕傲逞勇到見影就起反應，再到怒視氣盛，最後絲毫不為所動，看上去像是木雞，致使無雞敢戰的最高境界，這也就是達到無為之至的境界。對人來說，同理可推。張湛注說：

德全者，非但已無心，乃使外物不生心。〔註61〕

在紛繁複雜的人際關係中，難以避免接觸人與外物，但是不需要將所遇到的對象視爲對手，也不要受到外物的誘惑，不起競爭與追逐之心。如此，在面對社會現實時，能取消外界對自己的猜忌，與可能帶來的危殆，能確保自身的安全，保持與現實的協調。

第三節　理想社會

對於生活在動盪不安的時代的人們來說，內心對於安定生活的渴求是不言而喻的。當人民對於現實生活愈加地不滿意，卻是既無奈又無力改變時，便會產生超越現實的想像，希望理想中的社會與國度能夠出現，並依此作爲其精神的寄託。崔大華說：

> 就中國先秦思想家來說，他們對人類從原始的自然狀態進入文明的
> 階級社會所發生的變化都有所察覺，他們中的許多人對伴隨私有制
> 而產生的階級壓迫和剝削、伴隨這種壓迫和剝削而產生的社會苦
> 難，深表同情和憂慮。他們嚴肅地思考這一現象，用他們的智慧，
> 從各自不同的立場描繪不同的理想的社會圖景。〔註62〕

《老子》的小國寡民、《莊子》的至德之世和建德之國、《列子》的華胥國和終北之國等，便是在這樣的心理基礎下孕育而生。這些由人們所勾勒出的理想藍圖裡，主要表現特徵爲自然主義的色彩。

一、《莊子》理想社會

對於現實社會的混亂污濁，已是病入膏肓難以根治，文明所帶來的危害正一點一滴侵蝕著人類社會。面對這樣的社會狀態，《莊子》主張返回純樸的自然狀態，回到那原始、可以自由自在生活的環境中。它以人性自然說爲依據，提出了「至德之世」和「建德之國」的構想，表現對遠古無爲政治的渴慕，努力擺脫有爲造作的毒害。人是屬於自然的一部分，人性是最純眞、最樸實的。在這理想社會中，一切都保持著原始、純樸的自然狀態，包括人性也應當「任其性命之情」（〈駢拇〉），要保全人的素樸自然的本性。那麼理想

〔註61〕見楊伯峻：《列子集釋》（台北：華正書局，1987 年 9 月），頁 87。
〔註62〕見崔大華：《莊學研究》（北京：人民出版社，1992 年 7 月），頁 255。

中的社會是什麼樣的社會：

> 至德之世，不尚賢，不使能；上如標枝，民如野鹿；端正而不知以
> 爲義，相愛而不知以爲仁，實而不知以爲忠，當而不知以爲信，蠢
> 動而相使，不以爲賜。是故行而無迹，事而無傳。(〈天地〉)

> 古者禽獸多而人少，於是民皆巢居以避之，晝拾橡栗，暮栖木上，
> 故命之曰有巢氏之民。古者民不知衣服，夏多積薪，冬則煬之，故
> 命之曰知生之民。神農之世，臥則居居，起則于于，民知其母，不
> 知其父，與麋鹿共處，耕而食，織而衣，無有相害之心，此至德之
> 隆也。(〈盜跖〉)

在這至德之世中，生產活動簡單，過著原始的物質生活。至德之世的人們，其
精神世界沒有超出本然的生理和心理之外的內容。人們「不知以爲義」、「不知
以爲仁」、「不知以爲忠」、「不知以爲信」、「臥則居居，起則于于」，沒有任何固
定形態的思想觀念。實際上，這是人類精神化文化發展的蒙昧時期。盧梭曾說：

> 實際上，再沒有比原始狀態中的人那麼溫和的了。〔註63〕

> 人類生來就是爲了永遠停留在這樣的狀態。這種狀態是人世的眞正
> 青春，後來的一切進步只是個人完美化方向上的表面的進步，而實
> 際上它們引向人類的沒落。〔註64〕

盧梭所言與《莊子》的觀點相近。《莊子》主張去知、返樸，以此來消除已經
滋長的現實社會中的罪惡。〈馬蹄〉說：

> 夫赫胥氏之時，民居不知所爲，行不知所之，含哺而熙，鼓腹而遊，
> 民能已此矣。及至聖人，屈折禮樂以匡天下之形，縣跂仁義以慰天下
> 之心，而民乃始踶跂好知，爭歸於利，不可止也。此亦聖人之過也。

在那上古時代，純樸未化，沒有過多的思慮活動，人民只是順著本性而爲。
成玄英疏說：

> 夫行道之時，無爲之世，心絕緣慮，安居而無所爲；率性而動，遊
> 行而無所往。既而含哺而熙戲，與嬰兒而不殊；鼓腹而遨遊，將童
> 子而無別。此至淳之世，民能如此也。〔註65〕

〔註63〕見盧梭著、李常山譯：《論人類不平等的起源和基礎》(台北：唐山出版社，
　　　　1986年10月)，頁106。
〔註64〕同註63，頁108。
〔註65〕見郭慶藩輯：《莊子集釋》(台北：華正書局，1994年8月)，頁341。

由文中可知，這個反樸歸眞的境界，是個理想中的社會。此外，《莊子》書中的至德之世是處於上古非常遙遠的時代。〈胠篋〉說：

> 子獨不知至德之世乎？昔者容成氏、大庭氏、伯皇氏、中央氏、栗陸氏、驪畜氏、軒轅氏、赫胥氏、尊盧氏、祝融氏、伏羲氏、神農氏，當是時也，民結繩而用之。甘其食，美其服，樂其俗，安其居，鄰國相望，雞狗之音相聞，民至老死而不相往來。

文中借用的容成氏、大庭氏、伯皇氏等國，可能是遠古之時便已經湮滅的氏族或國家。以大庭氏爲例，《左傳·昭公十八年》說：「梓愼登大庭氏之庫以望之。」杜預注：「大庭氏，古國名，在魯城內，魯于其處作庫。」成玄英疏則認爲十二氏爲上古帝王，他說：

> 上十二氏，並上古帝王也。當時既未有史籍，亦不知其次第前後。
>
> 刻木爲契，結繩表信，上下和平，人心淳樸。〔註66〕

不論是氏族、國家，或是上古時代的領導者或君王，皆是歷時久遠，且在戰國之時已亡滅，於是以之作爲遠古的象徵。《莊子》書中引此，便是取其作爲理想藍圖之意，與當世「舉賢則民相軋，任知則民相盜」（〈庚桑楚〉）、「棄生以殉物」（〈讓王〉）的黑暗社會形成一強烈對比。並且更加突顯出現實生活與統治者對於人民的迫害摧殘，以及人民企求突破困境的殷切期盼，透露出一種對於人與自然、人與人無任何對立的遠古社會的深情憧憬。

在至德之世中「禽獸可係羈而遊，鳥鵲之巢可攀援而闚」，人們「甘其食，美其服，樂其俗，安其居」，人人安居樂業，各得其所，人與萬物不相傷害侵犯，內心充滿恬靜安寧。這樣的理想社會，在《莊子》書中還有另一個名稱，叫做「建德之國」。〈山木〉說：

> 南越有邑焉，名爲建德之國。其民愚而朴，少私而寡欲；知作而不知藏，與而不求其報；不知義之所適，不知禮之所將。猖狂妄行，乃蹈乎大方；其生可樂，其死可葬。

市南宜僚告訴魯侯，南越有一邑，名爲「建德之國」。這建德之國在那遙遠的邊陲地帶，唐杜佑說：「自嶺而南，當唐、虞、三代爲蠻夷之國，是百越之地，亦謂之南越，古謂之雕題，非《禹貢》九州之域，又非《周禮》職方之限。」〔註67〕既然在九州、職方之外，可見其所處地域的遙遠。住在建德之國的人

〔註66〕見郭慶藩輯：《莊子集釋》（台北：華正書局，1994年8月），頁358。
〔註67〕見杜佑：《通典·古南越》卷一八四（北京：中華書局，1988年12月），頁

民，保有純樸的本性，不知禮義，無拘無束地過生活。

這「建德之國」與「至德之世」，雖然一是描寫邊遠之國，一是描寫遠古的社會，但就其本質來說大致是相同的，都是《莊子》對理想社會的構思。其主要的社會目標是一致，是希望人民能過著沒有規範約束、沒有政治壓迫的安閒生活，其主要的精神特徵就是純任自然、樸實寡欲。在這種理想世界中，雖有統治者的存在，卻是「無為而治」。統治者的存在不為人民帶來任何痛苦與壓力，不以任何有為的措施破壞自然的存在，順任天下人自然發展，不「淫其性」、「遷其德」。《莊子》說：

> 汝遊心於淡，合氣於漠，順物自然而無容私焉，而天下治矣。(〈應帝王〉)

> 聞在宥天下，不聞治天下也。在之也者，恐天下之淫其性也；宥之也者，恐天下之遷其德也。天下不淫其性，不遷其德，有治天下者哉！(〈在宥〉)

統治者沒有貪欲私心，不以自已的成見私意去約束支配人民。那麼，人民就可以順隨己意地自由生活。成玄英疏說：

> 隨造化之物情，順自然之本性，無容私作法術，措意治之。[註68]

> 性正德定，何勞布政治之哉！有政不及無政，有為不及無為。[註69]

人的本性本來就是自然，萬物發展亦是遵循著自然之理，一切皆順任自然無為，則天下大治。反之，愈是強調用人為去治理，則社會愈是混亂。

《莊子》一書對於當時的生活情景和現實社會有著深刻的描寫。在這樣的時代裡，到處充滿了不公平的現象，「彼竊鉤者誅，竊國者為諸侯。」(〈胠篋〉)在這樣惡劣的環境中生存，人民希望回到上古時代那自由悠閒，與鳥獸同群的生活情景，回到所謂的「至德之世」。在「至德之世」中，沒有過多的人為矯飾及衍生的罪惡亂象，有的只是順自然性命之情，逍遙自在的生活。因此也不會引發社會紛爭，人與自然處在和諧狀態。這「至德之世」是《莊子》為後世所提出的一個理想的生活環境，尤其對於處在亂世中的百姓來說，不失為一個最佳的安身立命處，更是其所嚮往憧憬的理想社會。

4910。

[註68] 見郭慶藩輯：《莊子集釋》(台北：華正書局，1994 年 8 月)，頁 295。

[註69] 同註 68，頁 365。

二、《列子》理想社會

　　《列子》虛構了幾個幻想的國度，反映了作者對理想社會政治的追求。〈黃帝〉記載黃帝即位後，娛耳目、供口鼻、竭聰明、盡智力、治百姓，弄得自己焦然昏然。文中說：

> 黃帝即位十有五年，喜天下戴己，養正命，娛耳目，供鼻口，燋然
> 肌色皯黣，昏然五情爽惑。又十有五年，憂天下之不治，竭聰明，
> 進智力，營百姓，焦然肌色皯黣，昏然五情爽惑。黃帝乃喟然讚曰：
> 「朕之過淫矣。養一己其患如此，治萬物其患如此。」於是放萬機，
> 舍宮寢，去直侍，徹鐘懸，減廚膳，退而閒居大庭之館，齋心服形，
> 三月不親政事。晝寢而夢，遊於華胥氏之國。

黃帝即位十五年後，自矜於百姓的擁戴，放縱於感官享受，反而弄得精神憔悴。又十五年，將心力放在治理政事上，同樣弄得自己十分疲憊。之後又擔心天下混亂，竭盡聰明才智之所能處理政務，同樣弄得自己憔悴不堪。於是，黃帝自我反省，淨化、簡省生活所需用度，消除慾念，三個月不過問政事，專心修養。有一天白天睡覺時，夢遊華胥國，開拓了不同於以往的視野。在這個國度裡，百姓的生活是什麼情形？〈黃帝〉中接著記載：

> 華胥氏之國在弇州之西，台州之北，不知斯齊國幾千萬里，蓋非舟
> 車足力之所及，神游而已。其國無師長，自然而已。其民無嗜欲，
> 自然而已。不知樂生，不知惡死，故無夭殤；不知親己，不知疏物，
> 故無愛憎；不知背逆，不知向順，故無利害；都無所愛惜，都無所
> 畏忌。入水不溺，入火不熱。斫撻無傷痛，指擿無痟癢。乘空如履
> 實，寢虛若處牀。雲霧不硋其視，雷霆不亂其聽，美惡不滑其心，
> 山谷不躓其步，神行而已。黃帝既寤，悟然自得，召天老、力牧、
> 太山稽，告之，曰：「朕閒居三月，齋心服形，思有以養身治物之道，
> 弗獲其術。疲而睡，所夢若此。今知至道不可以情求矣。朕知之矣！
> 朕得之矣！而不能以告若矣。」又二十有八年，天下大治，幾若華
> 胥氏之國，而帝登假。百姓號之，二百餘年不輟。

華胥國是個連舟車都不能到達的國家，那裡的一切都聽任自然，人民沒有慾望，不樂生惡死，沒有親疏、愛憎、利害的分別。所以沒有什麼好追逐、爭奪的，也因為無所追求，外物傷不了他們，面對水火、雷霆、山谷的阻礙與險峻，也無所畏懼，超脫自在地生活。這個無欲、無為的夢幻之國，正是有

欲、有爲的現實社會的對立，是人們所嚮往的世界。

　　黃帝夢醒之後，感悟無爲而治之理。經過二十八年，天下大治，幾若華胥氏之國。像華胥國這樣的理想境界，不是有心去爲就能到達的，越是有爲反而離道越遠。在無心無欲的狀態下，反而能得到。從這段記載中，可以看到黃帝從有爲到無爲的治國過程。且了解眞正的至道，是無法言說的，得靠自己的領悟。而世俗的物質、制度都是使人的本性遭受戕害的因素，要能夠摒除掉這一切，才有入道的可能，才能夠「夢」到華胥國。〈湯問〉中還有終北之國：

> 其國名曰終北，不知際畔之所齊限，無風雨霜露，不生鳥獸、蟲魚、草木之類。四方悉平，周以喬陟。當國之中有山，山名壺領，狀若甑甀，頂有口，狀若員環，名曰滋穴。有水湧出，名曰神瀵，臭過蘭椒，味過醪醴。一源分爲四埒，注於山下。經營一國，亡不悉徧。土氣和，亡札厲。人性婉而從物，不競不爭。柔心而弱骨，不驕不忌。長幼儕居，不君不臣。男女襍游，不媒不聘。緣水而居，不耕不稼。土氣溫適，不織不衣。百年而死，不夭不病。其民孳阜亡數，有喜樂，亡衰老哀苦。其俗好聲，相攜而迭謠，終日不輟音。飢惓則飲神瀵，力志和平。過則醉，經旬乃醒。沐浴神瀵，膚色脂澤，香氣經旬乃歇。

這終北之國的邊界不知在哪裡，那裡的氣候終年沒有風霜雨露，不生長鳥、獸、蟲、魚、草、木等生物。四面是一望無際的平原，周圍有高山峻嶺環繞。人民性情溫和，心地善良，沒有爭奪競爭之心，沒有驕傲嫉妒之心，大家和睦相處。不分老少，全都住一起，沒有君臣上下之分，沒有尊卑貴賤之別，男男女女相互交往，沒有什麼媒妁和婚聘。居住在水邊，不種植耕田，土壤肥沃，氣候溫潤舒適，適合人居住。不用織衣，也不穿衣服，百歲之後自然而然地死亡。不夭折早死，也不會遭受病痛的折磨。人民滋生繁衍，人口愈來愈多，生活在喜樂之中，沒有衰老的哀傷和悲苦。風俗淳厚，人民喜好音樂，結伴唱遊，歌聲不絕於耳。餓了累了就喝神瀵的山泉，精神體力馬上可以恢復。甚至可以用神瀵的山泉沐浴，皮膚光滑潤澤，香氣可以維持十多天。

　　這裡所描述的終北國，就像是人間的世外桃源。居住在這裡，人民豐衣足食，安居樂業，沒有爭奪猜忌，沒有階級地位的分別，大家和睦相處，自然地對待生死問題，過著怡然自得的生活。滋穴所湧出的噴泉 —— 神瀵，可以飲用，可以沐浴，更可以洗滌淨化人心，使人心自然和善，溫柔敦厚。生

活在這樣的國度裡，一切順隨自然，沒有人爲的造作，也不需要禮儀規範，人人依著本性生活，反而更爲自由逍遙。這樣的國度，實際上也反映了道家的理想社會，並做了具體的陳述。

不論是華胥國，抑或是終北國，都是《列子》所虛構的理想社會，目的是爲了反對統治者的迫害，禮教制度的拘束，突顯現實社會的壓迫。在這樣的理想國裡，人民可以擺脫人世的痛苦，超越生死的喜樂哀苦，順本然之性，淨化心靈，這也正是處在亂世中，人們所憧憬嚮往的勝境。

三、《莊》《列》理想社會比較

生活在混亂巨變的時代裡，統治者殘虐無能，百姓生活生靈塗炭，現實社會充滿了許多的不公平，人民遭受無情的剝削壓榨，卻無能爲力去改變些什麼。在這樣惡劣的環境中生存，還有著什麼希望呢？社會現況是如此的不可爲，於是希望在精神上爲自己開闢另一扇窗，想著回歸那自然眞樸的上古時代，或假想中的理想國度，希望能使人順自然性命之情，逍遙自在地生活，超越現實的束縛侷限。這樣的想法，早在老子時已對理想國度有所描述。《老子·八十章》說：

> 小國寡民，使有什伯之器而不用，使民重死而不遠徙。雖有舟輿，無所乘之；雖有甲兵，無所陳之。使民復結繩而用之。甘其食，美其服，安其居，樂其俗。鄰國相望，雞犬之聲相聞，民至老死不相往來。

在老子的理想國度中，沒有戰爭，沒有糾紛，人民沒有知識、不用思考，沒有一切精神活動，也不需要文字，恢復以結繩來記事的方法。天下一片淳樸，一片和諧寧靜。

《莊》《列》繼承了老子這樣的思想與理想藍圖，建構了各自的理想世界。在《莊子》所構築的藍圖裡，理想社會稱之爲「至德之世」：

> 至德之世，其行塡塡，其視顚顚。當是時也，山無蹊隧，澤無舟梁，萬物群生，連屬其鄉，禽獸成群，草木遂長。是故禽獸可係羈而遊，鳥鵲之巢可攀援而闚。夫至德之世，同與禽獸居，族與萬物並，惡乎知君子小人哉，同乎無知，其德不離；同乎無欲，是謂素樸。素樸而民性得矣。(〈馬蹄〉)

「至德之世」呈現出自然風光，那裏的人們天性美好、自由自在。在這樣的

至德之世中，人與萬物共處，沒有什麼君子小人之分。大家都不用智巧，保持自然本性；大家都不貪求，所以都純眞樸實，無私無欲。成玄英疏說：「夫太上淳和之世，遂初至德之時，心既遺於是非，行亦忘乎物我。所以守眞內足，塡塡而處無爲；自不外求，顚顚而游於虛淡。」〔註70〕又說：「人知守分，物皆淳樸，不伐不奪，徑道所以可遺；莫往莫來，船橋於是乎廢。」〔註71〕這裡所揭示的理想社會，爲的是要掙脫人爲而重回純樸的自然社會。從書中處處可見《莊子》對自然的眷戀，如上文中提到「同與禽獸居，族與萬物並」、「是故禽獸可係羈而遊，鳥鵲之巢可攀援而闚」。又如：

> 乘夫莽眇之鳥，以出六極之外，而遊無何有之鄉，以處壙埌之野。
> 汝又何帛以治天下感予之心爲？（〈應帝王〉）

> 辭其交遊，去其弟子，逃於大澤；衣裘褐，食杼栗；入獸不亂群，
> 入鳥不亂行。（〈山木〉）

《莊子》對於自然有分喜愛之情，嚮往自然的懷抱，這種情感的表現是非常濃厚的。王邦雄說：

> 道家思想，從平面而言，似乎走文明的倒退路……走出人文，回歸
> 自然。不過，道家的自然，不是自然世界，而是自然境界，不是山
> 水田園的自然現象，而是山水畫田園詩的自然理境，詩情畫意由心
> 生發出來，是以道家的回歸自然，不是倒退，而是超越。〔註72〕

《莊子》主張在自然中安頓自我，所以其理想社會的環境亦是呈現自然景象，人與他物相處安樂和諧，順著自然本性生活。這可說是對自然的回歸，也是其超越現實的可貴處。徐復觀說：

> 人間世畢竟是罪惡的成分多，此即天下篇之所謂「沈濁」。面對此一
> 世界而要「和之以天倪，因之以曼衍」，在觀念中容易，在與現實相
> 接中困難。多苦多難的人間世界，在道家求自由解放的精神中，畢
> 竟安放不穩。……因此，涵融在道家精神中的客觀世界，實在只合
> 是自然世界。所以在中國藝術活動中，人與自然的融合，常有意無
> 意地，實以莊子的思想作其媒介。〔註73〕

〔註70〕見郭慶藩輯：《莊子集釋》（台北：華正書局，1994年8月），頁335。
〔註71〕同註70。
〔註72〕見王邦雄：〈莊子思想及其修養功夫〉，《鵝湖》第17卷第1期，1991，頁12。
〔註73〕見徐復觀：《中國藝術精神》（台北：臺灣學生書局，1998年5月），頁133。

自然正是《莊子》理想社會的主要特點，在社會制度方面，表現爲去除階級等級之分，廢除仁義道德；在生活態度上，表現爲與自然萬物和諧共處，返回素樸的狀態。

《列子》中也有理想國度的呈現，但與《莊子》中的表現手法較不相同。《莊子》中的理想社會是回到上古那古樸自然的時代，大致描寫人們由各種社會關係或各種文明的制度中脫離出來，回到無知、無欲的素樸狀態，人與其他生物，如禽獸等皆過著自在素樸的美好生活。在至德之世的理想世界，人們可保有原本的天性，生命不再被外在價值摧殘，心靈也不再被外界影響而不安。

《列子》則是虛構理想國度，如〈黃帝〉中提到的「華胥氏之國」。故事說黃帝即位十五年，因受百姓愛戴而沾沾自喜，開始過著沈溺於物欲享受的生活，弄得自己「昏然五情爽惑」，飢瘦憔悴，情懷迷亂。又經過十五年，憂慮天下混亂不治，殫精竭力統治百姓，同樣使自己「昏然五情爽惑」，精神恍惚，疲憊不堪。最後才了解自己的過失極大，承認「朕之過淫矣。養一己其患如此，治萬物其患如此」。於是放棄個人的榮華富貴，三個月不過問政事，過著反省的生活。而後竟於白日做夢，夢遊了華胥氏之國。

華胥國離中國不知「幾千萬里」，且「非舟車足力之所及」，在這裡一切聽其自然，清心寡欲，沒有長上、親疏之別。住在此處的人民「入水不溺，入火不熱。斫撻無傷痛，指擿無痟癢。乘空如履實，寢盧帝虛若處牀」，具有超出常人的能力。而這樣的一個地方，並非一般交通工具可以抵達，文中說黃帝要作夢才可到達，可見這是一個超越世間塵俗的世界，是一個「无何有之鄉」(《莊子・逍遙遊》)。這是立足於人世間，所產生的一種人生體驗和社會感受的幻化，是一種對精神自由憧憬與特殊審美心境的表現，這是精神絕對自由的境界。此時任何的人事物沒有了差別，全都混爲一體，許多無意義的分別爭執也都徹底地消解了。

黃帝本來以爲自己受擁戴而沾沾自喜，但是在遊歷華胥國之後，悵然若失，發現自己所治理的國家，比起華胥國這樣的理想國度來說，實在是微不足道。而在經過一番遊歷之後，方才醒悟，重新體會治理天下之道在於無爲，從而使天下大治，就像是華胥國一樣的理想國。《列子》以「黃帝夢遊華胥國」的故事，說明世俗社會的污濁、有限，但在此之外，還有與現實社會具有天壤之別的理想國度的存在。世俗的一切是如此不可爲、不足珍視，但還是有

令人期待嚮往的世界存在著，這也成為人民在飽受現實壓迫之下的精神寄託。

〈湯問〉中提到的「終北之國」也是理想世界的象徵。終北國的人民，性情委婉和順，沒有競逐爭鬥之心，也沒有驕傲嫉妒之態，人與人、人與物之間關係和諧，外物亦無從傷害之，能保持心靈的平和寧靜。在這裡也沒有世俗的禮儀規範，隨遇而安，不悅生惡死，精神快樂自由不受拘執。這是個多麼美好的世界。猶如《莊子‧山木》中的「南越之國」：「南越有邑焉，名為建德之國。其民愚而朴，少私而寡欲；知作而不知藏，與而不求其報；不知義之所適，不知禮之所將。猖狂妄行，乃蹈乎大方；其生可樂，其死可葬。」不論是《莊子》或《列子》中對理想社會、理想國度的描繪，都是處亂世中對理想世界的嚮往。

在這些理想社會與國度裡，沒有戰爭強奪、沒有剝削壓迫、沒有君上下之分，沒有一切世俗制度與價值標準，不僅人人安其生活，自給自足，人與禽獸之間亦能和平共處，這是多麼和諧安樂的理想社會。這種社會作為一種理想，影響後代文學作品。如晉代陶淵明有〈桃花源記並詩〉，詩文中便可看到《莊》《列》書中理想社會的影子：「土地平曠，屋舍儼然，有良田、美池、桑竹之屬。仟陌交通，雞犬相聞」，「俎豆猶古法，衣裳無新制。童孺縱行歌，斑白歡遊詣」。〔註74〕在這個桃花源裡，沒有上下階級的限制分別，沒有經濟法規的剝削束縛，人們按照自己的自然本性生活，精神心靈灑脫自在，古樸純真。時至今日，不論是《莊子》的至德之世和建德之國，或是《列子》的華胥國和終北之國，都已成為一種精神象徵，為後世開一自由理想的生活境界。

〔註74〕見陶潛撰、陶澍集注：《靖節先生集》卷六《四部備要集部》（台北：臺灣中華書局，1966 年 3 月），頁 1。

第七章　藝術思想

　　《莊》《列》二書，除了在哲學思想方面有很大的貢獻，在藝術思想上也有深遠的影響。主要是透過神話與寓言的呈現，塑造許多令人印象深刻的鮮明形象，加上筆法與語言的運用上靈活多變，使題旨能夠發人深省，同時具有浪漫與現實主義精神，將宇宙人生的哲學觀點，融入許許多多動人的故事中，令人感動且深受啓迪。二書豐富的神話與寓言內容，是其受到學者重視的原因之一，也讓後人透過那具體的故事內容，重新認識、體悟自己的人生價值與意義。

第一節　神話的表現形式

　　早期人民生活的環境險惡，必須與大自然搏鬥，在接觸的過程中，通過想像將這些自然物、自然力化爲具體的形象和奇幻的情節，於是產生了神話。在以現實爲基礎的情形下，這些神話故事，正是反映了初民種種的生活情形與情感。「神話」（Myths）此一名詞，中國向來是沒有的。神話的材料，雖然只是些片段的材料，卻散見於古籍甚多，並且成爲中國古代文學中的色彩鮮豔的部分。〔註1〕神話是寓言的搖籃，寓言是繼神話之後出現的一種古老藝術形式。何謂神話，各家說法不一，以下引幾家說明：

　　　原始人民……他們以自己的生活狀況、宇宙觀、倫理思想、宗教思
　　　想等等，作爲骨架，而以豐富的想像爲依，就創造了他們的神話和

〔註1〕　見茅盾：《茅盾說神話・中國神話研究 ABC》（上海：上海古籍出版社，1999年7月），頁3。

傳說。故就文學的立點而言，神話實在即是原始人民的文學。〔註2〕

神話是初民對於自然現象的解釋……遠古的神話故事，都是初民們
集體的創作。在有文字以前，已經廣泛地流傳在人們的口頭。它們
流傳日久，使得故事的內容複雜化、系統化、美麗化，而成為初民
在日常活動的過程中，對於自然現象的解釋，對於自然界的奮鬥和
願望以及社會生活在藝術概括中的反映。〔註3〕

神話是古代民眾以超自然性威靈的意志活動為底基而對於周圍自然
界及人文界諸事象所做的解釋或說明的故事。〔註4〕

古代人們為了表達他們自己企圖認識自然、征服自然的思想願望、
奮鬥業績，表達對於社會生活的認識，對於自然現象的解釋，通過
幻想虛構成的神奇的口頭故事，便叫做神話。假如說得嚴密和科學
一些，「神話就是自然界和社會形態在原始社會人民不自覺的藝術幻
想中的生動反映，也是當時生產力低下的人民企圖支配自然的一種
結果。」〔註5〕

綜觀各家說法，神話乃初民解釋天地萬物中，非人力所能及而變異現象之作
品。神話是對自然的奮鬥，以及社會生活在廣大的藝術概括中的反映。換句
話說，神話的產生，是以現實生活為基礎，當中包含著初民生活經驗與智慧
的累積，及對各種自然現象的認識。而神話之所以會演化的原因，茅盾則說
是因為：

「文雅」的後代人不能滿意於祖先的原始思想而又熱愛此等流傳於
民間的故事，因而依著他們當時的流行信仰，剝落了原始的獷野的
面目，給披上了綺麗的衣裳。〔註6〕

因此，我們現有的神話，幾乎沒有一條不是經過修改而逐漸演化成的。神話
也可以說是孕育寓言的搖籃。先秦寓言，除了出於文人學士的創作外，還有

〔註2〕　見茅盾：《茅盾說神話・楚辭與中國神話》（上海：上海古籍出版社，1999年
　　　　7月），頁158。
〔註3〕　見劉大杰：《中國文學發展史》（台北：華正書局，1991年7月），頁20～21。
〔註4〕　見王孝廉：《中國的神話與傳說・神話與詩》（台北：聯經出版社，1978年7
　　　　月），頁1。
〔註5〕　見譚達先：《中國神話研究》（台北：臺灣商務印書館，1992年12月），頁2。
〔註6〕　見茅盾：《茅盾說神話・中國神話研究ABC》（上海：上海古籍出版社，1999
　　　　年7月），頁36。

來自於當時民間廣泛流傳的神話故事。當時的文人策士爲了自己的需要，對現成的神話材料進行加工改造，使其轉變爲寓言。而這些寓言在表現手法、藝術風格上，也受著古代神話的影響，逐步發展起來。在先秦諸子書籍中，經常採用古代神話，經過剪裁，改造成寓言，這種現象在《莊子》與《列子》中更爲突出。

一、《莊子》神話

《莊子》書中包含了許多神話故事，並且將這些流傳已久的神話故事吸收轉化，藉以表達哲學思想，不僅更易爲人所接受，相較於其他諸子學說，也開出了另一種哲學風貌。葉舒憲說《莊子》一書：

> 以其特有的神話思維方式，氣象萬千的想像力，寓言重言的表達策略，爲發揚和傳承中國神話遺產，拓展民族性的幻想空間，做出了最重要的貢獻，成爲後代哲學和文學藝術具有雙重深遠影響的里程碑。〔註7〕

《莊子》對於神話素材的運用，有不同方式：有將其轉化爲寓言，如「鯤鵬」、「鑿死渾沌」；有以神話烘托出理想人格境界，如「藐姑射神人」；或將神話結合說理，如〈大宗師〉中神話性人物。以下分別討論《莊子》書中所包含的神話故事：

（一）鯤　鵬

《莊子·逍遙遊》記載鯤化爲鵬故事，據袁珂考證此寓言出自禺彊神話：

> 北冥有魚，其名爲鯤。鯤之大，不知其幾千里也。化而爲鳥，其名爲鵬。鵬之背，不知其幾千里也；怒而飛，其翼若垂天之雲。是鳥也，海運則將徙於南冥。南冥者，天池也。

袁珂在〈漫談民間流傳的古代神話〉一文中指出：「《莊子·逍遙遊》開始一段，所寫的鯤鵬之變，它的哲理味就非常濃厚，非經深入探討，不知道它原來是古神話的改裝。」〔註8〕他在《中國神話史》中也說到：

> 經我考證，這化爲鵬的「鯤」，乃是北海的海神禺京，又叫禺彊，當他以海神身份出現的時候，他的神形就是一頭大鯨；及至「化而爲

〔註7〕　見葉舒憲：〈莊子與神話〉，《中國神話與傳說學術研討會論文集》，1996年3月，頁171。

〔註8〕　見袁珂：《神話論文集》（台北：漢京文化出版社，1987年1月），頁111。

鳥」，他就由海神變作了風神，他的神形就是一隻大鵬——大風。

每年夏秋之際，當海潮運轉的時候，總是有這番變化的。〔註9〕

《山海經・海外北經》說：「北方禺彊，人面鳥身，珥兩青蛇，踐兩青蛇」一節，郭璞注：「字玄冥，水神也，莊周《莊子・大宗師》曰：『禺彊立於北極。』一曰禺京。一本云：北方禺彊，黑身手足，乘兩龍。」〔註10〕並說：

> 《莊子・逍遙遊》云：「北冥有魚，其名爲鯤，鯤之大，不知其幾千里也，化而爲鳥，其名爲鵬；鵬之背，不知其幾千里也……。」似乎非僅寓言，實有神話之背景存焉。此背景維何？陸德明《音義》引崔譔云：「鯤當爲鯨。」是也……而北海海神適名禺京，又字玄冥，此與莊周寓言中北冥之鯤豈非有一定之關聯乎？而鯨，字本作魚畺，《說文》十一云：「魚畺，海大魚也，從魚，畺聲。」又與禺彊之「彊」合。郭注引一本云：「北方禺彊，黑身手足，乘兩龍。」疑「黑身」乃魚身之誤，「黑」與「魚」形近而致譌也……然而禺彊不僅海神而已，實又兼風神職司。《淮南子・墜形篇》云：「隅強（禺彊），不周風之所生也。」……當其爲海神之時，固「魚身手足」之「鯤」也，固「大不知其幾千里」也，然而一旦「化而爲鳥」，則又「人面鳥身」之「鵬」也……莊周詼詭之寓言，證以此經所記禺彊之形貌，豈非實有神話之背景存於其間乎？〔註11〕

《莊子》藉著「鯤化爲鵬」的神話素材，告訴世人要能突破現實世界的有形限制，包括世俗的價值觀念與規範制度，皆是桎梏人心的牢籠。鯤鵬是如此巨大，得以自由遨翔於海洋與天際之中，帶給世人多麼廣大的視野與想像空間，從而達到精神的絕對自由。

（二）渾 沌

所謂渾沌，是原始神話宇宙觀最重要的內容及宇宙生方式之一，爲對世界形成之初的前宇宙狀態描述及創世神話中重要的主題。〔註12〕《莊子・應

〔註9〕見袁珂：《中國神話史》（上海：上海文藝出版社，1988 年 10 月），頁 77。

〔註10〕見袁珂：《山海經校注》（成都：巴蜀書社，1993 年 4 月），頁 295。

〔註11〕同註10，頁 295～297。

〔註12〕創世神話是回答世界如何起源、人怎樣誕生的神話，由於神話的內容追溯了世界的形成，因而創世神話又稱天地開闢神話。見趙沛霖：〈中國神話的分類與《山海經》的文獻價值〉，《中國古代、近代文學研究》第 4～6 期，1997年，頁 70。

帝王》中亦有提及渾沌，並將其人格化：

> 南海之帝爲儵，北海之帝爲忽，中央之帝爲渾沌。儵與忽時相與遇於
> 渾沌之地，渾沌待之甚善。儵與忽謀報渾沌之德，曰：「人皆有七竅，
> 以視聽食息，此獨無有，嘗試鑿之。」日鑿一竅，七日而渾沌死。

《莊子》所塑造的「渾沌」，是一個雖無七竅，卻待人和善的形象，他是中央
之帝，沒有感官，無知無識。但是這樣的一個好人，竟被兩個欲報恩的客人——
儵與忽給鑿死了。這則寓言暗示了無心而純任自然是生命的理想狀態。若是
妄以人力干預自然，最後將毀滅天性。

　　袁珂認爲此則寓言「包含著開天闢地的神話概念。渾沌被儵忽鑿了七竅，
渾沌本身雖然是死了，但是繼渾沌之後的整個宇宙、世界卻也因之而誕生。」
〔註13〕文明世界的誕生，正是說明自然本性離人愈遠。所以中央之帝爲宇宙
形成之前渾沌的象徵，渾沌死則是由自然轉爲人爲的過程。《經典釋文》云：
「崔云：渾沌，無孔竅也。李云：清濁未分也。」〔註14〕故就渾沌神話的視
野而論，中央之帝渾沌之死，代表著世界文明的開始與意義化。牟宗三認爲：

> 渾沌喻生命之在其自己，任運於自然，內在地與道渾而爲一。但生
> 命一旦發展爲有識有知，則離其本然的統一性，生命開始破裂、分
> 化。生命的分化亦即主觀地將道分化，使道下陷於時空的歷程，此
> 即道的分化歷史。〔註15〕

故事中南海、北海二帝，分別象徵時間的驟然變化與空間的分割。簡文帝云：
「儵忽取神速爲名，渾沌以合和爲貌。神速譬有爲，合和譬無爲。」〔註16〕
成玄英疏說：「南海是顯明之方，故以儵爲有。北是幽闇之域，故以忽爲無。
中央既非北非南，故以渾沌爲非無非有者也。」〔註17〕楊儒賓也說：

> 儵、忽象徵的是時間的變化迅速，但由它們分別代表南海與北海之
> 帝，我們知道它們也分別象徵了空間的分割……渾沌裡原來沒有具
> 體的時間與空間。之後渾沌被日則一竅，七日而渾沌死。渾沌死，
> 原始和諧破裂，這是事件意義的一面，它的另一面的意義應該就是

〔註13〕見袁珂：《中國神話傳說》（台北：里仁書局，1987年9月），頁88。
〔註14〕見郭慶藩輯：《莊子集釋》（台北：華正書局，1994年8月），頁310。
〔註15〕見牟宗三講述、陶國璋整構：《莊子齊物論義理演析》（香港：中華書局，1999
　　　　年1月），頁112。
〔註16〕同註14。
〔註17〕同註14，頁309。

渾沌死而秩序成。〔註18〕

渾沌之所以爲渾沌，就是因爲他無耳目口鼻，這也正是他得以生存的原因。若只是按照個人的想法，以爲自己的所爲對對方是有益的，而強要對方接受，那麼最嚴重的結果就如故事中的渾沌一樣，連生命都沒有了。人們常自以爲好心地去爲別人著想、做事，殊不知這樣的作爲已帶給別人困擾，對他人造成難以彌補的傷害。道與本性是最自然的，人所要做的就是遵循於天道自然與順其性命之情。任何人爲的行事，都只是對自然的破壞。因此，當渾沌死而文明社會開始產生時，便也開始了對自然的破壞。

這個「渾沌」不只是傳達《莊子》的哲學思想，也傳達了原始先民對理想生活狀態的想像和憧憬。因爲隨著歷史文明的發展，人類逐漸遠離原始的狀態，「尤其是處在社會衰敗和道德淪喪中，更易激發人產生對理想生活狀態的懷念，因此希求能回到那樣的『渾沌』社會型態。於是《莊子》在繼承和發展上古神話傳說的精神內蘊的前提下，獨具匠心地重塑了『渾沌』的形象。」〔註19〕希望能透過修養的功夫，體道的過程，找回那最美好，也是最自然的狀態。

（三）姑射神人

《莊子》文學追求的目標是人類精神的逍遙自由，且經過具體實踐，人確實也可以達到恣縱無礙的境地。跟《莊子》思想較相近的，是神話裡的人物，他們恣縱無礙，不生不死，他們活在歷史時間之前的「太初時間」。他們活動的空間也是在世俗的地理空間之外的，其坐落於虛無飄渺之鄉。如此，《莊子》借用神話，傳達自由逍遙的理念。象徵人類對於自由的嚮往，人類要從種種束縛中扶搖暢行。〔註 20〕如《莊子‧逍遙遊》中「藐姑射神人」一段，就是藉著神話，彰顯《莊子》心中的理想品格：

> 藐姑射之山，有神人居焉，肌膚若冰雪，綽約若處子；不食五穀，吸風飲露；乘雲氣，御飛龍，而遊乎四海之外。其神凝，使物不疵癘而年穀熟。吾以是狂而不信也。

「藐姑射之山」的神人，體態是「肌膚若冰雪，綽約若處子」，且「不食五穀，

〔註18〕見楊儒賓：〈道家的原始樂園思想〉，《中國神話與傳說學術研討會論文集》，1996 年 3 月，頁 146～147。

〔註19〕見郭預衡：《中國古代文學史（一）》（上海：上海古籍出版社，1998 年 7 月），頁 26。

〔註20〕見楊儒賓：《莊周風貌》（台北：黎明文化，1991 年），頁 187。

吸風飲露」。同時具有非凡的自然力量，可以「使物不疵癘而年穀熟」，面對「大浸稽天而不溺，大旱金石流、土山焦而不熱」，還能夠「乘雲氣，御飛龍，而遊乎四海之外」。這神人的形象，飄然獨立於世，實是世間難見。而此處所描寫姑射神人，氣勢飄逸，爲後世神仙家所本。袁珂說：

> 這裡的神人，實際上就是仙人，亦即最早見諸記載的仙話，雖然只是仙話的片斷，給我們塑造了一個皎潔、崇高的仙人形象。〔註21〕

除了〈逍遙遊〉中的藐姑射神人之外，《莊子》中神人、眞人、至人、聖人等理想人格的描述，同樣表現出與世人不同的形象能力，使得《莊子》的理想人格的精神境界具有某種神話性：

> 至人神矣！大澤焚而不能熱，河漢沍而不能寒，疾雷破山飄風振海而不能驚。若然者，乘雲氣，騎日月，而遊乎四海之外。死生無變於己，而況利害之端乎？（〈齊物論〉）
>
> 古之眞人……登高不慄，入水不濡，入火不熱。是知之能登假於道者也若此。（〈大宗師〉）
>
> 至人潛行不窒，蹈火不熱，行乎萬物之上而不慄。（〈達生〉）
>
> 古之眞人……其神經乎大山而無介，入乎淵泉而不濡，處卑細而不憊，充滿天地，既以與人，己愈有。（〈田子方〉）

神人、至人、眞人等理想人格，不論是飲食起居、行爲能力等方面的表現都是與眾不同。作者透過理想人物的描寫，表現超凡脫俗的精神理想，並勇於突破形軀的侷限，使胸懷與視野更爲廣闊。楊儒賓在〈昇天變形與不懼水火——論莊子思想中與原始宗教相關的三個主題〉一文中說：

> 《莊子》所說的這些理想人物與後世道教徒所追求的仙人夢想，其間一貫的線索可以說是一目了然的。或許我們還可以說：僅就意象而論，兩者實在看不出有什麼差別。而且後世道教徒所使用的「至人」、「神人」等語彙，與《莊子》此處所描述的字面意象，也看不出有什麼出入。如《淮南子》、《抱朴子》等書所描繪的理想人格，即與此處所述相當接近。〔註22〕

《列仙傳》中曾述及古代神仙的特出神技，以下列舉之，再參照上述《莊子》

〔註21〕見袁珂：〈《莊子》的神話與寓言〉，《中華文化論壇》第 3 期，1995 年，頁 91。

〔註22〕見楊儒賓：〈昇天變形與不懼水火——論莊子思想中與原始宗教相關的三個主題〉，《漢學研究》第 7 卷第 1 期，1989 年 6 月，頁 225。

引文：

> 赤松子者，神農時雨師也……能入火自燒……隨風雨上下。〔註23〕
>
> 嘯父者……唯梁母得其作火法，臨上三亮山，與梁母別，列數十火
> 而昇。〔註24〕
>
> 師門者，嘯父弟子也，亦能使火……夏孔甲龍師，孔甲不能順其意，
> 殺而埋之外野。一旦風雨迎之，訖，則山木皆焚。〔註25〕

「列數十火而升」、「能使火」、「風雨迎之」、「能入火自燒」、「隨風雨上下」
這些敘述都一再地指出了仙人特殊的超自然能力，他們不但可以完全控制
火，也可以呼風喚雨。這些描述的語言，對照《莊子》一書，《列仙傳》所描
述的仙人風格，不正是「潛行不窒，蹈火不熱」的最佳寫照。

《莊子》中對理想人格的奇特描述，可以說表達了超越世俗的思想，也
反映了哲學的思維。崔大華在《莊學研究》一書中說：

> 在古代人的精神世界中，神話和哲學發生了密切關係。神話中潛伏
> 著、涵蘊著思想，這也是不可言喻的。在理論思維、理論概念尚為
> 貧乏的古代哲學世界中，哲學思想通過神話表達出來，是經常發生
> 的。〔註26〕

隨著理論思維的發展，哲學和神話的分離是必然的。在《莊子》中正好可以
看到由神話素材轉化為哲學思維的進程，如理想人格那種幻想的、超能的特
性，以哲理的角度做詮釋。

（四）海神河神

《山海經》中記載著我國最早的關於北、東、南、西四海海神的神話傳
說：

> 北方禺疆，人面鳥身，珥兩青蛇，踐兩青蛇。〔註27〕（〈海外北經〉）
>
> 東海之渚中，有神，人面鳥身，珥兩黃蛇，踐兩黃蛇，名曰禺䝞虎。

〔註23〕 見劉向：《列仙傳》卷上，《叢書集成新編》（北京：中華書局，1985），頁 1。
〔註24〕 同註 23，頁 11。
〔註25〕 同註 23，頁 12。
〔註26〕 見崔大華：《莊學研究》（北京：人民出版社，1992 年 7 月），頁 168。
〔註27〕 見袁珂：《山海經校注》（成都：巴蜀書社，1993 年 4 月），頁 295。又〈大
荒北經〉說：「北海之渚中，有神，人面鳥身，珥兩青蛇，踐兩赤蛇，名曰
禺疆。」見袁珂：《山海經校注・大荒北經》（成都：巴蜀書社，1993 年 4
月），頁 485。

〔註28〕（〈大荒東經〉）

南海渚中，有神，人面，珥兩青蛇，踐兩赤蛇，曰不廷胡餘。〔註29〕
（〈大荒南經〉）

西海渚中，有神人面鳥身，珥兩青蛇，踐兩赤蛇，名曰弇茲。〔註30〕
（〈大荒西經〉）

這四位海神的共同特點是「珥蛇踐蛇」，蛇是作爲靈異的象徵出現的，突出它們超乎自然的神性。《山海經》還有這類形象，如〈大荒西經〉說夏后開「珥兩青蛇」，能夠三次升到天界。〔註31〕〈大荒北經〉說：「又有神銜蛇操蛇，其狀虎首人身，四長肘，名曰彊良。」〔註32〕《莊子·秋水》對此進行了改造，把「珥蛇踐蛇」的海神改變爲人格神靈—北海若，成爲大海的化身。

河神形象在《山海經·海內北經》中也有記載：

從極之淵深三百仞，維冰夷恒都焉。冰夷人面，乘兩龍。

郭璞云：「冰夷，馮夷也。《淮南》云：『馮夷得道，以潛大川。』即河伯也。《穆天子傳》所謂『河伯無夷』者，《竹書》作馮夷，字或作冰也。」〔註33〕從「乘兩龍」的形象看，河伯是以黃河的統治者身份出現的。此外，《楚辭·九歌·河伯》中，河伯是作爲一個既浪蕩風流又冷酷無情的河神形象出現在作品中的。〔註34〕而《博物志》還有記載：「澹臺子羽齎千金之璧渡河，河伯欲之，陽侯波起，兩鮫挾船，子羽左操璧，右操劍，擊鮫皆死。既渡，三投璧于河伯，河伯三躍而歸之，子羽毀璧而去。」〔註35〕由此可見，河伯還兼具貪婪、怯懦等劣性。

但在《莊子·秋水》中，河伯以一個尋道者的形象出現，從最初的妄自尊大、沾沾自喜，到見北海浩翰無涘的景象後的自慚，最後認識到萬物齊一、事物具相對性的道理，體悟至道是無爲自然。張默生說：

〔註28〕見袁珂：《山海經校注》（成都：巴蜀書社，1993年4月），頁403。

〔註29〕同註28，頁426。

〔註30〕同註28，頁459。

〔註31〕〈大荒西經〉說：「西南海之外，赤水之南，流沙之西，有人珥兩青蛇，乘兩龍，名曰夏后開。開上三嬪於天。」同註28，頁473。

〔註32〕同註28，頁486。

〔註33〕同註28，頁369。

〔註34〕見洪興祖：《楚辭補注》（台北：長安出版社，1991年8月），頁78～81。

〔註35〕見張華：《博物志》卷八，《叢書集成初編》（北京：中華書局，1985年），頁48。

莊子的寓言……他有時借河伯（河神）和海若（海神）來談道。

〔註 36〕

海神與河神的形象一改前貌，起著比襯至道的作用。河、海之所以能襯道，也是因為其具有作為道的喻體的特徵——不爭、包容。道不可言，亦不當言，但是不得已必須有所言說時，因此選擇以水、江海為喻，《老子》說：

上善若水。水善利萬物而不爭，處眾人之所惡，故幾於道。(〈八章〉)

譬道之在天下，猶川谷之于江海。(〈三十二章〉)

江海所以能為百谷王者，以其善下之，故能為百谷王。(〈六十六章〉)

水具有不爭與包容的特性，此亦為道的特性，尤其江海的廣大浩瀚，正顯示著道的無窮無盡。《莊子·秋水》中進一步把河神、海神人格化，刻畫鮮明的形象，卻有著明顯的對比。文中先描寫河伯形象：

秋水時至，百川灌河。涇流之大，兩涘渚崖之間，不辯牛馬。於是
焉河伯欣然自喜，以天下之美為盡在己。

河伯看到河面上的壯觀景象，驕傲自得，不可一世，以為天下之美都集中在他自己身上。後來看到北海的更廣闊無邊之後，才發現原來江海是如此之大。文中說：

天下之水，莫大於海，萬川歸之，不知何時止而不盈，尾閭泄之，
不知何時已而不虛；春秋不變，水旱不知。

河伯在看到北海之後，內心受到極大的震撼，由自信到迷惘再到反省，而心生感慨。文中說：

順流而東行，至於北海，東面而視，不見水端。於是焉河伯始旋其
面目，望洋向若而歎曰：「野語有之曰：『聞道百以為莫己若者』我
之謂也。且夫我嘗聞少仲尼之聞而輕伯夷之義者，始吾弗信。今我
睹子之難窮也，吾非至於子之門則殆矣，吾長見笑於大方之家。」

江海之大正凸顯著河伯的狹隘與無知，他終於發現自己正是俗語所說的「聞道百，以為莫己若者」這樣的人。於是自我反省，並以有機會見識北海的浩瀚為幸，否則自己將「見笑於大方之家」了。接著又以大海比襯至道之大：

此其過江河之流，不可為量數。而吾未嘗以此自多者，自以比形於天
地而受氣於陰陽，吾在天地之間，猶小石小木之在大山也，方存乎見

〔註 36〕見張默生：《莊子新釋》（濟南：齊魯書社，1993 年 12 月），頁 14。

少，又奚以自多！計四海之在天地之間也，不似礨空之在大澤乎？

在這層層的對照之下，表現出一種綿邈寥廓的宇宙意識，使境界顯得宏偉壯觀，此即爲道之特徵。《莊子》透過改造神話傳說中的河伯、海神形象，以闡道寓道，可謂獨具匠心。

（五）黃帝玄珠

《莊子・天地》中記載一則「黃帝遺失玄珠」的故事，其故事的根源可能是出自神話素材：

> 黃帝遊乎赤水之北，登乎崑崙之丘而南望，還歸遺其玄珠。使知索
> 之而不得，使離朱索之而不得，使喫詬索之而不得也。乃使象罔，
> 象罔得之。黃帝曰：「異哉！象罔乃可以得之乎？」

袁珂校注《山海經・海外南經》說：「三株樹在厭火北，生赤水上，其爲樹如柏，葉皆爲珠」一段，曾指出《莊子・天地》「黃帝遺失玄珠」乃一古老的神話傳說故事，此生赤水上之三珠樹，或爲黃帝失玄珠神話之別傳，可能爲所失玄珠所生。〔註37〕張亨進一步認爲，《莊子・大宗師》：「黃帝之亡其知」可能由「遺珠」傳說轉化而成，〈知北遊〉：「知北遊於玄水之上」亦與此傳說有關，並非完全出自想像。〔註38〕

黃帝遺失玄珠之後，先後派知、離朱、喫詬前往，但都未能尋找回來，最後派出象罔，才把玄珠打撈出水。在這裡，黃帝喻體道修道之人，玄珠比喻道，知是智慧的象徵，離朱比喻爲明察，契垢象徵巧辯，象罔比喻無心。只有象罔能得玄珠，是說至道只能得於無心無形。若是想靠智慧、感官、語言而獲得道，那是不可能的。人們必須任其自然，遂其天性，以自然無心求道體道。

象罔，成玄英疏又作罔象，他說：「罔象，無心之謂。離聲色，絕思慮，故知與離朱自涯而反，喫詬言辨，用力失眞，唯罔象無心，獨得玄珠也。」〔註39〕《國語・魯語下》載：「水之怪曰龍，罔象。」〔註40〕《莊子・達生》說：「水有罔象。」郭象注：「狀如小兒，黑色，赤衣，大耳，長臂，名曰罔象。」〔註41〕則象罔轉爲具體形象，是由抽象概念的名詞，而發展起來的神靈。

〔註37〕見袁珂：《山海經校注》（成都：巴蜀書社，1993 年 4 月），頁 234～235。
〔註38〕見張亨：〈莊子哲學與神話思想──道家思想溯源〉，《東方文化》第 21 卷第 2 期，1983 年，頁 118。
〔註39〕見郭慶藩輯：《莊子集釋》（台北：華正書局，1994 年 8 月），頁 415。
〔註40〕見來可泓：《國語直解》（上海：復旦大學，2000 年 6 月），頁 273。
〔註41〕同註 39，頁 653。

對於黃帝，《莊子》也進行了改造。在最原始的神話傳說，黃帝為具有神性的人物，在《山海經》中可見記載。到了《莊子》書中，黃帝的形象發生了變化。有時將黃帝視為君王統治者，卻是帶有批評的用意，如「昔者黃帝始以仁義攖人之心」（〈在宥〉）、「德又下衰，及神農、黃帝始為天下，是故安而不順」（〈繕性〉）、「然而黃帝不能致德，與蚩尤戰於涿鹿之野，流血百里」（〈盜跖〉）等。有時使黃帝成為了尋道者，有時也要畢恭畢敬向隱居的道家人物請教。〈在宥〉記載：

> 黃帝立為天子十九年，令行天下，聞廣成子在於空同之上，故往見之，曰：「我聞吾子達於至道，敢問至道之精。吾欲取天地之精，以佐五穀，以養民人。吾又欲官陰陽，以遂群生，為之奈何？」廣成子曰：「而所欲問者，物之質也；而所欲官者，物之殘也。自而治天下，雲氣不待族而雨，草木不待黃而落，日月之光益以荒矣。而佞人之心翦翦者，又奚足以語至道！」黃帝退，捐天下，築特室，席白茅，閒居三月，復往邀之。廣成子南首而臥，黃帝順下風膝行而進，再拜稽首而問。

黃帝到空同山向廣成子問道，請教「至道之精」。〈天運〉中寫黃帝與北門成論樂講道，寫聞樂時的心境變化。北門成聽了咸池之樂以後，竟至於心神恍惚，幾乎不能控制自己，這是一種體道的境界。郭象注說：

> 由此觀之，知夫至樂者，非音聲之謂也；必先順乎天，應乎人，得於心而適於性，然後發之以聲，奏之以曲耳。故咸池之樂必待黃帝之化而後成焉。〔註42〕

成玄英疏說：

> 大音希聲，故聽之不聞；大象無形，故視之不見；道無不在，故充滿天地二儀；大無不包，故囊括六極。〔註43〕

這音樂是「其卒無尾，其始無首」、「能短能長，能柔能剛，變化齊一，不主故常」、「聽之不聞其聲，視之不見其形，充滿天地，苞裹六極」，既無時不在，無所不在，而又變幻莫測，無從感知。此時的黃帝雖尚未得道，但是離道已不遠。〈知北遊〉中描述知求道的故事。知問道於無為謂，無為謂不答；問於狂屈，狂屈「欲言而忘其所欲言」，後問於黃帝，黃帝回答：

〔註42〕見郭慶藩輯：《莊子集釋》（台北：華正書局，1994年8月），頁503。
〔註43〕同註42，頁510。

　　　　無思無慮始知道，無處無服始安道，無從無道始得道。

　　　　彼無爲謂眞是也，狂屈似之；我與汝終不近也。

無爲謂即謂無爲，即是道的化身。道不可言，言而非道。以言語表述出來，
即已離道。黃帝在這裡表明自己離眞正體道知道的境界還有距離，不過這種
自知之明也反映了黃帝在某種程度上對道的體悟。通過上文的敘述，可以清
楚看出黃帝形象的轉變，及其與歷史定位的不同。這也可說明《莊子》一書
中對黃帝形象的改造，是以道家思想爲中心展開的，主要也是在傳達「道」
的觀念。

（六）得道之神

　　　《莊子・大宗師》裡有一段話，把許多零片的神話都集中起來了。文中
說：

　　　　狶韋氏得之，以挈天地；伏犧氏得之，以襲氣母；維斗得之，終古
　　　　不忒；日月得之，終古不息；堪坏得之，以襲崑崙；馮夷得之，以
　　　　遊大川；肩吾得之，以處太山；黃帝得之，以登雲天；顓頊得之，
　　　　以處玄宮；禺強得之，立乎北極；西王母得之，坐乎少廣，莫知其
　　　　始，莫知其終；彭祖得之，上及有虞，下及五伯；傅說得之，以相
　　　　武丁，奄有天下，乘東維，騎箕尾，而比於列星。

此段羅列了十多個神話人物及地名，構築了一個得道之神的譜系。其中狶韋
氏、伏犧（伏戲）、黃帝、顓頊、傅說等，可說是神性的歷史人物，而像馮夷、
肩吾、禺強、西王母等，則屬神話人物。成玄英疏說：

　　　　狶韋氏，文字以前遠古帝王號也。得通靈之道。〔註44〕

　　　　伏戲……爲得至道。〔註45〕

　　　　黃帝，軒轅也……乘雲駕龍，以登上天，仙化而去。〔註46〕

　　　　顓頊，（黃）帝之孫……能召四海之神，有靈異。〔註47〕

《釋文》引崔譔云：「傅說死，其精神乘東維，託龍尾，乃列宿。今尾上有
傅說星。」〔註48〕堪坏，《釋文》引司馬彪云：「堪坏，神名，人面獸形。」

〔註44〕見郭慶藩輯：《莊子集釋》（台北：華正書局，1994 年 8 月），頁 248。

〔註45〕同註 44。

〔註46〕同註 44，頁 250。

〔註47〕同註 46。

〔註48〕同註 44，頁 251。

〔註49〕馮夷即河伯。肩吾，《釋文》引司馬彪云：「山神，不死，至孔子時。」
〔註50〕《山海經・西山經》說：「昆侖之丘，是實惟帝之下都，神陸吾司之。
其神狀虎身而九尾，人面而虎爪。」郭璞注：「即肩吾也。」〔註51〕禺強，
即北海海神禺彊。西王母在《山海經》中多處提及：

> 西王母其狀如人，豹尾虎齒而善嘯，蓬髮戴勝，是司天之厲聲及五
> 殘。〔註52〕（〈西山經〉）

> 有人，戴勝，虎齒，有豹尾，穴處，名曰西王母。〔註53〕（〈大荒西
> 經〉）

> 西王母梯几而戴勝杖，其南有三青鳥，為西王母取食，在昆侖虛北。
> 〔註54〕（〈海內北經〉）

從這些記載，可見西王母半獸半人形神的模樣，充滿原始和粗野，但到《莊
子・大宗師》時，則一變而為得道的真人，不過還保有「莫知其始，莫知其
終」的神秘色彩。彭祖是神話兼仙話人物，由其「上及有虞，下及五伯」，歷
夏、殷乃至於周，可見其長壽。《莊子》在列舉這一系列神祇時，意在描繪出
一種空間上的自由狀態。道是自由的根源和象徵，得道之後，可以四處遨遊，
不受侷限。在這裡《莊子》強調道所具有的超越性與普遍性。方以智說：「莊
子掇拾暢其意耳。其名與事，半真半假。其旨則所謂『神鬼神帝，生天生地』，
惟心所造。其理則自古以固存矣。」〔註55〕對於此段文章內容，有人以為難
以理解，於是否定其存在。〔註56〕但也有持不同意見者。如葉舒憲就認為從
《莊子》全書的一貫風格看，引用和改造古神話傳說，創作寓言故事，正是

〔註49〕見郭慶藩輯：《莊子集釋》（台北：華正書局，1994 年 8 月），頁 249。
〔註50〕同註49，頁 249。
〔註51〕見袁珂：《山海經校注》（成都：巴蜀書社，1993 年 4 月），頁 56。
〔註52〕同註51，頁 59。
〔註53〕同註51，頁 466。
〔註54〕同註51，頁 358。
〔註55〕轉引自王夫之：《莊子解》（台北：河洛圖書，1974 年 10 月），頁 63。
〔註56〕錢穆便認為：「此章言伏羲、黃帝、顓頊云云，似頗晚出。崔本列星下，尚有
『其生無父母，死登假三年而形遯，此言神之無能名者也』凡二十二字。蓋
郭象疑而刪之，而不知其全章皆可疑也。」見錢穆：《莊子纂箋》（台北：東
大圖書，1985 年 11 月），頁 52。嚴復說：「自『夫道』以下數百言，皆頌歎
道妙之詞，然是莊文最無內心處，不必深加研究。」陳鼓應說：「這一節神話，
疑是後人添加，亦無深意，無妨刪去」。見陳鼓應：《莊子今註今譯》（台北：
臺灣商務印書館，1975 年 12 月），頁 201。

其特徵所在。更何況莊書中不止一次說到黃帝、狶韋氏、伏戲氏等神話人物。並進一步指出，從狶韋氏到傅說，是一種以人格化的諸神先後「得道」為展開序列的更為詳備的創世神話，所以不能輕易將此段貶為後人所加。〔註57〕

　　《莊子》所運用的原始神話材料很豐富。茅盾從神話視角論述《莊子》中所含的神話材料，他說：「《莊子》裡現在沒有嚴格的神話材料；鯤化為鵬之說，渾沌鑿七竅之談，河伯海若的對話，黃帝廣成的論道，雖均奇詭有趣，然而嚴格說來，究竟不是神話材料。但是今本《莊子》已非本來面目，據陸德明《莊子釋文》序，原來《莊子》雜篇內的文章多似《山海經》，或類占夢書。因其駁雜，不為後人重視，故而今已佚亡。雜篇內文章，許多學者咸認為偽作，或者信然，可是陸德明既說多似《山海經》，則此等已亡之《莊子雜篇》大概含有極豐富的神話材料。就中國哲學史言，《莊子雜篇》的大部佚亡，原不足惜，而就中國神話言，不能不說是一大損失了。」〔註58〕說《莊子》與《山海經》相似，實際上也就肯定了《莊子》一書對原始神話傳統的繼承與改造，可惜今日所見的神話素材已保存不多。

二、《列子》神話

　　《列子》中保存了許多重要的神話，茅盾曾在《茅盾說神話》一書中說：「中國神話的重要材料，如女媧補天，共工頭觸不周山而折天柱，夸父逐日，龍伯大人之國等等，都賴《列子》而保存到我們手裡。」〔註59〕以下分別討論《列子》書中所包含的神話故事：

（一）女媧補天

　　女媧的名字，在我國古籍中最早見於《楚辭・天問》：「女媧有體，孰制匠之？」女媧是化育萬物之體，那麼她又是誰創造出來的呢？王逸注：「傳言女媧人頭蛇身，一日七十化。」〔註60〕女媧人頭蛇身，每天要發生七十種變化。屈原提出了這樣的疑問，這是古籍中第一次記載有關於女媧的事。

〔註57〕　見葉舒憲：〈莊子與神話〉，《中國神話與傳說學術研討會論文集》，1996 年 3 月，頁 174～175。

〔註58〕　見茅盾：《茅盾說神話・中國神話的保存》（上海：上海古籍出版社，1999 年 7 月），頁 147。

〔註59〕　同註 58。

〔註60〕　見洪興祖：《楚辭補注》（台北：長安出版社，1991 年 8 月），頁 104。

　　人類自古以來對於生命起源便不斷地進行探尋追溯，其中影響深遠的神話之一便是女媧神話。而有關於女媧神話之解說，看法繁多，此處僅針對《列子》書及相關記載加以說明。《列子》中對於「女媧」的敘述爲：

> 女媧氏……蛇身人面，牛首虎鼻：此有非人之狀，而有大聖之德。(〈黃帝〉)

> 物有不足，故昔者女媧氏練五色石以補其闕；斷鼇之足以立四極。
> (〈湯問〉)

張湛注說：「陰陽失度，三辰盈縮，是使天地之闕，不必形體虧殘也。女媧，神人，故能練五常之精以調和陰陽，使暑度順序，不必以器質相補也。」〔註61〕原始人相信天是一塊大青石板，蓋在地上，故必有柱，於是他們乃說是女媧氏練石補天，斷鼇足立在地的四角，作爲撐天之柱。不過天何以突然有破隙，需要女媧補天，古書中沒有說起。中國本來應有一段神話講天何以破裂，但現在竟失傳了。歷來相傳女媧氏練石補天之說，理應是中國的開闢神話的後半段，不知後來怎樣割裂了的，從此也可以想見中國的開闢神話其內容豐富美麗，不亞於希臘神話。〔註62〕《淮南子‧覽冥訓》亦提及女媧煉石補天一事：

> 往古之時，四極廢，九州裂，天不兼覆，地不周載。火爁而不滅，
> 水浩洋而不息。猛獸食顓民，鷙鳥攫老弱。于是女媧煉五色石以補
> 蒼天，斷鼇足以立四極，殺黑龍以濟冀州，積蘆灰以止淫水。蒼天
> 補，四極正，淫水涸，冀州平，狡蟲死，顓民生。

高誘注《淮南子‧覽冥訓》說：「女媧，陰帝，佐處戲治者也。三皇時，天不足西北，故補之。師說如此。」〔註63〕高誘說女媧乃是陰氣之神，且此種說法是得之於師的傳承，非個人看法。

　　湯雲航根據考證之後的結果，認爲女媧的「摶黃土做人」、「練五色石以補蒼天」，她的「摶土」、「燒石」不過是先民將製陶、燒斛的記憶表象轉化爲「造人」、「補天」。或者可以說，現民在現實中將具體的製陶、燒斛之象來外化「造人」、「補天」神話中的虛幻抽象之象。〔註64〕

〔註61〕見楊伯峻：《列子集釋》(台北：華正書局，1987 年 9 月)，頁 150。

〔註62〕見茅盾：《茅盾說神話‧中國神話研究》(上海：上海古籍出版社，1999 年 7 月)，頁 126～127。

〔註63〕見高誘注：《淮南子注釋》(台北：華聯出版社，1973 年 9 月)，頁 95。

〔註64〕見湯雲航：〈女媧神話考源〉，《承德民族師專學報》第 20 卷第 3 期，2000 年 8 月。

　　尹榮方則認爲女媧練石補天故事，可以還原爲歷法的修訂或改革。他說女媧補天所使用的材料「五色石」，是指補天的一種新歷法。這種歷法是把一年分爲五個季節月，每一個季節月用一種顏色來表示。五季、五帝，皆以五種顏色來表示，方位與時令相配。孫詒讓注《周禮》時說：「五方天帝之際，自秦襄公以來，史有明文，則其說甚古，非鄭君臆定⋯⋯但以《史記・封禪書》及《漢書・郊祀志》考之，西漢以前止有五色帝之稱，王莽定祭祀，五帝亦止稱五靈。」〔註65〕五色帝與五行都可以與五季相應，五季各一分爲二，就是十個月。則女媧「練五色石以補天」的神話，所蘊含之意可能與上古歷法的修訂有關。〔註66〕

（二）夸父逐日

　　「夸父追日」是從遠古流傳下來的神話故事。在《山海經》中有這一神話故事的梗概：

> 大荒之中，有山名曰成都載天。有人珥兩黃蛇，把兩黃蛇，名曰夸父。后土生信，信生夸父。夸父不量力，欲追日景，逮之于禺谷，將飲河而不足也，將走大澤，未至，死于此。〔註67〕（〈大荒北經〉）

> 夸父與日逐走，入日。渴欲得飲，飲于河渭；河渭不足，北飲大澤。未至，道渴而死。棄其杖，化爲鄧林。〔註68〕（〈海外北經〉）

《列子・湯問》則說：

> 夸父不量力，欲追日影，逐之於隅谷之際。渴欲得飲，赴飲河渭。河渭不足，將走北飲大澤。未至，道渴而死。棄其杖，尸膏肉所浸，生鄧林。鄧林彌廣數千里焉。

〔註65〕見孫詒讓：《周禮正義》（北京：中華書局，1987 年 12 月），頁 1431。
〔註66〕見尹榮方：《神話求原》（上海：上海古籍出版社，2003 年 8 月），頁 45～46。
〔註67〕見袁珂：《山海經校注》（成都：巴蜀書社，1993 年 4 月），頁 487。
〔註68〕同註 67，頁 284。又〈大荒東經〉說：「應龍處南極，殺蚩尤與夸父，不得復上。」見袁珂：《山海經校注》（成都：巴蜀書社，1993 年 4 月），頁 413。則此處所說夸父之死與〈海外北經〉和〈大荒北經〉不同。郭璞則表達懷疑，其注云：「上云夸父不量力，與日競而死，今此復云爲應龍所殺，死無定名，觸事而寄，明其變化無方，不可揆測。」見袁珂：《山海經校注》（成都：巴蜀書社，1993 年 4 月），頁 488。茅盾則認爲夸父非一，〈大荒東經〉所說的夸父非「逐日影」的夸父。但此說仍有待仍多論據加以證明。見茅盾：《茅盾說神話・中國神話研究 ABC》（上海：上海古籍出版社，1999 年 7 月），頁 57～58。

夸父是先民傳頌的英雄，〔註69〕他有著遠大的理想，堅定的意志，爲了追趕太陽，不停地向前行進，〔註70〕甚至犧牲性命也在所不惜。在死了之後，還以膏肉浸潤手杖，使它長成廣闊幾千里的鄧林，留給後代以無窮無盡的感召力。鄧林，正是夸父崇高品格的象徵，是以生命征服了時間。

當然也有人持不同看法，認爲夸父違背了自然，便是不自量力。〔註71〕無論如何，都是賦予神話以寓言的性質。故事中的夸父，性格形象鮮明動人，面對困境不屈服的奮鬥精神，表現了上古人民的勇敢與魄力，「集中地反映了我國古代勞動人民敢於向大自然挑戰的雄偉氣魄。」〔註72〕故事中充滿想像和幻想，在豐富神奇之外，還兼有壯美的情調。

而對於「夸父追日」神話中「夸父」所指究竟爲何，至今學者聚訟紛紜。「夸父」所指稱的不同，同時影響了對此神話的解讀。大致上有下列幾種說法：一是主張火神說，主要依據《山海經·大荒東經》的資料：

> 應龍處南極，殺蚩尤與夸父，不得復上。故下數旱，旱而爲應龍之狀，乃得大雨。〔註73〕

應龍主雨，屬水神族，水火對立，於是論斷夸父爲火神。這種說法缺乏可靠性，葉舒憲提出反對意見，他說：「應龍雖爲水神，但他所殺的不一定就是火神，因爲水神絕不只是一個。應龍殺夸父，實爲水神族的家庭內訌。」〔註74〕但是葉氏的說法亦失之武斷。

再來，就是主張月神說。杜而未認爲夸父逐日即是月亮追趕太陽，應龍

〔註69〕 中國上古神話中的英雄主要是指那些爲了達到崇高的目的，而以超凡的魄力和勇敢以及頑強不屈的精神克服艱難險阻，創造輝煌業績的神或半人半神。由於他們面對的困難十分巨大，往往要付出沈痛的代價、甚至犧牲，所以，他們的鬥爭過程充滿了悲壯的氣氛。見趙沛霖：〈中國神話的分類與《山海經》的文獻價值〉，《中國古代、近代文學研究》第4～6期，1997，頁69。

〔註70〕 袁珂說是「想去追趕太陽，和太陽賽跑」。見袁珂：《中國神話傳說》上冊（台北：駱駝出版社，1987年8月），頁235。

〔註71〕 蔡永貴從「神話產生的背景」、「神話本身的內容即從文章本身顯露出來的一些端倪、殘存的抗旱驅日的迹象」及「神話流傳的角度」三方面，加以分析考察，認爲該神話的意蘊是大旱之年爲了生存而驅逐太陽。見蔡永貴：〈《夸父逐日》的文化意蘊新解〉，《寧夏大學學報（社會科學版）》第17卷第4期，1995年。

〔註72〕 見郭錫良等編：《古代漢語》上冊（北京：北京出版社，1981年9月），頁6。

〔註73〕 見袁珂：《山海經校注》（成都：巴蜀書社，1993年4月），頁413。

〔註74〕 見葉舒憲：《中國神話哲學》（北京：中國社會科學出版社，1992年1月），頁135～136。

殺夸父及夸父「道渴而死」，是指夸父由殘月進至晦朔的情形。月亮由虧及盈，又由盈至虧，每月最後都要消失幾天：夸父死了。但「夸父並未正式死亡，新月在三天後仍要出來，神話爲表示月亮即便在晦朔三天內也不會死亡，遂有夸父『棄其杖，化爲鄧林』（鄧林指繁星），夸父的杖還有生命，並且化爲繁茂的生命！」〔註75〕但是，追趕太陽的不一定只有月亮，鄧林指繁星的說法也欠缺依據。

　　還有主張水神的說法。葉舒憲從水由北向南運行，又由南返北的運行模式，與夸父由追日至死亡的往返路線的重合，證明夸父即是陰性的水神。他說：

　　　　作爲一個女神，她出自北方陰間，失敗在南方陽盛之位，最後又重
　　　　返北方，也就是回歸水的生命之源。〔註76〕

因此夸父神話所反映的可說是水火二神之爭，其主旨表現的是女神的活動，而被逐的男性太陽除了逃跑藏匿之外，見不出任何主體性了。〔註77〕

　　另外，星舟倡雲神說。他認爲故事中的兩個基本要素是夸父與太陽。夸父就是一個雲神，而且主要是朝雲之神，他伴隨著太陽冉冉生起。太陽開始自己一天旅程的時間，夸父這個雲神一路追隨著。但太陽越升越高，其巨大的熱力慢慢驅散烘熔雲氣，於是，悲劇就發生了：那一直追隨陪伴著太陽的夸父的死亡就到來了：道渴而死。夸父追日這個神話的深層自然意象，就是彩雲追日。〔註78〕

　　再來，還有主張夸父乃敬奉日神的上古中華民族形象的象徵者，代表是張燕。他說「逐日」是神話對太陽神的崇拜者爲了完成「入日」宗教儀式的形象誇張描寫，即是把太陽送到禺谷——太陽落下的地方。爲了誇大渲染迎送日神儀式的莊嚴、神聖，於是塑造了一個勇於獻身的夸父。因此，此則神話是上古先民崇拜日神的宗教儀式被不自覺地加工的結果。〔註79〕

　　此外，還有族名說的主張。茅盾認爲中國神話中有巨人族——夸父的存

〔註75〕見杜而未：《山海經神話系統》（台北：臺灣學生書局，1977年10月），頁96
　　　　～97。
〔註76〕見葉舒憲：《中國神話哲學》（北京：中國社會科學出版社，1992年1月），頁
　　　　139。
〔註77〕同註76，頁141。
〔註78〕見星舟：〈夸父追日的深層敘事原型〉，《中國古代、近代文學研究》第 3～4
　　　　期，1995年，頁36。
〔註79〕見張燕：〈神話《夸父逐日》象徵意義新探〉，《貴州教育學院學報（社會科學
　　　　版）》第1期，1998年。

在，並進一步推測「夸父」是一個族名。〔註80〕袁珂亦持同樣看法，他說：

夸父乃古巨人族名，非一人之名也。「夸父逐日」與「應龍殺蚩尤與夸父」均有關夸父之不同神話。〔註81〕

從《山海經‧海外北經》中記載夸父「飲于河渭，河渭不足」，「棄其杖，化為鄧林」而觀，便可見夸父巨偉之形象，及其力量之大，超乎想像。《列子‧湯問》中記載龍伯大人之國，便是由原始神話中的巨人族演化而來：

渤海之東不知幾億萬里，有大壑焉，實惟無底之谷，其下無底，名曰歸墟。八紘九野之水，天漢之流，莫不注之，而無增無減焉。其中有五山焉：一曰岱輿，二曰員嶠，三曰方壺，四曰瀛洲，五曰蓬萊。其山高下周旋三萬里，其頂平處九千里。山之中閒相去七萬里，以為鄰居焉。其上臺觀皆金玉，其上禽獸皆純縞。珠玕之樹皆叢生。華實皆有滋味；食之皆不老不死。所居之人皆仙聖之種；一日一夕飛相往來者，不可數焉。而五山之根無所連著，常隨潮波上下往還，不得暫峙焉。仙聖毒之，訴之於帝。帝恐流於西極，失群聖之居，乃命禺彊使巨鰲十五舉首而戴之。迭為三番，六萬歲一交焉。五山始峙而不動。而龍伯之國有大人，舉足不盈數步而暨五山之所，一釣而連六鰲，合負而趣歸其國，灼其骨以數焉。於是岱輿員嶠二山流於北極，沈於大海，仙聖之播遷者巨億計。帝憑怒，侵減龍伯之國使阨，侵小龍伯之民使短。至伏羲神農時，其國人猶數十丈。

《楚辭‧天問》說：「鰲戴山抃，何以安之？」〔註82〕便和這故事吻合。關於禺彊，《山海經‧海外北經》說：「北方禺彊，人面鳥身」，郭璞注：「字玄冥，水神也，莊周《莊子‧大宗師》曰：『禺彊立於北極。』」〔註83〕大人之國名龍伯，未見於他書。然《山海經》屢言大人之國，恐怕就是龍伯一類的神話：

大人國在其北，為人大，坐而削船。〔註84〕（〈海外東經〉）

〔註80〕茅盾引《列子‧湯問》中「愚公移山」故事的末尾，「帝感其誠，命夸蛾氏二子負二山，一厝朔東，一厝雍南」一段，懷疑夸蛾即是夸父，「夸蛾氏二子所謂」實即巨人族夸父的後代。關於「夸父」是族名之說，茅盾自言因材料太少，不能多得證據。見茅盾：《茅盾說神話‧中國神話研究ABC》（上海：上海古籍出版社，1999年7月），頁57～58。

〔註81〕見袁珂：《山海經校注》（成都：巴蜀書社，1993年4月），頁488。

〔註82〕見洪興祖：《楚辭補注》（台北：長安出版社，1991年8月），頁102。

〔註83〕同註81，頁295。

〔註84〕同註81，頁299。

> 東海之外，大荒之中……有波谷山者，有大人之國。有大人之市，
> 名曰大人之堂。〔註85〕（〈大荒東經〉）

又據張華《博物志》說：

> 大人國，其人孕三十六年，生白頭，其兒則長大，能乘雲而不能走，
> 蓋龍類。〔註86〕

這裡說的「龍類」一語，似乎與龍伯有些關係。〔註87〕王孝廉則認為「夸父是古代幽冥神話中的神話人物」，因為與夸父有關的載天、禺谷、大澤等，皆為太陽沉落或照射不到的地方，即是神話裡的幽都。〔註88〕其實不論夸父所代表的意義為何，其所刻畫出的形象，積極雄偉，可說是先民理想與力量的反映投射，是該給予肯定的。

（三）愚公移山

人們在現實生活中，以其所累積的可貴經驗，融匯反映在具體生動的藝術形象之中。在神話寓言中，透過這些藝術形象，反映出古代社會的生活，並使後人有所領悟，對日後的生活有所裨益。如《列子・湯問》中「愚公移山」的故事：

> 太形王屋二山，方七百里，高萬仞；本在冀州之南，河陽之北。北山愚公者，年且九十，面山而居。懲山北之塞，出入之迂也，聚室而謀，曰：「吾與汝畢力平險，指通豫南，達于漢陰，可乎？」雜然相許。其妻獻疑曰：「以君之力，曾不能損魁父之丘。如太形王屋何？？且焉置土石？」雜曰：「投諸渤海之尾，隱土之北。」遂率子孫荷擔者三夫，叩石墾壤，箕畚運於渤海之尾。鄰人京城氏之孀妻有遺男，始齔，跳往助之。寒暑易節，始一反焉。河曲智叟笑而止之，曰：「甚矣！汝之不惠！以殘年餘力，曾不能毀山之一毛，其如土石何？」北山愚公長息曰：「汝心之固，固不可徹；曾不若孀妻弱子。雖我之死，有子存焉。子又生孫，孫又生子；子又有子，子又有孫；子子孫孫，無窮匱也；而山不加增，何苦而不平！」河曲智叟亡以應。操蛇之神

〔註85〕見袁珂：《山海經校注》（成都：巴蜀書社，1993年4月），頁392～393。
〔註86〕見張華：《博物志》卷八，《叢書集成初編》（北京：中華書局，1985），頁53。
〔註87〕見茅盾：《茅盾說神話・中國神話研究ABC》（上海：上海古籍出版社，1999年7月），頁58～63。
〔註88〕見王孝廉：《中國的神話與傳說》（台北：時報文化，1987年6月），頁719。

> 聞之，懼其不已也，告之於帝。帝感其誠，命夸蛾氏二子負二山，一
>
> 厝朔東，一厝雍南。自此，冀之南漢之陰，無隴斷焉。

九十多歲的愚公，要搬掉兩座大山，在智叟看來雖是不自量力，但愚公靠著
家族全體的力量，一代傳承一代，最後感動了上帝，兩座山終究是被移走了。
在這故事中，結尾是神話式的，上帝「命夸蛾氏二子負二山，一厝朔東，一
厝雍南」。這上帝正是人民自身力量的化身，所謂「有志者事竟成」，於是這
個故事便由神話轉為寓言了。而且還會發現原來愚公非愚，智叟的「智」，只
不過世世俗的利害計較罷了。茅盾認為《列子‧湯問》中「愚公移山」故事，
是修改過的神話，他說：

> 愚公和智叟或者本是「半神半人」的人物，《列子》中加以最後的修
>
> 改，成了現在的形式，便很像一個「寓言」了。〔註89〕

愚公所表現的人物形象，就是有理想、有毅力，不怕犧牲，排除萬難，克服困
境的典型。且在個人進行奮鬥的過程中，家人的支持也是重要的力量，若能共
同努力、奮鬥，方能體會團結力量大的道理，這也是我們所敬佩和需要學習的。

三、《莊》《列》神話比較

《莊子》與《列子》中都含有豐富的神話材料，茅盾在《茅盾說神話‧
中國神話的保存》中說：

> 我們現在從《莊子》、《列子》、《淮南子》、《楚辭》、《山海經》、《穆
>
> 天子傳》、《十洲記》、《神異經》乃至《越絕書》、《吳越春秋》、《蜀
>
> 王本紀》、《華陽國志》、《述異記》等書內，都可搜得若干神話材料。
>
> 〔註90〕

關於《莊子》與《列子》所包含的重要神話，於上文中已分別說明。那麼二
書所具有的共同神話主題是什麼呢？那就是「原始樂園」。楊儒賓在〈道家的
原始樂園思想〉一文中為其下了定義，他說：

> 「原始樂園」是個普見於各文化的神話主題，在許多民族的神聖經
>
> 典的開天闢地章或萬物起源章，總會來段「美好往日」的追述：當

〔註89〕 見茅盾：《茅盾說神話‧中國神話研究 ABC》（上海：上海古籍出版社，1999
年 7 月），頁 12。

〔註90〕 見茅盾：《茅盾說神話‧中國神話的保存》（上海：上海古籍出版社，1999 年
7 月），頁 146。

　　　　時宇宙太和，萬物祥煦，人含中氣，年壽無疆。〔註91〕

這樣一個原始樂園，在人類走入了歷史，文明發展日趨進步之後，受到嚴重
的破壞，一切都改變了。原有的寧靜和諧不見了，取而代之的是災禍的接踵
而來。在面對現實生活的種種壓迫與迫害之後，人們希望能再度回到那樂園
中，重新獲得自由與和平。

（一）理想國度

　　越是處在亂世中的人們，越是對理想中的生活環境有所憧憬與企求，即
便現實生活困境無法改變，心靈與精神上卻渴求擺脫束縛與不幸，希望能回
到那最適合人們生存的環境裡，能夠順著自然本性過著逍遙自在的生活。「原
始樂園」這一類的神話母題，便在這樣的情形下產生。《莊》《列》二書中，
對這樣的理想世界皆有所描繪。《莊子》書中記載：

　　　　至德之世，不尚賢，不使能；上如標枝，民如野鹿；端正而不知以
　　　　為義，相愛而不知以為仁，實而不知以為忠，當而不知以為信，蠢
　　　　動而相使，不以為賜。是故行而無迹，事而無傳。（〈天地〉）

　　　　子獨不知至德之世乎？昔者容成氏、大庭氏、伯皇氏、中央氏、栗
　　　　陸氏、驪畜氏、軒轅氏、赫胥氏、尊盧氏、祝融氏、伏羲氏、神農
　　　　氏，當是時也，民結繩而用之。甘其食，美其服，樂其俗，安其居，
　　　　鄰國相望，雞狗之音相聞，民至老死而不相往來。（〈胠篋〉）

至德之世是《莊子》的理想社會，人民生活在文明尚未出現的世界，人民的
生活與自然關係密切，彼此間保持和諧狀態。在這裡沒有世俗的制度規範，
一切出於自然，生活安樂，各安其所。

　　《列子》中也有對理想國度的論述，〈黃帝〉說：

　　　　晝寢而夢，遊於華胥氏之國。華胥氏之國在弇州之西，台州之北，
　　　　不知斯齊國幾千萬里，蓋非舟車足力之所及，神游而已。其國無師
　　　　長，自然而已。其民無嗜欲，自然而已。不知樂生，不知惡死，故
　　　　無夭殤；不知親己，不知疏物，故無愛憎；不知背逆，不知向順，
　　　　故無利害；都無所愛惜，都無所畏忌。入水不溺，入火不熱。斫撻
　　　　無傷痛，指擿無痟癢。乘空如履實，寢虛若處牀。雲霧不硋其視，

〔註91〕見楊儒賓：〈道家的原始樂園思想〉，《中國神話與傳說學術研討會論文集》，
　　　　　1996 年 3 月，頁 125。

雷霆不亂其聽，美惡不滑其心，山谷不躓其步，神行而已。

華胥氏之國只能見於夢境之中，其實已點出其理想性。在這裡，世俗的價值體系與制度是沒有作用的，人民同樣依其自然本性生活，甚至具有「入水不溺，入火不熱。斫撻無傷痛，指摘無痟癢。乘空如履實，寢虛若處牀」的能力。生活在華胥國的人民，竟然具有近似神人的特異能力，作者主要是藉此與眾不同，超脫於俗的能力，來區別這理想國度與世俗生活的差異。「這些描述是標準的神話語言，它們用以形容某種代表『神聖』的人格。」〔註 92〕這些語言在《莊子》書中亦可見到，用以描述真人、至人境界，如「入水不濡，入火不熱」（〈大宗師〉）、「至人潛行不窒，蹈火不熱」（〈達生〉）等等。〈湯問〉還有類似記載：

> 禹之治水土也，迷而失塗，謬之一國。濱北海之北，不知距齊州幾千萬里。其國名曰終北，不知際畔之所齊限，無風雨霜露，不生鳥獸、蟲魚、草木之類。四方悉平，周以喬陟。當國之中有山，山名壺領，狀若甔甀，頂有口，狀若員環，名曰滋穴。有水湧出，名曰神瀵，臭過蘭椒，味過醪醴。一源分為四埒，注於山下。經營一國，亡不悉徧。土氣和，亡札厲。人性婉而從物，不競不爭。柔心而弱骨，不驕不忌。長幼儕居，不君不臣。男女雜游，不媒不聘。緣水而居，不耕不稼。土氣溫適，不織不衣。百年而死，不夭不病。其民孳阜亡數，有喜樂，亡衰老哀苦。其俗好聲，相攜而迭謠，終日不輟音。飢惓則飲神瀵，力志和平。過則醉，經旬乃醒。沐浴神瀵，膚色脂澤，香氣經旬乃歇。周穆王北游過其國，三年忘歸。既反周室，慕其國，慏然自失。不進酒肉，不召嬪御者，數月乃復。

終北之國處在極其遙遠之地，「不知距齊州幾千萬里」。而要到達終北國，必須「迷而失塗，謬之一國」，則顯示其地與世隔絕的理想性，並暗示欲達此地者必先忘懷世俗的特質。在這終北之國中有座山，「山名壺領」，杜而未說：

> 壺領山所在的理想國是一個生活樂園。〔註 93〕

〔註 92〕見楊儒賓：〈道家的原始樂園思想〉，《中國神話與傳說學術研討會論文集》，1996 年 3 月，頁 128～129。

〔註 93〕見杜而未：《崑崙文化與不死觀念》（台北：臺灣學生書局，1977 年 5 月），頁 25。

比較《莊子》、《列子》書中所提到的理想社會，不僅是人類與動物保持和諧
關係，整個宇宙也是和諧的。《莊子·馬蹄》說：

> 至德之世，其行填填，其視顛顛。當是時也，山無蹊隧，澤無舟梁，
> 萬物群生，連屬其鄉，禽獸成群，草木遂長。是故禽獸可係羈而遊，
> 鳥鵲之巢可攀援而闚。夫至德之世，同與禽獸居，族與萬物並，惡
> 乎知君子小人哉，同乎無知，其德不離；同乎無欲，是謂素樸。素
> 樸而民性得矣。

這種人「同與禽獸居，族與萬物並」的情形，在《列子》中亦可見。〈黃帝〉
記載：

> 太古之時，則與人同處，與人並行。

上古時候，禽獸與人一塊居住，與人一起走，相處和樂，相安無事。〈黃帝〉
說：

> 太古神聖之人，備知萬物情態，悉解異類音聲。會而聚之，訓而受
> 之，同於人民。故先民會鬼神魑魅，次達八方人民，末聚禽獸蟲蛾。
> 言血氣之類心智不殊遠也。神聖知其如此，故其所教訓者，無所遺
> 逸焉。

以生物學的角度來說，人與其他生物當然有著差別。然而太古神聖之人竟然
可以與鳥獸和諧相處，溝通無礙，互不危害，這已近於理想的生活世界——原
始樂園。可惜，這樣的情景並沒有維持多久，人類便以其所認為的文明發展
破壞了這份和諧。《列子·黃帝》說：

> 帝王之時，始驚駭散亂矣。逮於末世，隱伏逃竄，以避患害。

隨著時間的不斷推進，歷史不停地轉變著，文明亦以極快的腳步向前行進。
但是當文明發展進步越多、越快時，往往失去了最原初的真實性與自然性，
與自然之道漸行漸遠，甚至再也難以歸返。《莊子·繕性》也提到：

> 古之人，在混芒之中，與一世而得澹漠焉。當是時也，陰陽和靜，
> 鬼神不擾，四時得節，萬物不傷，群生不夭。人雖有知，無所用之，
> 此之謂至一。當是時也，莫之為而常自然。

原始社會進入文明之前，是一片渾沌純樸的狀態，人與生物和平共處，「神祇、
自然與人文互滲，這正是神話時代共同的思維特徵。」〔註94〕宣穎在《莊子南

〔註94〕 見楊儒賓：〈道家的原始樂園思想〉，《中國神話與傳說學術研討會論文集》，
1996 年 3 月，頁 128。

華經解》中提到：「混芒之中」，是謂「元氣未離」；「至一」是說「無知無欲」。
〔註95〕在這樣的生活環境中，無欲無爲，一切保持自然，連鬼神也不會干擾。

（二）崑崙道境

　　道家來自神話的樂園主題，除了理想世界之外，還可以舉崑崙山的神話
爲例。在古代的世界各地，人類多有對山的崇拜，關於神山的傳說淵遠流長。
在古代中國歷史最悠久、最具代表性的當是崑崙山。對山的崇拜是和對神的
崇拜聯繫在一起的。在原始初民的心目中，山是神的居所，在那雲霧繚繞、
人跡難至的高山之巔居住著主宰人類一切的神靈，如崑崙山上的西王母等。
〔註96〕茅盾說：

> 原始人設想神是聚族而居的，又設想神們的住處是在極高的山上；
> 所以境內最高的山便成了神話中神們的住處。希臘人對於奧林帕斯
> 山的神秘的觀念就是由此發生的。中國神話與之相當的的，就是崑
> 崙。〔註97〕

傳說中的崑崙山展現一種形成於初民想像中的原始神話境界，在此創造了一
個人間國度，表達了對永恆生命的追求和渴望。早在《山海經》中便有記載：

> 海內昆侖之虛，在西北，帝之下都。昆侖之虛，方八百里，高萬仞。
> 上有木禾，長五尋，大五圍。面有九井，以玉爲檻。面有九門，門
> 有開明獸守之，百神之所在。在八隅之巖，赤水之際，非仁羿莫能
> 上岡之巖。〔註98〕（〈海內西經〉）

從這裡可以看出崑崙神境的概貌：天帝居所，山高萬仞，禾長五尋，有開明獸
把守的九門，是眾神之所在處。《山海經・西山經》說：「昆侖之丘，是實惟帝
之下都，神陸吾司之。其神狀虎身而九尾，人面而虎爪。是神也，司天之九部，
及帝之囿時。有鳥焉，其名曰鶉鳥，是司帝之百服。」袁珂認爲「司帝百服」
之鶉鳥（《禽經》云：赤鳳謂之鶉），即開明西鳳皇鸞鳥之屬也。〔註99〕在《山

〔註95〕見宣穎著、王輝吉校：《莊子南華經解》（台北：宏業書局，1977 年 6 月），頁
　　　　127。
〔註96〕見朱任飛：〈崑崙、黃帝神話傳說與《莊子》寓言〉，《學術交流》第 6 期，1996，
　　　　頁 100。
〔註97〕見茅盾：《茅盾說神話・中國神話研究 ABC》（上海：上海古籍出版社，1999
　　　　年 7 月），頁 45。
〔註98〕見袁珂：《山海經校注》（成都：巴蜀書社，1993 年 4 月），頁 344。
〔註99〕同註98，頁 345。

海經》中鳳凰、鸞鳥與安寧和樂密切關聯：

> 有鳥焉，其狀如翟而五采文，名曰鸞鳥，見則天下安寧。〔註100〕（〈西
> 山經〉）

> 有鸞鳥自歌，鳳鳥自舞……見則天下和。〔註101〕（〈海內經〉）

鳳凰鸞鳥歌舞之處既表安寧祥和，則崑崙山亦爲人間樂土。此外，崑崙山又可視爲大道存在之處，即是道境。《莊子・天地》說：

> 黃帝遊乎赤水之北，登乎崑崙之丘而南望，還歸遺其玄珠。

《釋文》引司馬彪注云：「玄珠，喻道也。」〔註102〕黃帝登崑崙而得道，南歸則失之，可見崑崙與道的密切關係。〈至樂〉說：

> 支離叔與滑介叔觀於冥伯之丘，崑崙之虛，黃帝之所休。

成玄英疏說：「二叔遊於崑崙，觀於變化。」〔註103〕〈知北遊〉中，也借無始對泰清詢道的回答，把得道後的自由狀態與崑崙山聯繫在一起。文中說：

> 若是者，外不觀乎宇宙，內不知乎大初，是以不過乎崑崙，不遊乎
> 太虛。

沒得道者的不自由狀態，使他無法到達崑崙之境，卻正好反証了得道者的自由狀態及與崑崙的關係。《列子・周穆王》中記載周穆王曾駕八駿之乘，西遊崑崙山，並與西王母見面一事。文中說：

> 王大悅。不恤國事，不樂臣妾，肆意遠游。命駕八駿之乘，右服驊
> 騮而左綠耳，右驂赤驥而左白㸚，主車則造父爲御，泰丙爲右，次
> 車之乘，右服渠黃而左踰輪，左驂盜驪而右山子，柏天主車，參百
> 爲御，奔戎爲右。馳驅千里，至於巨蒐氏之國。巨蒐氏乃獻白鵠之
> 血以飲王，具牛馬之湩以洗王之足，及二乘之人。已飲而行，遂宿
> 于崑崙之阿，赤水之陽。別日升於崑崙之丘，以觀黃帝之宮，而封
> 之以詒後世。遂賓于西王母，觴于瑤池之上。西王母爲王謠，王和
> 之，其辭哀焉。迺觀日之所入。一日行萬里。王乃歎曰：「於乎！予
> 一人不盈于德而諧於樂。後世其追數吾過乎！」穆王幾神人哉？能
> 窮當身之樂，猶百年乃徂，世以爲登假焉。

〔註100〕見袁珂：《山海經校注》（成都：巴蜀書社，1993年4月），頁40。
〔註101〕同註100，頁519。
〔註102〕見郭慶藩輯：《莊子集釋》（台北：華正書局，1994年8月），頁414。
〔註103〕同註102，頁616。

周穆王爲什麼要到崑崙山去，崑崙山是黃帝的下都，也是著名的宇宙山。其景象是一樂園，樂園是人類希望的投影，使此世苦難的彼界對照，只有在原始樂園中，才有玉樹、長生不老之樹、生命之泉、天下美味等等。〔註104〕則崑崙山作爲道境之意已明。

（三）海外島嶼

《莊子·逍遙遊》中有海外島嶼姑射山的描寫：

> 藐姑射之山，有神人居焉，肌膚若冰雪，綽約若處子；不食五穀，吸風飲露；乘雲氣，御飛龍，而遊乎四海之外。其神凝，使物不疵癘而年穀熟。

《山海經·海內北經》說：「列姑射在海河洲中。」郭璞注云：「山名也。山有神人。河洲在海中，河水所經者。《莊子》所謂藐姑射山是也。」〔註105〕《列子·黃帝》中也曾描述此島嶼：

> 列姑射山在海河洲中，山中有神人焉，吸風飲露，不食五穀；心如淵泉，形如處女。不偎不愛，仙聖爲之臣；不畏不怒，愿愨爲之使；不施不惠，而物自足；不聚不斂，而己無愆。陰陽常調，日月常明，四時常若，風雨常均，字育常時，年穀常豐。而土無札傷，人無夭惡，物無疵癘，鬼無靈響焉。

《莊》《列》中這兩段話大體雷同，皆爲道家理想人物的代表。在《莊子·逍遙遊》中，這位神人是以精神絕對自由的體道者形象出現，也正是《莊子》逍遙無爲、自由自在的理想境界的形象化。而《列子·黃帝》中則是客觀描寫了一位自在無爲的神人形象，描述較爲詳細，強調「清靜無爲」。其實二者皆表達了道家自然、無爲的思想。

除了姑射山之外，《列子》中還有其他海上神山，〈湯問〉說：

> 其中有五山焉：一曰岱輿，二曰員嶠，三曰方壺，四曰瀛洲，五曰蓬萊。其山高下周旋三萬里，其頂平處九千里。山之中閒相去七萬里，以爲鄰居焉。其上臺觀皆金玉，其上禽獸皆純縞。珠玕之樹皆叢生。華實皆有滋味；食之皆不老不死。所居之人皆仙聖之種；一日一夕飛相往來者，不可數焉。

〔註104〕見楊儒賓：〈道家的原始樂園思想〉，《中國神話與傳說學術研討會論文集》，1996 年 3 月，頁 130。
〔註105〕見袁珂：《山海經校注》（成都：巴蜀書社，1993 年 4 月），頁 374～375。

岱輿、員嶠、方壺、瀛洲、蓬萊等五座山，便都是海外島嶼。在這海外島嶼中，一切是和諧安樂的。不論是至德之世、崑崙道境或海外仙山，作為原始樂園是令人心嚮往之的，當然這也正足以與現實世界的苦難作一強烈對比。〔註106〕而原本令人嚮往的樂園，為何一變而為殘酷的現實世界，《莊子‧繕性》說：

> 逮德下衰，及隧人、伏羲始為天下，是故順而不一。德又下衰，及神農、黃帝始為天下，是故安而不順。德又下衰，及唐、虞始為天下，興治化之流，梟淳散朴，離道以善，險德以行。

由隧人、伏羲之世，到神農、黃帝之世，再到堯、舜之世，統治者愈是有所作為，道衰敗得愈是嚴重，離自然也就愈遠，帶來的災害也就愈多。此時，人民的性情再也無法恢復到初始的純樸狀態。因此，文明的發展過程，不過是使道衰敗得愈加厲害，甚至積重難返罷了。《莊子‧天運》說：

> 余語汝三皇五帝之治天下。黃帝之治天下，使民心一，民有其親死不哭而民不非也。堯之治天下，使民心親，民有為其親殺其殺而民不非也。舜之治天下，使民心競，民孕婦十月生子，子生五月而能言，不至乎孩而始誰，則人始有天矣。禹之治天下，使民心變，人有心而兵有順，殺盜非殺，人自為種而天下耳，是以天下大駭，儒墨皆起。其作始有倫，而今乎婦女，何言哉！余語汝，三皇五之治天下，名曰治之，而亂莫甚焉。三皇之知，上悖日月之明，下睽山川之精，中墮四時之施。其知憯於蠣蠆之尾，鮮規之獸，莫得安其性命之情者，而猶自以為聖人，不可恥乎，其無恥也？

隨著歷史腐敗、人性異化、樂園消逝同時而來的，乃是人文、自然與超自然三界同時受害。樂園消逝，竟然會波及自然界及超自然界，此事或許不合史實，但卻符合神話事件的邏輯。原始樂園強調一種無分別的意識，在此無分別的意識中，人與自然、超自然同時取得具體的和諧。〔註107〕黃石說：「神話是一朵燦爛的鮮花，是人類的文化史的第一頁。」〔註108〕神話是文學的淵源，

〔註106〕杜而未說：「方丈、瀛洲、蓬萊諸山，也都等於崑崙山。」又說：「方壺（方丈）為崑崙，蓬萊也是崑崙，由此類推，岱輿、員嶠、瀛洲也當是崑崙，因五山是一串東西。」見杜而未：《崑崙文化與不死觀念》（台北：臺灣學生書局，1977年5月），頁24、26。

〔註107〕見楊儒賓：〈道家的原始樂園思想〉，《中國神話與傳說學術研討會論文集》，1996年3月，頁132。

〔註108〕見馬昌儀：《中國神話學文論選萃》上冊（北京：中國廣播電視出版社，1995），頁108。

在文學發展史上，有極高的價值。袁珂在《中國古代神話》一書中說：

> 因爲神話的本身就是富於興趣，它對於文學藝術有很大的影響，文
> 學藝術靠了它才更加顯得美麗而年輕。
>
> 神話對文學藝術是起著豐美的作用的，研究神話，可以使我們對古
> 代優美的文學藝術遺產有更深刻的認識。〔註109〕

這些都是最好的說明。古代神話大多是原始社會的產物，它們反映了中國原始社會的生活現實，和當時人們的種種的思想、情感、願望和幻想。而就藝術特點上說，其表現方法是浪漫主義的，雖是產生於人民的幻想，但與生活又有著一定程度上的聯繫，然後經過不自覺的藝術方式所加工創造出來的，這和後代其他形式的文學作品就顯得很不相同。

第二節　寓言的表現形式

隨著文明的愈發進步，社會經濟的不斷發展，人們的思想日趨活躍，眼界識見逐漸開闊，對於文學的要求趨於多元。因此，各方思想學說不再侷限於哲理上的表現，而是思考著透過不同的表現形式，更具體地表達其豐富的思想。《呂氏春秋・孝行覽・遇合》說：「凡能聽說者，必達乎議論者也。世主之能識議論者寡，所遇惡得不苟？」〔註110〕寓言便是在這樣的要求下，應運而生，並得以迅速發展。陳蒲清在《寓言文學理論・歷史與應用》書中說：

> 寓言的繁榮時代，往往是社會發生或即將發生劇烈變革的時代。
>
> 〔註111〕

劉城淮在《先秦寓言大全》一書中，爲「寓言」下了定義，〔註112〕他說：

> 寓言，據我們看來，用作象徵性比喻與諷諭的、隱寓深邃道理的簡
> 煉文藝故事。
>
> 所謂「簡煉文藝故事」，一是具有故事性，二是具有形象性，三是具

〔註109〕見袁珂：《中國古代神話》（北京：華夏出版社，2004年1月），頁14。
〔註110〕見楊家駱主編：《增補中國思想名著——呂氏春秋集釋》中冊（台北：世界書局，1966年2月），頁965。
〔註111〕見陳蒲清：《寓言文學理論・歷史與應用》（台北：駱駝出版社，1992年10月），頁360。
〔註112〕有關「寓言」的相關問題及說明，請參考筆者碩士論文《《莊子》寓言及其美學義涵研究》第二章「先秦寓言的發展」。

有虛構性，四是簡短精煉。所謂「隱寓深邃道理」，即文藝故事有其寓意。這寓意，是作者賦予的、作品本身所含有的。寓意爲意象，故事爲表象；表象是軀體，因意象而活，是固定的；意象是靈魂，因表象而存，既有固定的一面，又有變化的一面。因而，較之一般文藝作品，寓言的形象性更大於思想，其效能更廣泛，活力也更強。

所謂「用作象徵性比喻與諷諭的」，寓言都是作象徵性比喻用的，它的人物、故事均是同類的人物、事情的象徵。作爲象徵性比喻，寓言是比喻的本體，其所比喻、象徵的事物是客體，客體不是寓言的有機組成部分。

上述三點，有機地交織在一起，便成了寓言。〔註113〕

寓言是具有寓意的虛構性故事，刻畫鮮明的形象，表達深刻的思想，同時揭露社會現實的種種醜態，具有警惕諷刺意味。因此，在諸子散文中被廣泛地創造運用，《莊子》與《列子》二書便是其中的佼佼者。

《莊子》與《列子》二書，大都是寓言故事，而且虛構成分居多。書中描寫刻劃了社會上大大小小、各色各樣的形象，有其獨特的與眾不同的特徵，具有新人耳目的特點。《莊子》最早使用「寓言」這一概念，〈寓言〉說：

寓言十九，重言十七，卮言日出，和以天倪。寓言十九，藉外論之。

親父不爲其子媒，親父譽之，不若非其父者也；非吾罪也，人之罪

也。與己同則應，不與己同則反；同於己爲是之，異於己爲非之。

自己和自己的言論好比是父親和兒子，父親稱讚兒子，難以取信於人。只有「別人譽之，信者多矣」。如此則何樂而不爲呢？更何況人們又是「與己同則應；不與己同則反。同於己爲是之，異於己爲非之」呢？這是《莊子》中對寓言所下的定義。許慎《說文解字》說：「寓，寄也。」〔註114〕寓言也就是有所寄託之言，借所託之人、事、物來表達己意。郭象注說：「言出於己，俗多不受，故借外耳。肩吾連叔之類，皆所借者也。」〔註115〕陸德明《經典釋文》說：「以人不信己，故託之他人。」〔註116〕

《莊子》之文以「述道以翶翔」（《文心雕龍・諸子》）引起世人的歡賞，

〔註113〕見劉城淮主編：《先秦寓言大全》（長沙：岳麓書社，1993年9月），頁2。
〔註114〕見段玉裁：《說文解字注》（台北：黎明文化，1991年8月），頁345。
〔註115〕見郭慶藩輯：《莊子集釋》（台北：華正書局，1994年8月），頁948。
〔註116〕同註115，頁947。

〔註117〕以恢奇詭怪的寓言來表情達意，把哲學文學熔爲一爐。《列子》一書的組織結構與《莊子》相似，大多以寓言故事連綴成篇。無論從整個風格或表現手法來看，十分接近《莊子》寓言。二書皆表現了豐富的想像、誇張傳神的描寫、曲折完整的故事、鮮明生動的形象等特色。所以人們將《莊》《列》並稱，不是沒有道理的。

一、細緻傳神的描寫

《莊子》寓言表現方式的特點之一是細緻傳神的描寫，使故事內容生動有趣，人物栩栩如生，情節完整多變。章學誠在《校讎通義》中說：「假設問對，莊列寓言之遺也。」〔註118〕如〈盜跖〉一篇，是《莊子》中篇幅最長的一則寓言，情節跌宕起伏，人物形象鮮明，處處引人入勝，就像是一篇短篇小說。故事中將「聖之和也」的柳下惠與「殺人放火」的盜跖說成了親兄弟，另外將「聖之時者」的孔子安排其中，欲前往勸說盜跖改邪歸正，不料反遭對方斥責，落荒而逃，路遇柳下惠，發出「无病而自灸也，疾走料虎頭，編虎須，幾不免虎口哉」的感嘆。

故事中一反常情地描寫了盜跖神勇的形象，反而諷刺孔子不過是名巨盜。文中說：

> 盜跖聞之大怒，目如明星，髮上指冠，曰：「此夫魯國之巧僞人孔丘非邪？爲我告之：『爾作言造語，妄稱文武，冠枝木之冠，帶死牛之脅，多辭繆說，不耕而食，不織而衣，搖脣鼓舌，擅生是非，以迷天下之主，使天下學士不反其本，妄作孝弟而徼倖於封侯富貴者也。子之罪大極重，疾走歸！不然，我將以子肝益晝餔之膳！』

> 盜跖踞曰：「使來前！」孔子趨而進，避席反走，再拜盜跖。盜跖大怒，兩展其足，案劍瞋目，聲如乳虎，曰：「丘來前！若所言，順吾意則生，逆吾心則死。」

作者描寫盜跖「目如明星，髮上指冠」，而孔子則「趨而進，避席反走，再拜盜跖」，盜跖和孔子的形象成爲鮮明的對比。孔子在兩次拜見盜跖後，皆遭盜

〔註117〕見劉勰著、周振甫注：《文心雕龍注釋》（台北：里仁書局，1998 年 9 月），頁 325。

〔註118〕見章學誠：《校讎通義》卷三，《四部備要史部》（台北：臺灣中華書局，1966 年 3 月），頁 19。

跖怒斥了一頓。孔子勸說不成，反是狼狽而逃：

> 孔子再拜趨走，出門上車，執轡三失，目芒然无見，色若死灰，據
> 軾低頭，不能出氣。

情節中描寫孔子「孔子再拜趨走」，「目芒然无見，色若死灰，據軾低頭，不能出氣」，可謂失魂落魄、狼狽至極。而盜跖卻是「兩展其足，案劍瞋目，聲如乳虎」，展現雄健粗獷的形象。通過對盜跖和孔丘的對話與回應，揭露了孔子欺世盜名的面目，也揭露了儒學「詐巧虛僞」的本質，痛快地批判了社會的黑暗。

在〈養生主〉「庖丁解牛」寓言中，細緻地描寫了庖丁的動作、神態，刻劃出一個解牛技藝嫻熟超絕的庖丁形象。庖丁解牛時，手、肩、足、膝各部分的動作，就像音樂和舞蹈一樣和諧有節奏。另外，文中還細緻地描寫了庖丁遇到筋骨交錯的地方時，謹慎小心的神態，及迎刃而解時的情態，使形象更加生動。如「每至於族，吾見其難爲，怵然爲戒，視爲止，行爲遲。動刀甚微，謋然已解，如土委地」一段的描寫，及解完牛之後，庖丁「爲之四顧，爲之躊躇滿志」的情態。至此，庖丁的形象，生動形象地呈現在人們面前。又如〈達生〉中描寫齊桓公於澤中見鬼一事：

> 桓公曰：「然則有鬼乎？」曰：「有。沈有履，竈有髻。戶內之煩壤，
> 雷霆處之；東北方之下者，倍阿鮭蠪躍之；西北方之下者，則泆陽
> 處之。水有罔象，丘有峷，山有夔，野有彷徨，澤有委蛇。」公曰：
> 「請問，委蛇之狀何如？」皇子曰：「委蛇，其大如轂，其長如轅，
> 紫衣而朱冠。其爲物也，惡聞雷車之聲，則捧其首而立。見之者殆
> 乎霸。」桓公囅然而笑曰：「此寡人之所見者也。」於是正衣冠與之
> 坐，不終日而不知病之去也。

齊桓公在沼澤中打獵，看見怪物以爲是鬼，歸來後心神不寧，不久便生病了。皇子告敖深知桓公稱霸的野心，爲其說明此鬼爲委蛇，見之者將成爲霸主。桓公聽完之後精神大振，「正衣冠與之坐，不終日而不知病之去也」。此正是皇子告敖投其所好而暗中迎合，二人的微妙心理就在這段對話中表露無遺。

《列子》寓言中同樣有著細緻傳神的描寫，尤其情節鋪陳的部分完整曲折，變化多端，高潮跌起，極具戲劇性，極富文學的魅力。如〈湯問〉中「偃師造人」一則，描寫周穆王感情上從「驚視」、「大怒」到「始愧而歎」的變化，極具戲劇張力，從而突出偃師造人技術的高超。又如〈黃帝〉中「商丘

開」一則，刻意製造四個曲折點：子華門徒看不起商丘開，百般侮辱嘲弄，商丘開卻能「常無憪容」；商丘開信門徒之言，由高台跳下，「形若飛鳥，揚於地」，卻是肌骨無傷；商丘開再信門徒之言，入水中取出珠寶；商丘開入火中取錦，「埃不漫，身不焦」。爾後眾人刮目相看，再也不敢瞧不起商丘開，甚至為過去的行為致歉。故事中將人物與情節作緊密之連結，經由情節曲折地鋪陳，可見商丘開所面臨之考驗，而在通過這一連串的考驗之後，更顯商丘開過人非凡之處。

此外，針對兩書中重出的寓言，〔註119〕在情節內容上也有不同，此處稍加解說。如《莊子‧齊物論》有「朝三暮四」的寓言故事：「狙公賦芧曰：『朝三而暮四。』眾狙皆怒。曰：『然則朝四而暮三』眾狙皆悅。」這裡的描寫較為簡單扼要，《列子‧黃帝》情節較為完整生動：

> 宋有狙公者，愛狙。養之成群，能解狙之意。狙亦得公之心。損其家口，充狙之欲。俄而匱焉，將限其食，恐眾狙之不馴於己也，先誑之曰：「與若芧，朝三而暮四，足乎？」眾狙皆起而怒。俄而曰：「與若芧，朝四而暮三，足乎？」眾狙皆伏而喜。

兩則寓言說明的要旨也有不同。《莊子‧齊物論》中說明「凡物無成與毀，復通為一」，《列子‧黃帝》則揭示出「聖人以智籠群愚」。

又如列姑射山神人的故事，《莊子‧逍遙遊》和《列子‧黃帝》均有記載，山名可溯自《山海經》。但《山海經》只寫到山的環境，未涉及神人；《莊》《列》皆有關於神人的描述。《莊子》寫神人的飲食、行為、形象，《列子》寫神人思想感情、生活環境、自然氣象，描述比《莊子》更為完整。

《莊》《列》寓言中有細緻傳神的人物、情節描寫，合理的結構佈局，更有著寓意深刻的哲理內容。這樣的寓言故事，幾乎可以成為脫離書的本身而獨立成篇，也促使寓言故事更趨完整與成熟，進而成為文章體裁的一種，影響後世深遠。

二、誇張動人的筆法

《莊》《列》運用豐富的想像，加以誇大渲染，甚至有些荒謬，而從中寄

〔註119〕諸子寓言，原是採錄與創作參用，因此互見重出，都是很自然的並不減低寓言的意義與價值。見公木：《先秦寓言概論》（濟南：齊魯書社，1984 年 12月），頁 109。

託哲理。這種誇張筆法表現在數量詞的運用上，不論是數量極大或極小的誇張，都是到達令人見所未見、聞所未聞的程度。如寫鯤鵬之大，難以測度：「鯤之大，不知其幾千里也。化而爲鳥，其名爲鵬。鵬之背，不知其幾千里也；怒而飛，其翼若垂天之雲」(《莊子·逍遙遊》)。寫大椿樹的年壽：「上古有大椿者，以八千歲爲春，八千歲爲秋」(《莊子·逍遙遊》、《列子·湯問》)，這「八千」之數，若相較於人之壽命，形成強烈對比。

對於抽象難以描寫的音樂，也能以誇張筆法，寫出音樂的動人。《列子·湯問》中寫秦青「撫節悲歌，聲振林木，響遏行雲」；韓娥吟歌，「既去而餘音繞梁欐，三日不絕，左右以其人弗去」；師文彈琴，音因時而變，春叩商弦「涼風忽至，草木成實」，夏叩羽弦「霜雪交下，川池暴沍」，秋叩角弦「溫風徐迴，草木發榮」，冬叩征弦「陽光熾烈，堅冰立散」。文中描述音樂之美及動人之深，實使用了誇飾的筆法，出人意料之外，爲其想像之奇大爲驚嘆。

此外，寓言中的誇張筆法，還表現在無限縮小的描寫上。《莊子·則陽》「觸蠻之爭」的寓言故事便是運用此法：

> 有國於蝸之左角者曰觸氏。有國於蝸之右角者曰蠻氏。時相與爭地而戰，伏尸數萬，逐北旬有五日而後返。

一個小小的蝸牛角上不僅存在著兩個國家，還發生可怕殘酷的戰爭。這是極盡誇張之能事，也帶給世人深刻的省思。

《列子》寓言中也有此類手法寫成的作品，如〈湯問〉中的「焦螟」：

> 江浦之閒生麼蟲，其名曰焦螟，群飛而集於蚊睫，弗相觸也。栖宿去來，蚊弗覺也。離朱子羽方晝拭眥揚眉而望之，弗見其形；𪆴俞師曠方夜擿耳俛首而聽之，弗聞其聲。唯黃帝與容成子居空峒之上，同齋三月，心死形廢；徐以神視，塊然見之，若嵩山之阿；徐以氣聽，砰然聞之，若雷霆之聲。

江浦生長著極小的焦螟，成群飛到蚊子的睫毛上，「栖宿去來，蚊弗覺也」。以眼力好著稱的離朱、子羽，就算在白天也「弗見其形」；以聽力好聞名的𪆴俞師曠，在夜深人靜時也「弗聞其聲」。但是「心死形廢」的道者，「徐以神視，塊然見之，若嵩山之阿；徐以氣聽，砰然聞之，若雷霆之聲」，不僅聽得一清二楚，也看得仔仔細細的。不論是對焦螟的形容，或是對黃帝、容成子等得道者的描寫，都是極度誇張的。《列子·湯問》中「詹何釣魚」的故事，也有類似的筆法：

> 以獨繭絲爲綸，芒鍼爲鈎，荊篠爲竿，剖粒爲餌，引盈車之魚，於
> 百仞之淵，汩流之中；綸不絕，鈎不伸，竿不橈。

前四句誇飾釣具之極爲細小，中間三句言釣魚之難，實在不可思議；後三句誇大成功之易。《莊子・外物》中有「任公子釣魚」故事：

> 任公子爲大鈎巨緇，五十犗以爲餌，蹲乎會稽，投竿東海，旦旦而釣，
> 朞年不得魚。已而大魚食之，牽巨鈎錎，沒而下，驚揚而奮鬐，白波
> 若山，海水震蕩，聲侔鬼神，憚赫千里。任公子得若魚，離而腊之，
> 自淛河以東，蒼梧巳北，莫不厭若魚者。已而後世輇才諷說之徒，皆
> 驚而相告也。夫揭竿累，趨灌瀆，守鯢鮒，其於得大魚難矣。

需要用到五十條牛做魚餌去釣的魚，其體積有多大，又該用多大多粗的釣線和釣魚桿，眞是難以想像。《莊》《列》這兩則寓言，所描寫的境界成相反對照，但同樣令人驚奇，可謂有異曲同工之妙。

此外，《列子・湯問》中「紀昌學射」一事，寫紀昌「以氂懸蝨於牖，南面而望之。旬日之間，浸大也。三年之後，如車輪焉。以覩餘物，皆丘山也。乃以燕角之弧，朔蓬之簳射之，貫蝨之心，而懸不絕」，〈說符〉「三年成一葉」的故事中，寫宋人用玉石來雕刻楮葉，「三年而成，鋒殺莖柯，毫芒繁澤，亂之楮葉中而不可別也」，都是誇張描寫成功的例子。

《莊子》與《列子》中的寓言不但富於哲理，含義深刻，而且想像奇幻，形象生動豐富，並洋溢著充沛的感情，具有極大的藝術價值。聞一多說：

> 寓言成爲一種文藝，是從莊子起的。我們試想《桃花源記》，《毛穎
> 傳》等作品對於中國文學的貢獻，便明了莊子的貢獻。往下再不必
> 問了，你可以一直推到《西遊記》，《儒林外史》等等，都可以說是
> 莊子的賜予。〔註 120〕

黃公偉認爲《列子》善用寓言故事，以啓迪人心之錮閉……設喻陳理以微推顯，以發潛微之幽光，均不必實有其事。〔註 121〕並稱讚《列子》一書說：

> 《列子》一書，筆力架構，亦特有如莊子之神出鬼沒多用寓言以表變
> 化，其文辭亦如飛龍在天，下臨無地，騰躍於無量無礙之域。〔註 122〕

〔註 120〕見孫黨伯、袁謇正主編：《聞一多全集・莊子編》第九冊（武漢：湖北人民出版社，1993），頁 15。

〔註 121〕見黃公偉：《道家哲學系統探微》（台北：新文豐出版社，1981 年 8 月），頁 273。

〔註 122〕同註 121，頁 272。

這裡對《莊子》與《列子》二書的寓言藝術特點，均有極高的評價。

三、批判現實的精神

《莊子》與《列子》寓言故事，不少是對現實的虛構和概括，有著強烈的現實主義精神。不僅反映當時的社會生活，對社會現實與醜惡現象給予抨擊與譏諷，也對統治者進行了鞭笞，具有強烈的批判精神。

（一）批判社會現實

《莊子》中透過寓言反映了對現實問題的思考與批判，表現出強烈的憤世嫉俗精神。〈齊物論〉記載「麗姬悔泣」的故事：

> 麗之姬，艾封人之子也。晉國之始得之也，涕泣沾襟；及其至於王所，與王同匡牀，食芻豢，而後悔其泣也。

故事中尖銳地諷刺了現實中那些自命清高的人，一旦在面對富貴名利的誘惑時，是那麼的不堪一擊，當初所堅持的一下就全忘記了。〈至樂〉記載「髑髏」的故事：

> 莊子之楚，見空髑髏，髐然有形，撽以馬捶，因而問之，曰：「夫子貪生失理，而爲此乎？將子有亡國之事，斧鉞之誅。而爲此乎？將子有不善之行，愧遺父母妻子之醜，而爲此乎？將子有凍餒之患，而爲此乎？將子之春秋故及此乎？」於是語卒，援髑髏，枕而臥。夜半，髑髏見夢曰：「子之談者似辯士。諸子所言，皆生人之累也，死則無此矣。子欲聞死之説乎？」莊子曰：「然。」髑髏曰：「死，無君於上，無臣於下；亦無四時之事，從然以天地爲春秋，雖南面王樂，不能過也。」莊子不信，曰：「吾使司命復生子形，爲子骨肉肌膚，反子父母妻子閭里知識，子欲之乎？」髑髏深矉蹙頞曰：「吾安能棄南面王樂而復爲人閒之勞乎！」

通過莊子與髑髏的對話，揭露和批判社會現實，同時揭示了人民悲慘的生活情形，顯示出沉重且沈痛的心情。說明了人生在世的艱困與苦難，企圖擺脫「貪生失理」、「亡國之事」、「斧鉞之誅」、「不善不行」、「凍餒之患」等「生人之累」。把死看成徹底解脫，免除了人間之苦，特別是君臣上下之分，個人成爲無任何約束的主宰。在這個寓言故事中，曲折地表達了對非人道的黑暗社會的控訴，包含著對現實社會的眞實洞察和尖銳的批評，和對無拘無束的

自由生活的嚮往。〈外物〉說：

> 儒以詩禮發冢，大儒臚傳曰：「東方作矣！事之何若？」小儒曰：「未
> 解裙襦，口中有珠。」詩固有之曰：『青青之麥，生於陵陂，生不布
> 施，死何含珠爲？』接其鬢，壓其歲頁，儒以金椎控其頤，徐別其
> 頰，無傷口中珠。」

在這篇寓言中，生動形象地描繪了兩個儒生掘塚盜墓的醜態。發掘墳墓偷盜
寶珠是多麼卑劣的行徑，當然是違反儒家「禮法」的，而這些無恥之徒利用
所習誦的詩禮，作爲自己文過飾非的工具。這裡巧妙地揶揄了儒家的經典，
揭示了封建道德的欺騙性，諷刺了儒家的禮義。

《列子》寓言中也對社會現實進行了批判，〈周穆王〉的「華子忘病」故
事，以老聃的一番言論，廣泛而深刻地概括出當時社會現實的不合理現象：

> 汝庸知汝子之迷乎？今天下之人皆惑於是非，昏於利害。同疾者多，
> 固莫有覺者。且一身之迷不足傾一家，一家之迷不足傾一鄉，一鄉
> 之迷不足傾一國，一國之迷不足傾天下。天下盡迷，孰傾之哉？向
> 使天下之人其心盡如汝子，汝則反迷矣。哀樂、聲色、臭味、是非、
> 孰能正之？且吾之言未必非迷，而況魯之君子迷之郵者，焉能解人
> 之迷哉？榮汝之糧，不若遄歸也。

一般認知下，認爲人若患了迷惘症當然得想辦法儘快治癒。《列子》在這裡藉
老聃之口，表達了與世俗完全不同的看法。它認爲患了迷惘症反而能使人將
現實社會中許多的煩惱擺脫，減去痛苦。這樣的說法眞是前所未聞，由此亦
可窺測出當時社會的不幸現象。更甚者，這樣的迷惘症是沒有人可以醫治的，
因爲醫治的人比患者更加迷惘。這說明社會的混亂敗壞現象已到了極點，完
全無法根治，這更使人產生無限的悲痛。《列子》對社會現實的認識可說是非
常清醒深刻的。〈說符〉中有「豈辱馬醫」的故事：

> 齊有貧者，常乞於城市。城市患其亟也，眾莫之與。遂適田氏之廄，
> 從馬醫作役而假食。郭中人戲之曰：「從馬醫而食，不以辱乎？」乞
> 兒曰：「天下之辱莫過於乞。乞猶不辱，豈辱馬醫哉？」

齊國有個貧窮的人在城市中行乞，城市中的人厭惡他討飯次數過於頻繁不再
施捨。他沒有辦法，就到田氏的馬廄，跟著馬醫做勞役，勉強餬口度日。之
前城市裡那些不肯給他飯吃的人，反而來戲弄他，說他做這種卑賤的工作，
實在是種恥辱。這些不肯助人的人，當別人力圖振作謀生時，卻在一旁嘲笑

戲弄，其嘴臉實在可惡又可恨。這篇寓言反映了在黑暗社會裡窮苦人的悲慘
命運，批評諷刺了那些連同情心也沒有的富有者。同篇中還有「齊人攫金」
的故事，也反映出社會問題。文中說：

> 昔齊人有欲金者，清旦衣冠而之市，適鬻金者之所，因攫其金而去。
> 吏捕得之，問曰：「人皆在焉，子攫人之金何？」對曰：「取金之時，
> 不見人，徒見金。」

有人利欲薰心，財迷心竅，眼裡只有金子，對周圍的人與事視而不見，聽而
不聞，一心只想搶金子，寫出當時一些財迷的醜惡心理。對這樣的社會現實
狀況，《莊子》更進一步闡述，當人們膽大妄爲到敢於「正晝爲盜，日中穴阫」，
那麼不難想像千年之後，會有人與人相食的事發生，所謂「千世之後，其必
有人與人相食者也」（〈庚桑楚〉）。

（二）批判統治者

戰國亂世，許多君王、諸侯暴虐無道，剛愎自用，昏庸獨裁，視人民的
生命如草芥，恣意生殺奪取。在《莊子》中可以看到對這些國君暴行的描述：

> 衛君，其年壯，其行獨，輕用其國，而不見其過；輕用民死，死者
> 以國量乎澤，若蕉，民其無如矣。（〈人間世〉）

> 夫衛靈公飲酒湛樂，不聽國家之政；田獵畢弋，不應諸侯之際；其
> 所以爲靈公者何邪？（〈則陽〉）

> 夫楚王之爲人也，形尊而嚴；其於罪也，無赦如虎；非夫佞人正德，
> 其孰能橈焉。（〈則陽〉）

衛君爲人驕傲自大，處事輕率專斷，從來不顧百姓死活，造成人民大量死亡。
衛靈公荒淫無道，不理國家政務，沈湎於飲酒聲色之中，置民於水火之中。
楚王外表顯得尊貴而嚴厲，對於罪人不加寬恕，像老虎般凶猛。這些國君對
於百姓沒有疼惜憐憫之心，反而是以其惡行、專制，使人民生活苦不堪言，
他們正是造成人民無法安寧地生活下去的原因之一。《莊子》除了批判揭露統
治者的暴行，也提出了它理想中的古代君王形象。〈則陽〉說：

> 古之君人者，以得爲在民，以失爲在己；以正爲在民，以枉爲在己。
> 故一形有失其形者，退而自責。今則不然，匿爲物而愚不識，大爲
> 難而罪不敢，重爲任而罰不勝。遠其塗而誅不至。民知力竭，則以
> 僞繼之，日出多僞，士民安敢不僞！夫力不足則僞，知不足則欺，

財不足則盜，盜竊之行，於誰責而可乎？

古代的君王治理國家，把功勞歸於民眾，把過失歸於自己，有錯誤就反省檢討自己。現在的君王則與之相反，愚弄人民，設置種種陷阱，使人民獲罪受罰。人民身處在險惡的環境中，「方今之時，僅免刑焉」(〈人間世〉)，「今處昏上亂相之間，而欲無憊，奚可得邪」(〈山木〉)。對於現實生活的感同身受，形成了《莊子》書中批判精神的基礎。

《莊子》中也經常寫到戰爭，包括諸侯彼此之間侵城掠地的攻戰，和諸侯本身國內奪權爭位的內訌。書中寫道：

越有難，吳王使之將，冬與越人水戰，大敗越人，裂地而封之。
〔註123〕(〈逍遙遊〉)

田成子一旦殺其君而盜其國。〔註124〕(〈胠篋〉)

越人三世弒其君。〔註125〕(〈讓王〉)

戰爭所帶來的災難，是非常慘烈的，百姓死傷不計其數，人力與資源耗損眾多，《莊子》對這些戰爭是持反對態度的：「夫殺人之士民，兼人之土地，以養吾私與吾神者，其戰不知孰善？」(〈徐無鬼〉)〈則陽〉的「觸蠻相爭」寓言中，便對好戰的統治者給予深刻的諷刺和批判。這些統治者為了個人私欲，不惜發動戰爭，「時相與爭地而戰，伏屍數萬」。而且這些戰爭，在《莊子》看來竟然只是蝸角之爭罷了，是如此地微不足道。為了少數幾個人的貪欲私心，使成千上萬的無辜性命成為犧牲品，百姓何其無辜，統治者又何其殘暴？《莊子》就在這嬉笑怒罵之中，表達了對統治者的好戰傷民的強烈憤恨之情。

〔註123〕《左傳・哀公元年》(西元前四九四年) 記載：「吳王夫差敗越于夫椒。」見李夢生：《左傳譯注》(上海：上海古籍出版社，1998年6月)，頁1286。

〔註124〕西元前四八一年，齊左相田恒殺死右相監止及齊簡公，專齊之政。見司馬遷：《史記・田世家》(台北：七略出版社，1985年9月)，頁749。《左傳》哀公十四年記載：「齊陳恒弒其君壬 (齊簡公) 于舒州。」見李夢生：《左傳譯注》(上海：上海古籍出版社，1998年6月)，頁1353。

〔註125〕越王無顓 (西元前三六二年) 即位前，包括翳、諸咎、無余三位君主，皆被弒而不得善終。《史記・越世家索隱》引《竹書紀年》說：「翳三十三年遷于吳，三十六年七月太子諸咎弒其君翳，十月粵殺諸咎。粵滑，吳人立子錯枝為君。明年，大夫寺區定粵亂，立無余之。十二年，寺區弟忠弒其君莽安，次無顓立。無顓八年薨，是為菼蠋卯。故莊子云『越人三弒其君，子搜患之，逃乎丹穴不肯出，越人薰之以艾，乘以王輿』。樂資云『號曰無顓』。蓋無顓後乃次無彊也，則王之侯即無余之也。」見司馬遷：《史記》(台北：七略出版社，1985年9月)，頁693。

　　《列子》中對於統治者與戰爭也多所批判。〈周穆王〉有一則「周之尹氏」的故事：

> 周之尹氏大治產，其下趣役者侵晨昏而弗息。有老役夫筋力竭矣，而使之彌勤。晝則呻呼而即事，夜則昏憊而熟寐。精神荒散，昔昔夢爲國君。居人民之上，總一國之事。遊燕宮觀，恣意所欲，其樂無比。覺則復役。人有慰喻其勤者。役夫曰：「人生百年，晝夜各分。吾晝爲僕虜，苦則苦矣。夜爲人君，其樂無比。何所怨哉。」尹氏心營世事，慮鍾家業，心形俱疲，夜亦昏憊而寐。昔昔夢爲人僕，趨走作役，無不爲也。數罵杖撻，無不志也。眠中啽囈呻呼，徹旦息焉。尹氏病之，以訪其友。友曰：「若位足榮身，資財有餘，勝人遠矣。夜夢爲僕，苦逸之復，數之常也。若欲覺夢兼之，豈可得邪？」尹氏聞其友言，寬其役夫之程，減己思慮之事，疾竝少閒。

故事中可以看到尹氏的貪得無厭，既已具有極多的財富，對於爲他工作的老役夫，卻仍是極盡剝削壓榨之能事，其殘酷貪婪的性格由此可見。再說這位尹氏，雖然「位足榮身，資財有餘」，但是過得並不快樂，精神形體勞累不堪，晚上睡覺時「夢爲人僕，趨走作役，無不爲也」。反觀老役夫，雖飽受勞役之苦，每日過著「呻呼而即事」的生活，但精神上卻很安穩，夜晚睡覺還夢爲人君，感到「其樂無比」。一般人以爲擁有了財富，便能過著幸福快樂的生活，以故事中尹氏之例來看，能不作爲一種警惕與反省嗎？寓言中揭示了社會的統治階級，雖有財富，精神上卻極度貧乏；而勞動者生活雖貧困，精神上卻十分富有。以兩個完全不同階級身份的人作爲對比，使形象更爲鮮明，意義更爲深刻。

　　〈說符〉中有「簡子放生」的故事，描寫趙簡子爲了表示自己是個有恩德的人，在每年正月初一要舉行放生儀式。而百姓爲了獲得賞賜，爭著捕鳩獻給他，造成鳩的大量死亡。有位客人勸趙簡子，爲表示恩德倒不如禁止百姓捕捉，讓更多的鳩鳥可以獲得生存。客人所勸說之語，正是直接點出趙簡子的問題所在。統治者爲了獲得聲譽美名，不惜傷害更多無辜性命。故事中揭露了統治者以僞善的手段，來沽名釣譽的醜惡面貌。

　　此外，還有能工巧匠向君王表演技藝的故事，並從中看出君王喜怒無常，性情之難以捉摸。〈湯問〉中記載偃師製造機關木人向穆王獻技，因而獲罪，引起國王憤怒，後又轉怒爲喜。反映了戰國時策士游說各國君主，因一技之長干

禍福，實爲常事。〈說符〉中有「蘭子獻技」，寫蘭子爲宋元君表演技藝，宋元君賜予錢財。後來另一位蘭子也來獻技，宋元君卻把他抓起來準備殺掉，過了一個月，又放了他。這篇寓言揭露了統治者的喜怒無常和殘暴，全因一己的喜好施以賞賜或懲罰，實是置人民於水深火熱之中，進退失據，同時也表達了人生的禍福無常。這兩則寓言皆反映了統治者愛好巧技而又喜怒無常的現實。

　　《列子》還描繪了戰爭所造成的一幅悽慘圖，〈說符〉中「黑牛生白犢」故事說：

> 其後楚攻宋，圍其城，民易子而食之，析骸而炊之，丁壯者接乘城
> 而戰，死者大半。

　　「民易子而食之，析骸而炊之」，這是多麼悲慘的畫面，是什麼樣的生活環境，逼得人們走上了絕路。《列子》以其敏銳的觀察力，寫出當時在統治者暴虐無道之下，百姓生活的痛苦與無奈。這眞是一個以兼併土地，攻戰略奪爲務的不安年代。公木在《先秦寓言概論》書中曾這樣評論《莊子》說：

> 其超脫的外觀，蘊涵著如火的憤激；達觀的人生，飽浸著彷徨、苦
> 悶和辛酸的淚；恍兮惚兮、迷離撲朔的夢境，卻分明是對現實環境
> 清醒認識的痛苦顯像。〔註126〕

一部作品的呈現，其實反映著作者當時的生活背景與遭遇，也反映其對現實生活的體驗與感受。《莊子》與《列子》同是對現實有深刻體會之作，對於社會現實的情形與殘暴淺陋的統治者，皆有一定程度之揭露。所以，可以說《莊》《列》二書是體現著深刻的現實涵義的。

四、鮮明形象的創造

　　《莊子》與《列子》書中，創造出許多極具特色的藝術形象，除了有超越一般所認識的人與物之外，也延伸至自然界一切有形無形的事物。這些形象或美或醜，或眞或假，不僅生動令人難忘，更令人目不暇給。

（一）書中的各種形象

　　《莊子》書中形象的創造，千奇百怪，令人目不暇給。「世間里巷，家室之常，工技屠宰之末，離合悲歡之態，筆筆寫出，心細如許。」〔註127〕《莊子·

〔註126〕見公木：《先秦寓言概論》（濟南：齊魯書社，1984 年 12 月），頁 104。
〔註127〕見林雲銘：《增註莊子因·莊子雜說·第二十一則》上冊（台北：廣文書局，
　　　　　1968 年 1 月）。

德充符》中刻畫了殘形缺骸的人物形象，如兀者王駘，能讓心思自由自在地遨翔，「視喪其足，猶遺土也」，因此許多人想向他學習。兀者申徒嘉，能不受限於自己外形上的缺憾，「遊於形骸之內」。兀者叔山無趾雖「無足」，卻「猶有尊足者存」。還有面貌奇陋的哀駘它，他的修養已經達到了「與物爲春」、「內保之而外不蕩」的境界。最後，以闉跂支離無脤與甕盎大癭兩個形貌不全的人，引出了「德有所長而形有所忘」的主旨。這些人物的形體外貌雖然醜惡或有所缺陷，但在德行方面卻有超出一般人的地方，體現了道的崇高性，表達了一種形不足以累德的思想。清劉鳳苞《南華雪心編‧德充符》說：

> 憑空撰出幾箇形體不全之人，如傀儡登場，怪狀錯落，幾於以文爲戲，卻都說得高不可攀，見解全超乎形骸之外。〔註128〕

劉熙載《藝概‧文概》稱讚《莊子》寓言「意出塵外，怪生筆端。」〔註129〕這是對《莊子》寓言中那豐富奇特的想像的藝術特色的概括。《莊子》中還刻畫了許多能工巧匠的形象，除了表明其哲學思想，更重要的是通過這些能工巧匠，來說明道的作用和體道的重要性。如〈養生主〉中解牛技藝極其高超的庖丁，〈天道〉中的斲輪高手輪扁，〈達生〉中鬼斧神工的梓慶、神乎其技的工倕、專心一致的承蜩丈人，〈徐無鬼〉中運斤成風的匠石。

　　《莊子》中描寫動植物的形象，但以動物形象的描寫較多。〈養生主〉中寫澤雉的飲食生活自由自在，悠遊自得。〈駢拇〉中寫野鴨的腳是短的，野鶴的腳是長的，這些都是天生自然，可以很清楚的看到兩種生物之間的差別。〈馬蹄〉中對馬的描寫更是經過仔細觀察所得的結果。〈徐無鬼〉中寫在吳王面前逞能的猴子，最後難逃一死，凸顯逞強恃巧的嚴重後果。書中最具代表性的植物寓言，就是〈人間世〉中的「櫟社樹」。櫟社樹雖以世俗價值觀來看是無用，反而成其大用，保全生命。此外，書中還描寫了無生命物質的形象，如〈齊物論〉的「罔兩問影」，透過影子的影子與影子對話，說明無待的道理。〈至樂〉的「髑髏」，雖死卻仍快樂，且以人間生活爲懼，不願復生。《莊子》以其豐富的想像力、敏銳的觀察力，將其深邃的哲學思想，透過筆下千姿百態的形象具體表現出來，令人嘆爲觀止，領略不盡。

　　《列子》寓言中同樣塑造了許多令人印象深刻的人物形象，讀來逼真生

〔註128〕見劉鳳苞：《南華雪心編》，嚴靈峰編輯：《求無備齋莊子集成初編》（台北：藝文印書館，1972 年 5 月），頁 183。
〔註129〕見劉熙載：《藝概‧文概》卷六（台北：金楓出版社，1986 年 12 月），頁 24。

動，如在目前。〈湯問〉中描寫了年近九十歲的愚公，立志移掉「方七百里高萬仞」的太形、王屋兩座大山的故事。文中說：

> 太形王屋二山，方七百里，高萬仞；本在冀州之南，河陽之北。北山愚公者，年且九十，面山而居。懲山北之塞，出入之迂也，聚室而謀，曰：「吾與汝畢力平險，指通豫南，達于漢陰，可乎？」襍然相許。其妻獻疑曰：「以君之力，曾不能損魁父之丘。如太形王屋何？？且焉置土石？」襍曰：「投諸渤海之尾，隱土之北。」。遂率子孫荷擔者三夫，叩石墾壤，箕畚運於渤海之尾。鄰人京城氏之孀妻有遺男，始齔，跳往助之。寒暑易節，始一反焉。河曲智叟笑而止之，曰：「甚矣！汝之不惠！以殘年餘力，曾不能毀山之一毛，其如土石何？」北山愚公長息曰：「汝心之固，固不可徹；曾不若孀妻弱子。雖我之死，有子存焉。子又生孫，孫又生子；子又有子，子又有孫；子子孫孫，無窮匱也；而山不加增，何苦而不平！」河曲智叟亡以應。操蛇之神聞之，懼其不已也，告之於帝。帝感其誠，命夸蛾氏二子負二山，一厝朔東，一厝雍南。自此，冀之南漢之陰，無隴斷焉。

故事中創造了愚公與智叟兩個對立的形象，表達了愚公堅忍不拔、矢志不移的崇高品德，也說明了團結的重要。而智叟雖自以為聰明，不過是個不明事理的愚者。張湛注說：「俗謂之愚者，未必非智也」，「俗謂之智者，未必非愚也」。〔註 130〕反映了人民勇於戰鬥的氣魄與毅力，對後人具有強大的鼓舞作用，發人深省，意味雋永。而故事中的主角——愚公，更成了克服困境，勇於面對挑戰，具有獨立的人格力量的典型形象。雖然置身於艱難的自然環境中，面臨許多反對與質疑的意見，卻能樂觀以對，不受動搖，最後感動上帝，成功移走了兩座山。

此外，《列子》在塑造人物形象時，也善於刻畫人物的心理活動。如〈說符〉中「亡鈇」的故事：

> 人有亡鈇者，意其鄰之子，視其行步竊鈇也；顏色，竊鈇也；言語，竊鈇也；作動態度，無為而不竊鈇也。俄而抇其谷而得其鈇，他日復見其鄰人之子，動作態度無似竊鈇者。

這裡將亡斧者疑人竊斧微妙的心理變化，描寫得十分生動，也可看出亡斧者

〔註 130〕見楊伯峻：《列子集釋》（台北：華正書局，1987 年 9 月），頁 159～160。

多疑、主觀的個性。同篇中還有「牛缺遇盜」的故事：

> 牛缺者，上地之大儒也，下之邯鄲，遇盜於耦沙之中，盡取其衣裝
> 車，牛步而去。視之，歡然無憂恡之色。盜追而問其故。曰：「君
> 子不以所養害其所養。」盜曰：「嘻！賢矣夫！」既而相謂曰：「以
> 彼之賢，往見趙君，使以我爲，必困我。不如殺之。」乃相與追而
> 殺之。燕人聞之，聚族相戒，曰：「遇盜，莫如上地之牛缺也。」
> 皆受教。俄而其弟適秦。至關下，果遇盜，憶其兄之戒，因與盜力
> 爭。既而不如，又追而以卑辭請物。盜怒曰：「吾活汝弘矣，而追
> 吾不已，迹將著焉。既爲盜矣，仁將焉在？」遂殺之，又傍害其黨
> 四、五人焉。

故事描寫牛缺與燕人前後遇盜，出現了截然不同的反應，但最後的下場卻是相同的。文中除了將牛缺與燕人反應的前因後果描寫清楚之外，也將盜賊謀財害命時的心理活動，做了清楚的揭示，使其殘暴狠毒的個性顯露無遺。而〈周穆王〉中「悲心更微」的故事，更是將其中的人物心態刻畫得維妙維肖。文中說：

> 燕人生於燕，長於楚，及老而還本國。過晉國，同行者誑之；指城
> 曰：「此燕國之城。」其人愀然變容。指社曰：「此若里之社。」乃
> 喟然而歎。指舍曰：「此若先人之廬。」乃涓然而泣。指壠曰：「此
> 若先人之冢。」其人哭不自禁。同行者啞然大笑，曰：「予昔給若，
> 此晉國耳。」其人大慙。及至燕，眞見燕國之城社，眞見先人之廬
> 冢，悲心更微。

燕人因思鄉心切、歸心似箭，同行的人卻趁機指晉爲燕來戲弄他。燕人信以爲眞，加快了回鄉的步履，隨著故鄉的接近，思想愁緒逐漸加深。起先見到城垣，心生悲意；後來見了社廟，悲嘆不已；最後看到了屋舍、墳墓，再也止不住悲傷，痛哭了起來。之後，同行的人說出了眞相，燕人明白受騙之後，十分羞慚。等到眞正到達燕國後，先前的激動情緒再也感發不起來了。故事中對人性複雜多變的心理狀態，及曲折起伏的情感，刻畫入微。

（二）書中的莊列形象

　　《莊子》與《列子》二書中，對於莊子及列子的形象，進行了較爲全面的描寫，使其形象更爲具體，也成爲後人了解莊、列二人的重要參考資料。

1. 《莊子》中的莊子形象

在《莊子》中，莊子本人出面之多，形象之具體，是先秦諸子著作中少有。這些刻畫莊子本人形象的寓言，在書中佔有相當大的比重，其中較為人熟知的有「莊周夢蝶」（〈齊物論〉）、「莊子釣於濮水」、「鴟嚇鵷鶵」、「濠梁之辯」（〈秋水〉）、「鼓盆而歌」、「髑髏樂死」（〈至樂〉）、「木雁不材」（〈山木〉）、「魯少儒」（〈田子方〉）、「東郭子問道」（〈知北遊〉）、「運斤成風」（〈徐無鬼〉）、「莊子貸粟」（〈外物〉）、「舐痔得車」、「莊子將死」（〈列禦寇〉）等等。這些寓言對莊子的生活、處世、社交、性格和品行都有所描寫，具體且生動，對於研究莊子有一定的參考價值。以下列舉幾則說明，〈外物〉說：

> 莊周家貧，故往貸粟於監河侯。監河侯曰：「諾，我將得邑金，將貸子三百金，可乎？」莊周忿然作色曰：「周昨來，有中道而呼者。周顧視車轍中，有鮒魚焉。周問之曰：『鮒魚來！子何為者邪？』對曰：『我，東海之波臣也。君豈有斗升之水而活我哉？』周曰：『諾，我且南遊吳越之王，激西江之水而迎子，可乎？』鮒魚忿然作色曰：『吾失我常與，我无所處，吾得斗升之水然活耳。君乃言此，曾不如早索我於枯魚之肆。』」

對於最低生活要求都無法得到滿足的人們來說，遙遙無期的慷慨許諾是沒有實際意義的。在階級社會裡，剝削階級把人民推到飢餓的死亡線上，還見死不救，卻往往用慷慨動聽的話，來掩蓋其極端虛偽、殘忍的本性，這裡對這一方面有深刻的揭示。莊子的生活雖是過得如此窮困，但他對於富貴卻是不屑一顧的。〈列禦寇〉中記載了一則「舐痔得車」的故事：

> 宋人有曹商者，為宋王使秦。其往也，得車數乘；王悅之，益車百乘。反於宋，見莊子曰：「夫處窮閭阨巷，困窘織屨，槁項黃馘者，商之所短也；一悟萬乘之主而從車百乘者，商之所長也。」莊子曰：「秦王有病召醫。破癰潰痤者得車一乘，舐痔者得車五乘，所治愈下，得車越多。子豈治其痔邪？何得車之多也？子行矣！」

對於那些阿諛諂媚、討好權貴，以換取恩賞的人，莊子給予辛辣的諷刺。莊子儘管生活貧窮，仍堅守自己的原則，絕不會為了物質享受，做出像曹商那樣的無恥行為。〈山木〉記載：

> 莊子衣大布而補之，正緳係履而過魏王。魏王曰：「何先生之憊邪？」
> 莊子曰：「貧也，非憊也。士有道德不能行，憊也；衣弊履穿，貧也，

> 非德也；此所謂非遭時也。王獨不見夫騰猿乎？其得柟梓豫章也，
> 攬蔓其枝而王長其間，雖羿、逢蒙不能睥睨也。及其得柘棘枳枸之
> 間也，危行側視，振動悼慄；此筋骨非有加急而不柔也，處勢不便，
> 未足以逞其能也。今處昏上亂相之間，而欲無德，奚可得邪？

知識份子最大的苦惱，並不是物質的貧困，而是精神的困頓。如果像猿猴落
在荊棘之中那樣，動輒受刺，連生活的自由都不能保證，又怎能放開手腳，
舒展身軀去實行他們的理想呢？因此，莊子主張通過精神的自由去解脫種種
的束縛。無己無我，絕聖棄智，摒除一切思慮，與物同化，也就可以杜絕苦
惱、憂患和悲憤的產生。形體若受困，還可以保持人性的尊嚴；若是精神受
困，則使人不復爲人。失去了精神自由的人，不過是徒有人形的生命罷了。

對於諸侯以高官厚祿相誘，莊子是不受誘惑的。在他看來，千金猶如糞
土，位居卿相就會失去自由，只能任人宰割。莊子終身不仕，就是爲了保持
獨立的人格和自由。〈秋水〉記載：

> 莊子釣於濮水。楚王使大夫二人往先焉，曰：「願以境內累矣！」莊
> 子持竿不顧，曰：「吾聞楚有神龜，死已三千歲矣。王巾笥而藏之廟
> 堂之上。此龜者，寧其死爲留骨而貴乎？寧其生而曳尾於塗中乎？」
> 二大夫曰：「寧生而曳尾塗中。」莊子曰：「往矣，吾將曳尾於塗中。」

楚威王要莊與他合作，做大官，可是在莊子眼裡，這官職無異於廟堂上所
供祭的死龜，雖然很尊貴，可是卻沒有自由的生命。因此在自由和富貴榮華
之間，莊子選擇了自由。〈秋水〉中記載莊子到魏國，好友惠施以爲莊子是來
奪取他的相位，於是派人搜查三天三夜。莊子知道後，給惠施講了個「鴟嚇
鵷鶵」的故事。文中說：

> 惠子相梁，莊子往見之。或謂惠子曰：「莊子來，欲代子相。」於是
> 惠子恐，搜於國中三日三夜。莊子往見之，曰：「南方有鳥，其名爲
> 鵷鶵，子知之乎？夫鵷鶵，發於南海而飛於北海，非梧桐不止，非
> 練實不食，非醴泉不飲。於是鴟得腐鼠，鵷鶵過之，仰而視之曰『嚇！』
> 今子欲以子之梁國而嚇我邪？」

這裡用鵷鶵與鴟兩個鮮明的形象，用對比的手法，批評了惠子的貪戀相位，
聽信讒言，竟在都城搜索莊子的可恥行爲；歌頌了莊子鄙棄榮華，視高官厚
祿爲腐鼠的磊落情懷。在追求高官厚祿之徒的心中，就算是純潔的友誼也會
遭到猜疑。儘管莊子與惠施之間，存在著差異點，但並不影響二人的交情。

莊子與惠施的深厚友誼，可以從〈徐無鬼〉中「運斤成風」的故事看出來。
文中說：

> 莊子送葬，過惠子之墓，顧謂從者曰：「郢人堊漫其鼻端，若蠅翼，
> 使匠石斲之。匠石運斤成風，聽而斲之，盡堊而鼻不傷，郢人立不
> 失容。宋元君聞之，召匠石曰：『嘗試爲寡人爲之。』匠石曰：『臣
> 則嘗能斲之。雖然，臣之質死久矣。』自夫子之死也，吾無以爲質
> 矣！吾無與言之矣。」

惠施是莊子的好友，也常和他切磋學問。惠施死後，有一次莊子經過他的墓
前，說了一則郢人與匠石的故事，以此表達他對惠施的懷念。郢人與匠石是
最佳的合作伙伴，有著良好的配合默契。郢人面對呼呼砍來的利斧，鎮定自
若，面不改色，這是對匠石的信任。匠石也不辜負這信任，謹慎、成功地完
成這神乎其技的表演。這故事中的郢人與匠石，不就像是莊子與惠施的化身
嗎？雖然學說思想有不同，卻不影響其純厚真摯的友情。

2. 《列子》中的列子形象

《列子》書中所描繪的列子，有時以老師或主角身份回答別人提問，有
時如後生晚輩向他人求教，有時就某事或辯論做評論，有時僅是獨白。篇章
中有記錄言談的部分，也有生平及個性的描寫。〈天瑞〉說：「子列子居鄭圃，
四十年人無識者。」列子是住在圃田的一位隱者，平日謙默自持，不與人爭，
因此在鄭國住了四十年，認識他的人並不多。同篇中記載：

> 子列子適衛，食於道，從者見百歲髑髏，攓蓬而指，顧謂弟子百豐
> 曰：「唯予與彼知而未嘗生未嘗死也。此過養乎？此過歡乎？」

列子到衛國去，在路上發現一具百年以上的死人骷髏。列子拔掉那裡的蓬蒿，
指著骷髏，對學生百豐說：「只有我與他知人未曾有生未曾有死，他死了果真
值得憂傷嗎？我活著果真值得高興嗎？」在此則故事中表達了列子的生死
觀。同篇中還記載：

> 或謂子列子曰：「子奚貴虛？」列子曰：「虛者無貴也。」子列子曰：
> 「非其名也，莫如靜，莫如虛。靜也虛也，得其居矣；取也與也，
> 失其所矣。事之破石爲而後有舞仁義者，弗能復也。」

這裡表達了列子的人生觀——貴虛。而列子的學習態度，從下列兩則故事中
可看出端倪。〈黃帝〉中「列子師老商」的故事，表現列子專心致志，苦心磨
礪的品德。文中說：

列子曰：「自吾之事夫子友若人也，三年之後，心不敢念是非，口不敢言利害，始得夫子一眄而已。五年之後，心庚念是非，口庚言利害，夫子始一解顏而笑。七年之後，從心之所念，庚無是非；從口之所言，庚無利害，夫子始一引吾竝席而坐。九年之後，橫心之所念，橫口之所言，亦不知我之是非利害歟，亦不知彼之是非利害歟；亦不知夫子之為我師，若人之為我友，內外進矣。而後眼如耳，耳如鼻，鼻如口，無不同也。心凝形釋，骨肉都融，不覺形之所倚，足之所履，隨風東西，猶木葉幹殼。竟不知風乘我邪，我乘風乎？」

列子在老商那裡學習，學了三年，「始得老商一眄而已」；到了第五年，「老商始一解顏而笑」；七年之後，「夫子始一引吾竝席而坐」；九年之後，才修練到掌握道家之理。這裡對列子那種艱苦、忍耐的學習精神，描寫得相當突出。〈說符〉中記載列子學習射箭一事：

列子學射中矣，請於關尹子。尹子曰：「子知子之所以中者乎？」對曰：「弗知也。」關尹子曰：「未可。」退而習之。三年，又以報關尹子。尹子曰：「子知子之所以中乎？」列子曰：「知之矣。」關尹子曰：「可矣。守而勿失也。非獨射也，為國與身亦皆如之。故聖人不察存亡，而察其所以然。」

這裡寫出了列子善於學習、聰慧敏捷、虛心求教、勤奮努力的良好品德。除了向老商氏學習，列子與老師壺丘子相處時的情況，在〈仲尼〉中亦有記載：

初，子列子好游。壺丘子曰：「禦寇好游，游何所好？」列子曰：「游之樂所玩無故。人之游也，觀其所見；我之游也，觀其所變。游乎游乎！未有能辨其游者。」壺丘子曰：「禦寇之遊固與人同歟，而曰固與人異歟？凡所見，亦恆見其變。玩彼物之無故，不知我亦無故。務外游，不知務內觀。外游者，求備於物；內觀者，取足於身。取足於身，游之至也；求備於物，游之不至也。」於是列子終身不出，自以為不知游。

早期，列子好遊山玩水，他的老師壺丘子曾和他談論遊覽的道理。其實，一般人比較注重外在景物的觀賞，較少從內心去體悟自然變化。所以要求的是外在景物的齊備，而不知道內在心靈得到充實，才是遊玩的最高境界。當心與景物相契合，泯除物我的分別，此時方能真正體悟自然之美。在聽完了這番話之後，列子終身不出，自以為不知遊。列子對於自己的所學不足，是懂

得自我反省的。〈黃帝〉中記載：

> 列子自以爲未始學而歸，三年不出。爲其妻爨，食豨如食人。於事
> 無親，雕琢復朴，塊然獨以其形立。紛然而封戎，壹以是終。

列子回家後三年不出門，回家過著隱居般的生活，去掉人事的煩擾，回歸樸
實純眞，自此虛靜自持，專心一志，不曾改變。而對於別人的突然逢迎，列
子是有所警惕的。〈黃帝〉說：

> 子列子之齊，中道而反，遇伯昏瞀人。伯昏瞀人曰：「奚方而反？」
> 曰：「吾驚焉。」「惡乎驚？」「吾食於十漿，而五漿先饋。」伯昏瞀
> 人曰：「若是，則汝何爲驚已？」曰：「夫内誠不解，形諜成光，以
> 外鎮人心，使人輕乎貴老，而韲其所患。夫漿人特爲食羹之貨，無
> 多餘之贏，其爲利也薄，其爲權也輕，而猶若是，而況萬乘之主，
> 身勞於國而智盡於事，彼將任我以事而效我以功，吾是以驚。」伯
> 昏瞀人曰：「善哉觀乎！汝處已，人將保汝矣！」無幾何而往，則戶
> 外之屨滿矣。伯昏瞀人北面而立，敦杖蹙之乎頤。立有閒，不言而
> 出。賓者以告列子。列子提屨徒跣而走，暨乎門。問曰：「先生既來，
> 曾不廢藥乎？」曰：「已矣。吾固告汝曰，人將保汝，果保汝矣。非
> 汝能使人保汝，而汝不能使人無汝保也。而焉用之感也？感豫出異。
> 且必有感也，搖而本身，又無謂也。與汝游者，莫汝告也。彼所小
> 言，盡人毒也。莫覺莫悟，何相孰也。

列子到店裡喝酒，買十杯卻有五杯不收錢。列子對於別人突然示好的行爲感
到十分驚恐，恐怕因此要惹上禍端。不久，果然家門外盡是客人的鞋子，有
求於列子。列子求教伯昏瞀人，伯昏瞀人告訴他要能退身全眞，含光滅跡，
不爲世用，這就是最好的治性之藥。因此，即便列子過著窮困的生活，也不
隨便接受他人的餽贈，〈說符〉說：

> 子列子窮，容貌有飢色。客有言之鄭子陽者曰：「列禦寇，蓋有道之
> 士也，居君之國而窮，君無乃爲不好士乎？」鄭子陽即令官遺之粟。
> 子列子出見使者，再拜而辭。使者去。子列子入，其妻望之而拊心
> 曰：「妾聞爲有道者之妻子，皆得佚樂，今有飢色。君遇而遺先生食，
> 先生不受，豈不命也哉！」子列子笑謂之曰：「君非自知我也。以人
> 之言而遺我粟，至其罪我也，又且以人之言，此吾所以不受也。」
> 其卒，民果作難而殺子陽。

列子生活貧困，鄭國宰相子陽聽說之後派人送米糧給他。因爲子陽是聽了別人的話才送米糧，有可能將來也因別人的話而加罪於列子，所以即使妻子反對，列子仍然拒絕不接受。後來，子陽果然因人民發難被殺了。這裡表現了列子的氣節和遠見。作者把列子寫成安貧樂道、高尚其志，而能全身遠禍的賢者，很有先見之明。

對於御風而行一事，《莊子・逍遙遊》只提到「夫列子御風而行，泠然善也，旬有五日而後反」，並未說明何以致此。《列子》對此事則有較詳細的說明，〈黃帝〉說：「心凝形釋，骨肉都融，不覺形之所倚，足之所履，隨風東西，猶木葉幹殼。竟不知風乘我邪，我乘風乎？」列子御風的本事，是通過徹底忘掉是非、利害，積學修煉而成的，列子在此被神仙化了。

在另一些篇章中，列子是以學生的身份出現。〈黃帝〉記載：

> 列禦寇爲伯昏瞀人射，引之盈貫，措杯水其肘上，發之，鏑矢復沓，方矢復寓。當是時也，猶象人也。伯昏瞀人曰：「是射之射，非不射之射也。當與汝登高山，履危石，臨百仞之淵，若能射乎？」於是瞀人遂登高山，履危石，臨百仞之淵，背逡巡。足二分垂在外，揖禦寇而進之。禦寇伏地，汗流至踵。伯昏瞀人曰：「夫至人者，上闚青天，下潛黃泉，揮斥八極，神氣不變。今汝怵然有恂目之志，爾於中也殆矣夫！」

能御風且善射的列子，在這裡竟成了膽小鬼。由列子與伯昏瞀人的表現來看，誰才是眞正具有眞才實學的人，一目了然。由列子的驚懼，更可襯托出至人的無所畏懼。

〈黃帝〉又記，有神巫季咸來處於鄭，能知人的生死、存亡、禍福、壽夭。列子見之而心醉，歸告壺子，壺子命神巫來見。初見預言壺子必死，再次見面認爲有救，第三、四次之後，季咸倉促離去。壺子告訴列子，他所展現的四種不同境界，分別是「地文」、「天壤」、「太沖莫眹」與「未始出吾宗」。季咸不了解壺子對待他的方法是，「與之虛而猗移，不知其誰何，因以爲茅靡，因以爲波流」，所以逃走了。列子在經過壺子一番開釋後，「自以爲未始學而歸，三年不出。爲其妻爨，食豨如食人，於事無親，雕琢復樸，塊然獨以其形立。分然而封戎，壹以是終」。列子在經過神巫事件之後，重新省視自己的生活態度，返樸歸眞，達到了更高的修養境界。

作爲文學作品中的人物，莊子與列子都稱得上相當突出的形象，其理論

基本上也都屬於老莊一派的道家。再加上有關其生活情形、相關活動的刻劃，使書中人物更具吸引力。

（三）書中的孔子形象

《莊子》書中對於孔子形象的描繪，是多層面的。有時以儒家面貌出現，有時又以道家代表出現。〈山木〉中記載：

> 孔子窮於陳蔡之間，七日不火食，左據槁木，右擊槁枝，而歌猋氏之風，有其具而無其數，有其聲而無宮角，木聲與人聲，犁然有當於人之心。

孔子被圍於陳、蔡之間，七天不能生火就食，身處險惡之境卻仍怡然自得，這是人們傳統印象中的孔子形象。

《莊子》書中還描寫孔子曾求教於老聃：

> 孔子西藏書於周室。子路謀曰：「由聞周之徵藏史有老聃者，免而歸居，夫子欲藏書，則試往因焉。」孔子曰：「善。」往見老聃，而老聃不許。（〈天道〉）

> 孔子見老聃，老聃新沐，方將被髮而乾，慹然似非人。孔子便而待之，少焉見，曰：「丘也眩與，其信然與？向者先生形體掘若槁木，似遺物離人而立於獨也。」老聃曰：「吾遊心於物之初。」（〈田子方〉）

此外，還有關於孔子遭受斥責的故事描寫，如〈盜跖〉中寫孔子往勸盜跖，欲說服盜跖改邪歸正，結果反被盜跖嚴厲斥責，臭罵一頓，弄得十分狼狽：「孔子再拜趨走，出門上車，執轡三失，目芒然無見，色若死灰，據軾低頭，不能出氣。」這裡通過動作、視覺、氣色、形態、呼吸等五個細節，把孔子極度沮喪的心理，刻畫地淋漓盡致。《莊子》中孔子雖有時以儒家面貌出現，但不少篇章是借故事人物之口，批判、嘲弄孔子的儒術，或假借孔子來宣揚道家思想。

《列子》中有關於孔子言行的記錄，道家與儒家思想兼論，但篇幅與言論上較不像《莊子》多且激烈。〈仲尼〉中通過分析孔子四位學生的優缺點，反襯孔子的會通能力。文中說：

> 子夏問孔子曰：「顏回之為人奚若？」子曰：「回之仁賢於丘也。」曰：「子貢之為人奚若？」子曰：「賜之辯賢於丘也。」曰：「子路之為人奚若？」子曰：「由之勇賢於丘也。」曰：「子張之為人奚若？」

子曰：「師之莊賢於丘也。」子夏避席而問曰：「然則四子者何爲事
夫子？」曰：「居！吾與汝。夫回能仁而不能反，賜能辯而不能訥，
由能勇而不能怯，師能莊而不能同。兼四子之有以易吾，吾弗許也。
此其所以事吾而不貳也。」

孔子分析四個學生的優缺點：顏回樂善好施，講求仁義，但不懂得通權達變；
子貢能言善辯，但不知收斂鋒芒，顯得衝動急躁；子路雖然非常勇敢，卻不
懂得謙退忍讓，遇事好逞強；子張雖然穩重冷靜，但不夠隨和。孔子則是兼
有各種美德，又具有一些他們不具有的品質，這也是四人向孔子學習的原因。
師者之所以爲師，以其博學多識，寬大能容，所以集各人之特長仍敵不過師
者之通明也。孔子在這裡以老師的姿態出現。

　　《列子》中提到孔子時，也有表達道家思想的。〈仲尼〉說：

仲尼閒居，子貢入侍，而有憂色。子貢不敢問，出告顏回。顏回援
琴而歌。孔子聞之，果召回入，問曰：「若奚獨樂？」回曰：「夫子
奚獨憂？」孔子曰：「先言爾志。」曰：「吾昔聞之夫子曰：『樂天知
命故不憂』，回所以樂也。」孔子愀然有閒曰：「有是言哉？汝之意
失矣。此吾昔日之言爾，請以今言爲正也。汝徒知樂天知命之無憂，
未知樂天知命有憂之大也。今告若其實脩一身，任窮達，知去來之
非我，亡變亂於心慮，爾之所謂樂天知命之無憂也。曩吾脩詩書，
正禮樂，將以治天下，遺來世，非但脩一身，治魯國而已。而魯之
君臣日失其序，仁義益衰，情性益薄。此道不行一國與當年，其如
天下與來世矣？吾始知詩書禮樂無救於治亂，而未知所以革之之
方。此樂天知命者之所憂。雖然，吾得之矣。夫樂而知者，非古人
之謂所樂知也。無樂無知，是眞樂眞知。故無所不樂，無所不知，
無所不憂，無所不爲。詩書禮樂，何棄之有？革之何爲？」顏回北
面拜手曰：「回亦得之矣。」出告子貢。子貢茫然自失，歸家淫思七
日，不寢不食，以至骨立。顏回重往喻之，乃反丘門，弦歌誦書，
終身不輟。

在這則故事中，作者先讓孔子否定過去他所謂「樂天知命故不憂」的說法，
提出「樂天知命有憂之大」的觀點。樂天知命所憂慮的是什麼呢？就是孔子
曾經以爲詩書禮樂可以治國，而今認爲詩書禮樂無助於治亂，但是又找不到
改革這缺點的方法。在經過一番思考之後，孔子豁然開朗，明白「無樂無知，

是眞樂眞知」的道理。擺脫世俗的事物，無所謂樂與不樂，知與不知的差別，那麼所擔憂的詩書禮樂能不能治國，變革的方法對不對，又有什麼好在意的？一切順任自然，無爲便是，這正是道家的思想。

五、科學思想的啓發

先秦時代蓬勃發展的科學技術極大地推動了農業、手工業的發展，由此進一步促進了商業貿易的發達，而生產與商業活動的擴大，又反過來促進科學技術的發展。在這種互動作用下，一方面人們的物質生活水平得到提高，另一方面則極大地擴大人們的視野，刺激人們對未知世界的探索熱誠，並引發人們對傳統觀念的反思。〔註131〕《莊子》、《列子》中的科學思想遠過於諸子，敢於提問、解釋，又寄以美妙的科學幻想。

（一）奧秘的天文探索

《莊子·天運》中對天地日月等自然現象，曾有這樣的發問：「天其運乎？地其處乎？日月其爭於所乎？孰主張是？孰維綱是？孰居無事推而行是？意者其有機緘而不得已邪？意者其運轉而不能自止邪？雲者爲雨乎？雨者爲雲乎？孰隆弛是？孰居無事淫樂而勸是？風起北方，一西一東，有上彷徨孰噓吸是？孰居無事而披拂是？敢問何故？」這些都是人類對神秘宇宙探索精神的反映。《莊子》以「大」的意念，稱覆蓋萬物的天地：

> 天地者，形之大者也。（〈則陽〉）

> 天無不覆，地無不載。（〈德充符〉）

> 至大之域。（〈秋水〉）

天地在書中被擬人化了，並具有某種道德品行，所謂「天地者，萬物之父母也」（〈達生〉）、「澹然無極而眾美從之，此天地之道」（〈刻意〉），並且受到推崇，「天地者，古之所大也，而黃帝堯舜之所共美也」（〈天道〉）。《莊子》又透過描寫在空中展翅高飛的大鵬，來開展廣闊的邊際。〈逍遙遊〉說：

> 諧之言曰：「鵬之徙於南冥也，水擊三千里，摶扶搖而上者九萬里。
> 去以六月息者也。」野馬也，塵埃也，生物之以息相吹也。天之蒼
> 蒼，其正色邪？其遠而無所至極邪？其視下也，亦若是則已矣。

〔註131〕見秦彥士：《諸子學與先秦社會》（石家莊：河北人民出版社，2003 年 1 月），
頁 244。

「天之蒼蒼，其正色邪？其遠而無所至極邪」，就是對「至大之域」的形容，這無窮無盡，遼遠寬闊的太空，也可說是宇宙。〈庚桑楚〉說：

> 有實而無乎處者，宇也。有長而無本剽者，宙也。

在這廣漠的宇宙中，充滿著無形體的氣：

> 氣也者，虛而待物者也。(〈人間世〉)

> 通天下一氣耳。(〈知北遊〉)

《莊子》想像中的天地或宇宙經過昇華，就是最高的精神境界的體現——「遊乎天地之一氣」(〈大宗師〉)、「遊無何有之鄉」(〈應帝王〉)。

《列子·天瑞》中也說明天地形成的原因：

> 昔者聖人因陰陽以統天地。夫有形者生於無形，則天地安從生？故曰：有太易，有太初，有太始，有太素。太易者，未見氣也；太初者，氣之始也；太始者，形之始也；太素者，質之始也。

天地的形成經歷了四個階段：太易、太初、太始、太素。而當氣形質三者具備，天地便正式形成了。天地既然已經形成，那麼會不會有消亡毀滅的一天？這個問題困擾著人們，在〈天瑞〉「杞人憂天」的故事中，便提出了這樣的疑問與不同的解釋。文中說：

> 杞國有人憂天地崩墜，身亡所寄，廢寢食者；又有憂彼之所憂者，因往曉之，曰：「天積氣耳，亡處亡氣。若屈伸呼吸，終日在天中行止，奈何憂崩墜乎？」其人曰：「天果積氣，日月星宿，不當墜邪？」曉之者曰：「日月星宿，亦積氣中之有光耀者；只使墜，亦不能有所中傷。」其人曰：「奈地壞何？」曉者曰：「地積塊耳，充塞四虛，亡處亡塊。若躇步跐蹈，終日在地上行止，奈何憂其壞？」其人舍然大喜，曉之者亦舍然大喜。長盧子聞而笑之曰：「虹蜺也，雲霧也，風雨也，四時也，此積氣之成乎天者也。山岳也，河海也，金石也，火木也，此積形之成乎地者也。知積氣也，知積塊也，奚謂不壞？夫天地，空中之一細物，有中之最巨者。難終難窮，此固然矣；難測難識，此固然矣。憂其壞者，誠為大遠；言其不壞者，亦為未是。天地不得不壞，則會歸於壞。遇其壞時，奚為不憂哉？」子列子聞而笑曰：「言天地壞者亦謬，言天地不壞者亦謬。壞與不壞，吾所不能知也。雖然，彼一也，此一也。故生不知死，死不知生；來不知去，去不知來。壞與不壞，吾何容心哉？」

這個故事反映了當時人們對於天地宇宙、日月星宿的思考，表現人們探索宇宙奧秘、追求真理的精神。寫有個杞國人「憂天地崩墜，身亡所寄，廢寢食者」，另一個人勸他說，天地不會崩塌。這裡需注意的是，杞人所提出這個問題，是古往今來許多哲人都曾關心、探索的問題。長盧子爲此做了科學的解釋，認爲「虹蜺也，雲霧也，風雨也，四時也，此積氣之成乎天者也。山岳也，河海也，金石也，火木也，此積形之成乎地者也。知積氣也，知積塊也，奚謂不壞？」凡是有形之物沒有不壞的，但變壞有一個過程，何時變壞，「難終難窮」、「難測難識」。總之，那是一個漫長的過程。因此，「憂其壞者，誠爲大遠；言其不壞者，亦爲未是」。

而列子則認爲「言天地壞者亦謬，言天地不壞者亦謬。壞與不壞，吾所不能知也」，「故生不知死，死不知生；來不知去，去不知來。壞與不壞，吾何容心哉？」人的生死不可知，那麼天地何時毀壞更不可知，一切任其自然。曉者、長盧子、列子分別對問題做了不同的回答，反映了當時的人們對這個問題理解上的分歧和爭論。不論答案爲何，在這提出疑問，進行討論的過程中，對於思想上已是一種啓發，有了啓發將成爲推動科學繼續發展的動力。這種對宇宙奧秘的探索與疑惑，在〈湯問〉「兩小兒辯日」的故事中也表現出來。文中說：

> 孔子東游，見兩小兒辯鬥。問其故，一兒曰：「我以日始出時去人近，而日中時遠也。」一兒以日初出遠，而日中時近也。一兒曰：「日初出大如車蓋，及日中，則如盤盂；此不爲遠者小而近者大乎？」一兒曰：「日初出滄滄涼涼，及其日中如探湯；此不爲近者熱而遠者涼乎？」孔子不能決也。兩小兒笑曰：「孰爲汝多知乎？」

在這篇寓言中，兩小兒對早晨與中午日近日遠的辯論，反映古代人民渴望了解天體奧秘的心情，以及對於太陽與地球之間距離的認識。「孔子不能決」，告訴我們問題最終雖然沒有確切的答案，但是這問題的本身，就已經很寶貴且是對科學發展的貢獻。當然，現在由於科學的進步，對這問題是可以做出合理解答。〔註132〕

（二）高超的工藝技巧

生產技術，工藝技巧實際是科學的歷史發展的一個重要且深刻的內容。

〔註132〕《列子集釋》卷五「兩小兒辯日」寓言後附有戴文賽〈中午太陽是否比早晚離我們近〉一文。見楊伯峻：《列子集釋》（台北：華正書局，1987年9月），頁169。

正是在這個意義上，《莊子》與《列子》中記述的、反映的那個時代的手工藝技巧，構成了其思想的科學背景中最鮮明、突出的部分。〔註133〕

《莊子》中的工匠形象真實地反映了古代技術所達到的高超、精熟程度，如庖丁解牛（〈養生主〉）、輪扁斲輪（〈天道〉）、佝僂承蜩、津人操舟、梓慶削鐻、東野御車、（〈達生〉）、匠石斫堊（〈徐無鬼〉）、大馬捶鉤（〈知北遊〉）等等。在這些故事描繪中，可以看見當時高超的工藝技術，而這些高超的工藝技巧是由勞動者長期經驗的積累，方能達到「進乎技」（〈養生主〉）的道的精神境界。

技巧只是基本的技藝而已，「由技入道」就是能否從技藝提昇為藝術的關鍵，如庖丁「依乎天理」的因任自然、輪扁斫輪「得之於手而應於心，口不能言，有數存焉於其間」的深刻感受、梓慶的「以天合天」、捶鉤者「於物無視也，非鉤無察也」的專心致志等等，這其中的成敗需要一段艱苦而漫長的修練歷程，需要長期不斷地反覆實踐。劉勰《文心雕龍・知音》說：「凡操千曲而後曉聲，觀千劍而後識器。」〔註134〕當「技」進入「道」的境界時，方臻於藝術的高峰。人的創作技藝能達到何種程度，是否能「與造物者同功」，《列子》中有生動的描繪。〈湯問〉說：

> 周穆王西巡狩，越崑崙，不至弇山。反還，未及中國，道有獻工人名偃師，穆王薦之，問曰：「若有何能？」偃師曰：「臣唯命所試。然臣已有所造，願王先觀之。」穆王曰：「日以俱來，吾與若俱觀之。」翌日偃師謁見王。王薦之，曰：「若與偕來者何人邪？」對曰：「臣之所造能倡者。」穆王驚視之，趣步俯仰，信人也。巧夫金頭其頤，則歌合律；捧其手，則舞應節。千變萬化，惟意所適。王以為實人也，與盛姬內御並觀之。技將終，倡者瞬其目而招王之左右侍妾。王大怒，立欲誅偃師。偃師大懾，立剖散倡者以示王，皆傅會革、木、膠、漆、白、黑、丹、青之所為。王諦料之，內則肝、膽、心、肺、脾、腎、腸、胃，外則筋、骨、支、節、皮、毛、齒、髮，皆假物也，而無不畢具者。合會復如初見。王試廢其心，則口不能言；廢其肝，則目不能視；廢其腎，則足不能步。穆王始悅而歎曰：「人

〔註133〕見崔大華：《莊學研究》（北京：人民出版社，1992年7月），頁324。
〔註134〕見劉勰著、周振甫注：《文心雕龍注釋》（台北：里仁書局，1998年9月），頁888。

之巧乃可與造化者同功乎？」

偃師所造出的假人，不僅外貌酷似活人，向國王表演技藝，能歌善舞，還會以目「招王之左右侍妾」，具備了人類男女之間的情感，且因此獲罪。後來巧匠將假人拆散，國王才轉怒爲喜。這裡詳細地講了機關木人的內外構造，並舉例說明內外構造的對應關係，使得穆王高興地讚嘆：「人之巧乃可與造化者同功乎？」這超凡的技藝與智慧，令人驚嘆。同篇中還有「錕鋙劍」的故事，描寫削鐵如泥的寶劍。文中說：

> 周穆王大征西戎，西戎獻錕鋙之劍，火浣之布，其劍長尺有咫，練
> 鋼赤刃，用之切玉如切泥焉。

這錕鋙劍鋒利無比，用它來切玉石，如同削泥般地容易，由此便可看出那時冶煉技術的高超。〈湯問〉中有「紀昌學射」的故事：

> 甘蠅，古之善射者，彀弓而獸伏鳥下，弟子名飛衛，學射於甘蠅，
> 而巧過其師。紀昌者，又學射於飛衛。飛衛曰：「爾先學不瞬，而後
> 可言射矣。」紀昌歸，偃臥其妻之機下，以目承牽挺。二年之後，
> 雖錐末倒眥，而不瞬也。以告飛衛。飛衛曰：「未也，亞學視而後可。
> 視小如大，視微如著，而後告我。」昌以氂懸蝨於牖，南面而望之。
> 旬日之間，浸大也。三年之後，如車輪焉。以覩餘物，皆丘山也。
> 乃以燕角之弧，朔蓬之簳射之，貫蝨之心，而懸不絕。以告飛衛。
> 飛衛高蹈拊膺曰：「汝得之矣！」

學習任何技術，除了經由老師的教導之外，更需要自己的努力付出，有毅力地勤學苦練，經過長時期的實踐，才能在技藝上有所斬獲，甚至更上一層樓。同篇中「薛譚學謳」、「師文學琴」、「造父學御」等故事，亦是說明同樣的道理。天地間萬事萬物何其多，所需要學習的又何其多。任何人都需要學習，通過學習充實自己的實力與內在涵養。學習是需要下苦功，不能妄想一步登天，或以爲學到些粗淺的知識與技能，便以爲學已專精。其實任何一門學問或技藝，皆有其深奧的義理在其中，得經過長時期的學習與反復練習，掌握其中要領，方能有所成就。

（三）豐富的自然萬象

自然萬物是怎麼產生的，《莊子‧則陽》中少知問：「四方之內，六合之裏，萬物之所生惡起？」大公調回答，以說明萬物產生的原因是：

> 陰陽相照相蓋相治，四時相代相生相殺，欲惡去就於是橋起，雌雄

> 片合於是庸有。安危相易，禍福相生，緩急相摩，聚散以成……窮
> 則反，終則始。此物之所有。

萬物遵循著一定的軌跡，變化反復，就像陰陽有消長、四季會更替一樣。人世間的安危、禍福等等，都是同樣的道理，萬物有著共同的規律。而體察大道的人，是不會刻意去追究、探察事物的消亡、源起的，因爲世人所知總是有限。《列子・湯問》中夏革則說：「古初無物，今惡得物？後之人將謂今之無物，可乎？」遠古之初即有物，若說沒有物，那麼現在的物又是從哪裡來的呢？經過一段長久的時間之後，即便今物已不存在，但後人若說今物不曾存在過，是可以相信的嗎？《列子》肯定了古初有物這一點。

在《莊子》與《列子》中對自然界生物或非生物，有許多生動的記載，在書中我們會發現各種景象都在其筆下湧現，也讓後世讀者對這些萬物有更多的認識。其中有對動物的描述：

> 北冥有魚，其名爲鯤。鯤之大，不知其幾千里也。化而爲鳥，其名
> 爲鵬。鵬之背，不知其幾千里也；怒而飛，其翼若垂天之雲。是鳥
> 也，海運則將徙於南冥。（《莊子・逍遙遊》）
>
> 馬，蹄可以踐霜雪，毛可以禦風寒，齕草飲水，翹足而陸，此馬之
> 眞性也。
>
> 夫馬，陸居則食草飲水，喜則交頸相靡，怒則分背相踶，馬知已此
> 矣。（《莊子・馬蹄》）
>
> 終北之北有溟海者，天池也，有魚焉，其廣數千里，其長稱焉，其
> 名爲鯤。有鳥焉，其名爲鵬，翼若垂天之雲，其體稱焉。（《列子・
> 湯問》）

還有對動物心理的細膩觀察描寫：

> 汝不知夫養虎者乎？不敢以生物與之，爲其殺之之怒也；不敢以全
> 物與之，爲其決之之怒也；時其飢飽，達其怒心。虎之與人異類而
> 媚養己者，順也；故其殺者，逆也。（《莊子・人間世》）
>
> 海上之人有好漚鳥者，每旦之海上，從漚鳥游，漚鳥之至者百住而
> 不止。其父曰：「吾聞漚鳥皆從汝游，汝取來，吾玩之。」明日之海
> 上，漚鳥舞而不下也。（《列子・黃帝》）

養虎時不給它活的、整隻的動物，就是爲了不引起它的兇殘本性，使它沒有

機會進入兇暴的本性中。要與老虎和平相處，就要懂得它的習性，這就是對待之道。漚鳥之性可說與人性相近或相通的，當這人無機心時，漚鳥願與之嬉戲，且飛來的還不只以百數。但是一旦發現人有機心時，卻只在空中飛舞不願下來了。《莊子》與《列子》將人的心理狀態，轉移至動物身上，來描述其行為特色及相處之道。此外，還有對植物、昆蟲、菌類的描述：

> 朝菌不知晦朔，蟪蛄不知春秋，此小年也……上古有大椿者，以八千歲為春，八千歲為秋。（《莊子·逍遙遊》）

> 匠石之齊，至于曲轅，見櫟社樹。其大蔽數千牛，絜之百圍，其高臨山千仞而後有枝，其可以為舟者旁十數。（《莊子·人間世》）

> 上古有大椿者，以八千歲為春，八千歲為秋。朽壤之上有菌芝者，生於朝，死於晦。春夏之月有蠓蚋者，因雨而生，見陽而死。（《列子·湯問》）

> 江浦之間生麼蟲，其名曰焦螟，群飛而集於蚊睫，弗相觸也。栖宿去來，蚊弗覺也。（《列子·湯問》）

天地宇宙間充滿著許多的萬物，而這些萬物是無時無刻不在運動的，「無時不生，無時不化」（〈天瑞〉）。《莊子·秋水》說：

> 道無終始，物有死生，不恃其成，一虛一滿，不位乎其形。年不可舉，時不可止；消息盈虛，終則有始。是所以語大義之方，論萬物之理也。物之生也，若驟若馳，無動而不變，無時而不移，何為乎，何不為乎？夫固將自化。

萬物的生滅盈虧，都是開始後有終結，終結後再開始，如此循環不已。因此，萬物無時無刻不在遷移、變化，不過這種運動是人感覺不到。而萬物的本身，自然地會產生無窮的變化。《列子·天瑞》中引粥熊的話說：

> 運轉亡已，天地密移，疇覺之哉？故物損於彼者盈於此，成於此者虧於彼。損盈成虧，隨世隨死。往來相接，間不可省，疇覺之哉？凡一氣不頓進，一形不頓虧；亦不覺其成，亦不覺其虧。亦如人自世至老，貌色智態，亡日不異；皮膚爪髮，隨世隨落，非嬰孩時有停而不易也。間不可覺，俟至後知。

天地的移動，萬物的盈虧，每時每刻都在進行著，這變化是隨時隨地都在發生的，但是人的直觀感覺不到。《列子》同樣認為萬物的運動是受自身規律支

配的，所謂「自生自化，自形自色，自智自力，自消自息」(〈天瑞〉)。

　　先秦諸子已涉及到對天地、萬物等現象的探索。屈原〈天問〉中曾提出過「斡維焉繫？天極何加？」「日月安屬？列星安陳？」等問題，連問一百七十多個問題。《荀子・天論》科學地揭示自然運動的客觀規律。《莊》《列》書中，那些富於科學幻想的寓言，反映了先民對天地宇宙、日月星辰和人體內部規律、工藝的濃厚興趣，也可側窺出我國古代在天文、醫學、機械工藝等方面的成就，為我國古代自然科學的研究，提供了寶貴的資料。

六、語言運用的特色

　　《莊子》認為社會黑暗，「不可與莊語」，於是要藉助其他的語言表現方式，來達到喚醒世人的目的。〈天下〉說：

> 以謬悠之說，荒唐之言，无端崖之辭，時恣縱而不儻，不以觭見之也。以天下為沉濁，不可與莊語。以卮言為曼衍，以重言為真，以寓言為廣。獨與天地精神往來，而不敖倪於萬物，不譴是非，以與世俗處。其書雖瓌瑋，而連犿无傷也。其辭雖參差，而諔詭可觀。

《莊子》一書以深沉玄虛、廣大無際、不拘一格的言論，來闡述書中的道理。並借重古人言論，以取信於人，亦多寄寓他人他物的言論。以這些語言特色所構成的獨特表現方式，說理奇趣橫生，意涵深遠不盡。

　　所謂「重言」，就是取材於歷史故事、假託前人或古人而創作出的寓言故事。《莊子・寓言》說：

> 重言十七，所以已言也，是為耆艾。年先矣，而无經緯本末以期年耆者，是非先也。人而无以先人，无人道也；人而無人道，是之謂陳人。

從《莊子》來看，實際上是借重古人、老人、名人來表達書中的意旨。成玄英疏說：「重言，長老鄉閭尊重者也。老人之言，猶十信其七也。」〔註135〕但是，有人將重言之「重」解釋為「重複」，則重言意為重複說，正反兩面說。崔宜明說：「『重言』就是『重複』地說……重複地說，就是肯定與否定並舉的言說方式。」〔註136〕

〔註135〕見郭慶藩輯：《莊子集釋》(台北：華正書局，1994年8月)，頁947。
〔註136〕見崔宜明：《生存與智慧 —— 莊子哲學的現代闡釋》(上海：上海人民出版社，

　　巵言是實際生活中自然流露出來，但又處處合於道的言論。《莊子・寓言》說：

　　　　巵言日出，和以天倪，因以曼衍，所以窮年。

　　　　非巵言日出，和以天倪，孰得其久！

無心而自然的巵言日出不窮，合於自然的分際。對於「巵言」的解釋，歷來眾說紛紜。郭象注說：

　　　　夫巵，滿則傾，空則仰，非持故也。〔註137〕

成玄英疏說：

　　　　巵，酒器也。……夫巵滿則傾，巵空則仰，空滿任物，傾仰隨人，

　　　　無心之言，即巵言也。是以不言，言而無係傾仰，乃合於自然之分

　　　　也。又解：巵，支也。支離其言，言無的當，故謂之巵言耳。〔註138〕

司馬彪說：「謂支離無首尾言也。」〔註139〕葛瑞漢（A.C.Graham）認爲巵言是「一種在不斷變化的意義與觀點中保持平衡的流動語言。〔註140〕「巵言」其實就是一種不守規矩的言，隨心所欲的言，打破常規的言。莊子的自由意志和個性精神正是在這種「巵言」的言說方式中直觀形象地、淋漓盡致地演示在人們面前。〔註141〕

　　《莊子》中寓言、重言、巵言三者互相輔助，構成與《列子》不同的特色。林雲銘說：「寓言者，本無此人此事，從空摹撰出來。重言者，本非古人之事與言，而以其事與言屬之。巵言者，隨口而出，不論是非也。」〔註142〕馮鍾芸說：「實際上，這三者（寓言、重言、巵言）無需作細緻的區分，它們都是借他事他物以表示某一道理，或者是在所說的話裡寄寓著另外的意思。」〔註143〕馮鍾芸還引胡遠璿的話加以說明，他說：「莊子自別其言，有寓、重、巵三者。其實

　　　　1996 年 12 月），頁 29。

〔註137〕見郭慶藩輯：《莊子集釋》（台北：華正書局，1994 年 8 月），頁 947。

〔註138〕同註 137。

〔註139〕同註 137，頁 948。

〔註140〕見葛瑞漢著、張海晏譯：《論道者：中國古代哲學論辯》（北京：中國社會科
　　　　學出版社，2003 年 8 月），頁 236。

〔註141〕見徐克謙：《莊子哲學新探——道・言・自由與美》（北京：中華書局，2005
　　　　年 9 月），頁 127。

〔註142〕見林雲銘：《增註莊子因・莊子雜說・第七則》上冊（台北：廣文書局，1968
　　　　年 1 月）。

〔註143〕呂慧鵑、劉波、盧達編：《中國歷代著名文學家評傳・莊子》第一卷（濟南：
　　　　山東教育出版社，1983 年 5 月），頁 15。

重言，皆厄言也，亦即寓言也。」﹝註144﹞以《莊子・逍遙遊》爲例，文章開篇以鯤鵬的寓言先引起人們的注意，但這鯤可化爲鵬，及鵬之大實在令人難以想像，接著以《齊諧》這段重言來增加寓言的可信度，最後又加入「野馬也，塵埃也……而後乃今將圖南」一段厄言。這種寓言、重言、厄言三言一體的表現方式，正是《莊子》在語言的使用上與其他諸子散文最大的差異。﹝註145﹞

　　《列子》書中的寓言具有一種樸素的特性，尤其是一些篇幅比較短的寓言，字數雖然少，但含義幽默質樸。如〈說符〉中的「藏契者」：

> 宋人有游於道，得人遺契者，歸而藏之，密數其齒。告鄰人曰：「吾富可待矣。」

有個人在路上走，撿到一份別人丟棄的契據，便偷偷地藏起來，暗地裏算計著，告訴鄰居自己即將富貴。這裡諷刺了做著白日夢的宋人，語言極爲簡樸，卻不失幽默。同篇中還有「攫金者」、「宋有蘭子」等故事，篇幅並不長，卻也諷刺了當時人們貪圖財利，及統治者喜怒無常的心理狀態。組織結構上並不複雜，寓意構思簡單質樸，此亦爲《列子》書中大多數寓言的特色，與《莊子》的構思精巧，渺無邊際，寓意深遠有極大的差異。

　　因此，《列子》一書的語言特色，整體來說是質樸的，歷代學者對其在語言的運用上亦多稱道。柳宗元〈辨列子〉指出：「其文辭類《子》，而尤質厚，少僞作，好文者可廢耶？」﹝註146﹞姚際恒在《古今僞書考》中說《列子》一書語言「明媚近人」，「敘事，簡淨有法，是名作家耳」。﹝註147﹞並引他人的說法，說明《列子》一書的特色。姚際恒說：

> 洪景盧曰「《列子》書事，簡勁宏妙，多出於《莊子》之右。」宋景濂曰「《列子》書簡勁宏妙，似勝於周。」王元美曰「《列子》與《莊子》同敘事，而簡勁有力。」﹝註148﹞

觀察《列子》一書的語言用字，再佐以學者對其評價而論，可知樸質簡勁爲

﹝註144﹞見呂慧鵑、劉波、盧達編：《中國歷代著名文學家評傳・莊子》第一卷（濟南：山東教育出版社，1983 年 5 月），頁 15。

﹝註145﹞人們一般把寓言、重言、厄言三者統稱爲「寓言」，即出於虛設，並且具有寄寓性質的故事、言論。司馬遷《史記・老莊申韓列傳》中稱莊周「著書十餘萬言，大抵寓言」，就是在這樣的廣義上所作出的結論。見方勇：《莊子講讀》（上海：華東師範大學出版社，2005 年 9 月），頁 224。

﹝註146﹞見楊伯峻：《列子集釋》（台北：華正書局，1987 年 9 月），頁 287。

﹝註147﹞見姚際恒：《古今僞書考》（台北：臺灣開明書店，1969 年 4 月），頁 56。

﹝註148﹞同註 147。

《列子》的主要特色。

　　《莊子》與《列子》寓言中，有非常深刻的象徵意義。如《莊子》書中以秋水作爲大美的象徵、白駒過隙作爲生命流逝的象徵、犧牛作爲食祿者的象徵、莊周化蝶則爲物化的象徵。而在《列子》書中，以華胥國象徵體道者群居的國度、歧路亡羊象徵爲學失本、愚公移山中愚公的形象，象徵先民有理想、有毅力，不怕艱難困苦，克服自然困境的典型。宗白華說：

> 文藝的境界鄰近到宗教境界。這樣一個因體會之深而難以言傳的境
> 地，已不是明白清醒的邏輯文體所能完全表達。醉中語有醒時道不出
> 的。詩人藝術家往往用象徵的（比興的）手法才能傳神寫照。〔註149〕

這些寓言表達了《莊子》與《列子》寓言所具有的獨特意象與深刻蘊含，這也正是《莊子》與《列子》散文魅力所在。

　　《莊子》與《列子》的詞語運用特色，還表現在使用細微卑賤的事物，以喻崇高的對象。如對於道，用螻蟻、稊稗、瓦甓、尿溺等卑微低賤之物予以說明（《莊子·知北遊》）。又如用「形如槁木，心如死灰」之類的語言，去描繪達於道的眞人形象。如《莊子·大宗師》中南伯子葵問乎女偊說：「子之年長矣，而色若孺子，何也？」女偊回答說：「吾聞道矣。」《莊子·田子方》記載孔子見老聃，「形體掘若槁木，似遺物離人而立於獨也。」問何以能如此，老聃回答：「吾遊心於物之初。」《莊子·庚桑楚》中藉老子之口說明至人的境界：「『能兒子乎？』兒子動不知所爲，行不知所之，身若槁木之枝而心若死灰。若是者，禍亦不至，福亦不來。」《列子·仲尼》記載列子和南郭子隔鄰而居，彼此卻從不往來，從不交談。有一天列子帶人到了南郭子的住處，「見南郭子，果若欺魄焉，而不可與接。顧視子列子，形神不相偶。」

　　《莊子》、《列子》取材注重取用於自然的事物、生活的經驗、生產的實踐等等，加上本身富有哲理性，因而爲後世留下大量的成語和寓言，成爲千古傳頌的名言警句。這些成語和寓言具有豐富的內涵，且被廣泛地使用，具有極高的價值。以下列舉《莊子》、《列子》各篇寓言所形成的成語：「鵬程萬里」、「越俎代庖」（〈逍遙遊〉）、「沉魚落雁」（〈齊物論〉）、「庖丁解牛」、「遊刃有餘」（〈養生主〉）、「螳臂擋車」（〈人間世〉）、「莫逆之交」（〈大宗師〉）、「虛與委蛇」（〈應帝王〉）、「井底之蛙」（〈秋水〉）等等，出自《莊子》；「杞人憂

〔註149〕見宗白華：《意境·略論文藝與象徵》（北京：北京大學出版社，1986 年 6 月），頁 193～194。

天」(〈天瑞〉)、「迫在眉睫」、「愚公移山」、「夸父逐日」、「高山流水」(〈湯問〉)、「管鮑之交」(〈力命〉)、「田夫獻曝」(〈楊朱〉)、「道遇桑婦」、「歧路亡羊」、「齊人攫金」(〈説符〉)等等，出自《列子》。

　　寓言可説是先秦諸子為論證其學説思想，所採取的重要表達形式之一，主要藉由虛構的故事內容以陳述事理，傳達哲學思想，同時具有諷刺時政、統治者，揭露社會現實，反映百姓生活疾苦等效果，在表現手法的運用上則是兼具浪漫與現實主義色彩。《莊子》與《列子》二書，正是善於將寓言作為一種文學形式加以運用，書中蘊含的寓言數量上非常豐富，《莊子》有近兩百則寓言，《列子》有一百多則寓言。因此，二書的主要學説思想，便是通過寓言故事加以展現的，從中表達出對自然哲學、人生哲學、處世哲學等方面的獨特見解，也在寓言的藝術成就上表現非凡。黃公偉《道家哲學系統探微》説：

> 《列子》書和《莊子》一樣，其所引用之故事人物，包括儒道陰陽名法等家人物故事，乃至神話故事，歷史掌故，匯而集之於宗教性哲學性的天人、神人的構想中，以佐證其學説的發揮。可謂巧於運筆。但從哲學意義來説，這些引喻、借喻、寓言，均不必責以事實，乃至實有其人。〔註150〕

又周世輔在《中國哲學史》一書中説：

> 《列子》一書，有許多像《莊子》，但其文筆淺鮮流利，較易閱讀……然不是沒有創見和新見，如〈天瑞〉所講的宇宙萬物之本質及其進化經過，〈黃帝〉所載華胥之國，〈周穆王〉之説夢，〈湯問〉之愚公移山，〈力命〉之力與命對辯等，在在有其新意義存焉。又《列子》書中所載寓言，境界高超，含意宏遠，讀之可以發人省思。〔註151〕

《莊子》與《列子》的每一個寓言之後都蘊含著一種哲學思想。在它對人生和社會的嚴肅的理性思考中，總是妙趣橫生地閃現著文學的光彩。〔註152〕綜觀《莊子》與《列子》二書中的寓言故事，內容包羅萬象，形象生動鮮明，想像豐富恢弘，表現手法多樣化。透過寓言方式的表達，能將難以理解的哲理具體化，為更多數讀者所接受。因此，閱讀二書實在理解其深邃的哲理之餘，也能領略欣賞其藝術魅力。

〔註150〕見黃公偉：《道家哲學系統探微》（台北：新文豐出版社，1981年8月），頁274。
〔註151〕見周世輔：《中國哲學史》（台北：三民書局，1971年1月），頁147。
〔註152〕見崔大華：《莊學研究》（北京：人民出版社，1992年7月），頁312。

第八章　《莊》《列》思想對後世的影響

　　《莊子》與《列子》學說思想繼承了老子哲學的基本立場，把道作爲最重要的哲學概念。書中由於借用了大量的寓言故事，因此在內涵的表達上更爲具體，形式的表現上更爲活潑，在先秦諸子中少能與之媲美。以下分幾方面，論述其對後代的影響：

第一節　精神意志

　　《莊子》一書，描寫了許多形體殘缺，相貌醜陋，但精神達到極其自然的境界。這些人雖然外形醜陋，卻有著高尚的品德，重視整體的人格生命，在崇高的生命中自然流露出一種吸引人的精神力量。〈德充符〉說：

> 魯哀公問於仲尼曰：「衛有惡人焉，曰哀駘它。丈夫與之處者，思而不能去也。婦人見之，請於父母曰『與爲人妻，寧爲夫子妾』者，十數而未止也，未嘗有聞其唱者也，常和人而已矣。無君人之位以濟乎人之死，無聚祿以望人之腹。又以惡駭天下，和而不唱，知不出乎四域，且而雌雄合乎前。是必有異乎人者也。寡人召而觀之，果以惡駭天下。與寡人處，不至以月數，而寡人有意乎其爲人也；不至乎期年，而寡人信之。國無宰，寡人傳國焉。悶然而後應，氾然而若辭。寡人醜乎，卒授之國。無幾何也，去寡人而行，寡人卹焉若有亡也，若無與樂是國也。是何人者也？」

哀駘它的外貌長得並不好看，但人們喜愛的是他的精神，所謂「非愛其形也，愛使其形者也。」成玄英疏說：「郭注曰，使形者才德也。而才德者，精神也。」

〔註1〕這裡說明了哀駘它吸引人的原因，正是在於他的精神，相較之下，形貌顯得微不足道。所以，孔子稱哀駘它是「才全而德不形者也」。〈德充符〉中進一步解釋何謂才全，何謂德不形？書中說：

> 死生存亡，窮達貧富，賢與不肖，毀譽、飢渴、寒暑，是事之變、命之行也。日夜相代乎前，而知不能規乎其始者也。故不足以滑和，不可入於靈府。使之和豫通而不失於兌，使日夜無郤而與物爲春，是接而生時於心者也。是之謂「才全」。

> 平者，水停之盛也，其可以爲法也，內保之而外不蕩也。德者，成和之修也。德不形者，物不能離也。

「才全」是說人的天性不受外物的戕害，而得到完備的保存和發展。死生、窮達、貧富、賢與不肖、毀與譽都是事物的變化，與其庸人自擾地憂慮煩惱，不如坦然面對，不要讓這些擾亂本性的平靜和心靈的安寧。成玄英疏說：「才全之人，接濟群品，生長萬物，應赴順時，無心之心，逗機而照者也。」〔註2〕「德不形」，指一個人雖有德而不露形跡，保持內心的和諧寧靜，不求彰顯於外，使人們樂於親近而不肯離去。能夠因任自然，消除是非，以達於大道。唐君毅說：

> 德不形，則指「內保之，而外不蕩也」。此不蕩，即人間世不蕩乎名之旨。德不蕩乎名，則德恆存乎其人；而人與之相接，即與其德相接，而不能離。〔註3〕

此外，同篇中還有關於此類人物的記載：

> 闉跂支離無脤說衛靈公，靈公說之；而視全人，其脰肩肩。甕㼜大癭說齊桓公，桓公說之；而視全人，其脰肩肩。故德有所長，而形有所忘，人不忘其所忘，而忘其所不忘，此謂誠忘。

這些人雖然外表不好看，但內心有德，所以人們並不因其醜陋的外表，而不喜歡他們。這就說明了精神是可以超越外在形體的，只要德性充實，精神自由，就會使別人和自己忘掉形體上的缺陷與醜陋，從而化殘醜爲全美。〈德充符〉說：

> 道與之貌，天與之形，無好惡內傷其身。

知道外貌與形體，都是道與自然所給予的，自然不會去計較美醜、全毀、得

〔註1〕 見郭慶藩輯：《莊子集釋》（台北：華正書局，1994年8月），頁211。
〔註2〕 同註1，頁214。
〔註3〕 見唐君毅：《中國哲學原論・原道篇》（台北：臺灣學生書局，1978年4月），頁373。

失、禍福而傷害了自己。王夫之解釋說：

> 道與之貌，則貌之美惡皆道也。天與之形，則形之全毀皆天也。〔註4〕

不論長得美或醜，都是道所造成，皆為道體現於外在的不同形式。因此，本質上沒有差別，也就無所謂美醜。一個真正體道的人，懂得這個道理，是不會去計較於表象，而視美醜、得失、福禍等等都是一樣的。

《列子》中對於這類外貌醜陋，但內在精神充實，具有崇高人格的人物，雖然沒有特別的描寫，但也有其所推崇的理想人格。如〈黃帝〉中描寫商丘開，不論是從高臺「遂先投下，形若飛鳥，揚於地，骨几骨無石為」，或入水找珠寶，甚至是「入火取錦」，皆面無難色，入水蹈火，皆不足以傷其身：

> 入火往還，埃不漫，身不焦。

這是因為商丘開心中不存有內外之分、物我之別，而是以至誠至信實踐對道的體現，因此能與道同體，往來無傷。同篇中還有趙襄子率徒狩於中山的故事，故事描寫有人從石壁出，卻能隨煙爐上下，從火堆中慢行而出，若無其事。趙襄子覺得驚訝，問此人為何能處石入火，那人回答說：「不知也」。這「不知」，正是心中不存分別之意，使物我為一的狀態，是能夠剟心去智，而與萬物和諧並存。文中最後藉子夏之口說，這種人正是和同於物者，所以說「物無得傷閡者，游金石，蹈水火，皆可也。」

除了這些見諸於生活中的體道人物，《莊子》與《列子》書中，還有另一批理想人格的描寫，即是神人、真人、至人等。文中說：

> 藐姑射之山，有神人居焉，肌膚若冰雪，綽約若處子；不食五穀，吸風飲露；乘雲氣，御飛龍，而遊乎四海之外。其神凝，使物不疵癘而年穀熟。（《莊子·逍遙遊》）

> 列姑射山在海河洲中，山中有神人焉，吸風飲露，不食五穀；心如淵泉，形如處女。不偎不愛，仙聖為之臣；不畏不怒，愿愨為之使；不施不惠，而物自足；不聚不斂，而己無愆。（《列子·黃帝》）

> 古之真人，不逆寡，不雄成，不謩士。若然者，過而弗悔，當而不自得也。若然者，登高不慄，入水不濡，入火不熱。是知之能登假於道者也若此。（《莊子·大宗師》）

> 古之真人，其覺自忘，其寢不夢，幾虛語哉？（《列子·周穆王》）

〔註4〕 見王夫之：《莊子解》（河洛圖書，1974年10月），頁54。

　　　　至人潛行不窒，蹈火不熱，行乎萬物之上而不慄。(《莊子・達生》)

　　　　至人潛行不空，蹈火不熱，行乎萬物之上而不慄。((《列子・黃帝》)

這些人是真正能領悟生命的本質，和體會宇宙精神的人。這些具有超越常人能力的形象，並非遙不可及，透過修養功夫可以達到精神絕對自由的境界，這也是人在擺脫物欲與心智以後，心境空靈與道融合同一的狀態。

　　因此，不論是《莊子》所說的「德有所長而形有所忘」的人也好，《列子》所說的至誠至信的人也罷，或是《莊》《列》所共同具有的理想人格形象，都是用來表示精神是可以超越形體的。現實生活雖難以改變，但是精神自由仍是可追求嚮往的，這對於身處亂世，或遭遇不幸的後世人們，可說是開啟了一條新的人生道路。如賈誼的〈鵬鳥賦〉是用《老子》、《莊子》與《列子》等道家思想，交織而成的。文中說：

　　　　萬物變化兮，固無休息。斡流而遷兮，或推而還。形氣轉續兮，變

　　　　化而蟺。沕穆無窮兮，胡可勝言。禍兮福所倚，福兮禍所伏。憂喜

　　　　聚門兮，吉凶同域。〔註5〕

人生變化無常，充滿了不確定性，塞翁失馬焉知非福，以禍福相依的哲理來面對遭讒被黜的不幸遭遇。文中提到：

　　　　至人遺物兮，獨與道俱。

　　　　真人恬漠兮，獨與道息。

這是以崇尚至人、真人的道家理想人格，表現無為避禍的處世態度。又如馮衍一生坎坷，雖有才華卻屢遭讒毀，他也表達了對道家無為生活的嚮往：

　　　　游精神于大宅兮，抗玄妙之常操。處清靜以養志兮，實吾心所樂。

　　　　山峨峨而造天兮，林冥冥而暢茂……夫莊周之釣魚兮，辭卿相之顯

　　　　位。於陵子之灌園兮，似至人之髣髴。蓋隱約而得道兮，羌窮悟而

　　　　入術。離塵垢之窈冥兮，配喬松之妙節。〔註6〕

道家的自然無為思想，在傳統儒家思想之外，開啟後世不同的思維之路。雖身處亂世，懷才不遇，但遵循道家之路，可以明哲保身，至少留給自己心靈、精神上一塊自由的空間。可以說，《莊子》與《列子》這種「蔑視權勢利祿、

〔註5〕　見蕭統編、李善注：《文選》卷十三（台北：華正書局，1991 年 9 月），頁 198
　　　　～200。

〔註6〕　見范曄撰、章懷太子賢注：《後漢書・馮衍傳》卷五十八下，《四部備要史部》
　　　　（台北：臺灣中華書局，1966 年 3 月），頁 12～13。

追求獨立自由人格和逍遙自適生命境界的精神，使中國文人在儒家的修身、
齊家、治國、平天下之外，有了另一種生命追求」。〔註7〕

第二節　藝術創作

在從事藝術創造時，要能擺脫世俗的觀念，超越時空的侷限，使主體進
入形如槁木的虛靜狀態，在此狀態中忘懷一切，包括物、我皆予以忘懷，方
可進入得道境界，體會逍遙於天地的精神自由。想要達到道的境界，又可以
透過技藝的提升，由技來進道。這技藝如何提升，是要透過長時期反覆實踐
的功夫所積累下來的，如《莊子・達生》、《列子・黃帝》中所說的承蜩老人，
其高超的承蜩技藝是經過「累丸二而不墜」、「累三而不墜」、「累五而不墜」
這一艱辛的訓練過程才達到的。而在獲得技巧之後，最終要將技巧忘卻，以
此「忘」之心從事藝術創作，如此方能合於自然之道。

一、忘的功夫

《莊子》與《列子》對於忘的功夫皆有所提及。《莊子・大宗師》說：

> 吾猶守而告之，三日而後能外天下；已外天下矣，吾又守之，七日
> 而後能外物；已外物矣，吾又守之，九日而後能外生；已外生矣，
> 而後能朝徹；朝徹，而後能見獨；見獨，而後能無古今；無古今而
> 後能入於不死不生。

郭象注說：「外，猶遺也。」〔註8〕「外」，也就是忘。從「外天下」、「外物」、
「外生」、「朝徹」、「見獨」、「無古今」而後進入「入於不死不生」的境界，
這是女偊所說的學道功夫，也是心靈超脫外物干擾，回歸自然的過程。要先
能「忘」，與萬物融爲一體，而後方能體道。

《列子・黃帝》中記載列子自述拜師學道的過程，從「三年之後，心不敢
念是非，口不敢言利害」，到「五年之後，心庚念是非，口庚言利害」，再到「七
年之後，從心之所念，庚無是非；從口之所言，庚無利害」，到了九年之後：

> 橫心之所念，橫口之所言，亦不知我之是非利害歟，亦不知彼之是
> 非利害歟；亦不知夫子之爲我師。

〔註7〕　見方勇：《莊子講讀》（上海：華東師範大學出版社，2005 年 9 月），頁 23。
〔註8〕　見郭慶藩輯：《莊子集釋》（台北：華正書局，1994 年 8 月），頁 253。

這裡所說的「不知」，乃是「忘」的功夫表現。在經過這樣一連串的學道過程之後，最後所達到的境界是：

> 而後眼如耳，耳如鼻，鼻如口，無不同也。心凝形釋，骨肉都融，不覺形之所倚，足之所履，隨風東西，猶木葉幹殼。竟不知風乘我邪，我乘風乎？

感官之間再也沒有區別，忘己忘物，心神凝聚，形如槁木、落葉。這種徹底的「忘」，使人分不清是風乘我，還是我乘風，這是何等的灑脫自由。

《莊子‧大宗師》中還有一段重要文字，記載「坐忘」的功夫：

> 顏回曰：「回益矣。」仲尼曰：「何謂也？」曰：「回忘仁義矣。」曰：「可矣，猶未也。」他日，復見曰：「回益矣。」曰：「何謂也？」曰：「回忘禮樂矣。」曰：「可矣，猶未也。」他日，復見回：「回益矣。」曰：「何謂也」曰：「回坐忘矣。」仲尼蹴然曰：「何謂坐忘？」顏回曰：「墮肢體，黜聰明，離形去知，同於大通，此謂坐忘。」仲尼曰：「同則無好也，化則無常也。而果其賢乎！丘也請從而後也。」

這裡突出的是一個「忘」字，從「忘仁義」、「忘禮樂」到「墮肢體，黜聰明，離形去知，同於大通」，一切皆是要忘。郭象注說：「夫坐忘者，奚所不忘哉！既忘其跡，又忘其所以跡者，內不覺其一身，外不識有天地，然後曠然與變化為體而無不通也。」〔註9〕坐忘，也就是超越了各種俗念和束縛之後，所呈現的精神絕對自由的境界。徐復觀說：

> 莊子的「墮肢體」、「離形」，實指的是擺脫由生理而來的欲望。「黜聰明」、「去知」、實指的是擺脫普通所謂的知識活動。二者同時擺脫，此即所謂「虛」，所謂「靜」，所謂「坐忘」，所謂「無己」，「喪我」。齊物論的「忘年（年是人的最後地欲望）忘義（義是由知而來的是非判斷），也正是欲望與知識雙忘的意思。〔註10〕

坐忘之後，心靈便進入虛靜的狀態，此時正是最適合主體從事創作的時候，也是能否創造合乎天然的藝術的關鍵。《莊子‧達生》中說：

> 忘足，屨之適也；忘要，帶之適也；知忘是非，心之適也。

「忘我」之境，乃是藝術創作的最佳狀態。進入忘我之境，所有一切皆忘，合於自然。

〔註9〕 見郭慶藩輯：《莊子集釋》（台北：華正書局，1994年8月），頁285。

〔註10〕 見徐復觀：《中國藝術精神》（台北：臺灣學生書局，1998年5月），頁72。

　　《列子‧周穆王》中也記載「陽里華子病忘」的故事。陽里華子中年時得了健忘症，忘掉一切干擾其心的繁瑣世事，生活得自由自在，這正是「忘」的修養功夫的表現。可惜的是世俗之人不解其眞意，竟以爲是疾病，找了儒生爲其醫治。豈知病醫好之後，華里陽子反而落入世俗的塵網中，離自然之道愈來愈遠了。

　　《莊子‧大宗師》中提出「外天下」、「外物」、「外生」與「坐忘」等修養功夫，其實都是強調「忘」的重要，「外」也就是忘，這「忘」的修養功夫，便是體道、悟道的重要關鍵，同時也說明了修道的進程。同樣的，《列子》中也有關於修道進程的說明，由三年、五年、七年、九年的自我修養，最後到達心凝形釋、忘物忘我的體道境界，從中亦可見「忘」的修養功夫的重要性。因此，我們可以說，《莊子》與《列子》所提倡的「忘」的修養功夫，不僅是體道的重要方法，在對自然回歸的同時，也是從事藝術創作的最佳狀態與時刻，使藝術創作的成果能合於自然。

二、以技進道

　　《莊子》與《列子》的思想以道爲中心與最高境界，學說目的在於對道的體現，並將之落實在現實人生，爲生命開拓更爲寬廣的道路。而道如何獲得，《莊子》與《列子》認爲是可以透過以技傳道的形式來實現的，也就是通過技藝的表現而後忘技，忘技而後合於道，即以技進道。

　　《莊子》與《列子》二書中，分別描繪了「以技進道」的故事。故事中的主角在經過一段專著凝練、長期實踐的過程之後，使道的境界能由技藝的精妙高超中獲得彰顯。如《莊子‧養生主》中「庖丁解牛」的故事：

> 庖丁爲文惠君解牛，手之所觸，肩之所倚，足之所履，膝之所踦，砉然嚮然，奏刀騞然，莫不中音。合於桑林之舞，乃中經首之會。文惠君曰：「譆，善哉！技蓋至此乎？」庖丁釋刀對曰：「臣之所好者道也，進乎技矣。始臣之解牛之時，所見無非全牛者。三年之後，未嘗見全牛也。方今之時，臣以神遇而不以目視，官知止而神欲行。依乎天理，批大郤，導大窾，因其固然。技經肯綮之未嘗，而況大軱乎！良庖歲更刀，割也；族庖月更刀，折也。今臣之刀十九年矣，所解數千牛矣，而刀刃若新發於硎。彼節者有間，而刀刃者無厚；以無厚入有間，恢恢乎其於遊刃必有餘地矣，是以十九年而刀刃若新發於硎。雖然，每

> 至於族，吾見其難爲，怵然爲戒，視爲止，行爲遲。動刀甚微。謋然
> 已解，如土委地。提刀而立，爲之四顧，爲之躊躇滿志，善刀而藏之。」
> 文惠君曰：「善哉！吾聞庖丁之言，得養生焉。」

庖丁解牛的技藝可謂高超絕倫，解牛時「以神遇而不以目視，官知止而神欲行」，用的不是感官知覺的功能，而是「依乎天理」、「因其固然」，能夠順著牛的骨骼、經絡去肢解牛，因此「遊刃有餘」，亦不傷刀。作者以「庖丁解牛」說明由技以達道的的歷程，當技藝提升到某種高度時，超越了實用功利，在精神自由的狀態下進行創作，便達到了道的境界，所以文章最後藉庖丁之口說「臣之所好者道也，進乎技矣」。由技進道，此時心中是充滿喜悅的，物我沒有分別，是主體與客體融合爲一的狀態。

《列子‧湯問》中也有這種由技進道的故事：

> 造父之師曰泰豆氏。造父之始從習御也，執禮甚卑，泰豆三年不告。
> 造父執禮愈謹，乃告之曰：「古詩言：『良弓之子，必先爲箕；良冶
> 之子，必先爲裘。』汝先觀吾趣。趣如吾，然後六轡可持，六馬可
> 御。」造父曰：「唯命所從。」泰豆乃立木爲塗，僅可容足；計步而
> 置，履之而行。趣走往還，無跌失也。造父學之，三日盡其巧。泰
> 豆歎曰：「子何其敏也！得之捷乎！凡所御者，亦如此也。曩汝之行，
> 得之於足，應之於心。推於御也，齊輯乎轡銜之際，而急緩乎脣吻
> 之和，正度乎胸臆之中，而執節乎掌握之間。內得於中心，而外合
> 於馬志，是故能進退履繩而旋曲中規矩，取道致遠而氣力有餘，誠
> 得其術也。得之於銜，應之於轡；得之於轡，應之於手；得之於手，
> 應之以心。則不以目視，不以策驅，心閒體正，六轡不亂，而二十
> 四蹄所投無差。迴旋進退，莫不中節。然後輿輪之外可使無餘轍，
> 馬蹄之外可使無餘地，未嘗覺山谷之險，原隰之夷，視之一也。吾
> 術窮矣。汝其識之。」

造父向泰豆氏學習駕車，經過了三年，泰豆並未教他任何技巧，但是造父更加謙卑有禮，於是泰豆氏告訴造父先觀察他是如何走路的，等走穩了之後，就可以駕馭馬的韁繩。泰豆氏立起一根根的木樁，作爲道路，每根木樁只能夠放下一只腳，讓造父在上面練習快速走過。造父只花了三天的時間，就學會了。原來練習在木樁上走時，心身合一，忘掉了外物，也就掌握了技巧。將這道理運用於駕車，在內得之於心，在外合於馬的意願，一進一退，韁繩

一鬆一緊合作無間，就能夠進退自如，連轉彎時也合乎規矩。這樣不管走多遠，不論是走在高山險谷，或是平坦的平原，都依然平穩，力量的運用上總是游刃有餘。技藝的最高境界，便是做到與心相合，而能得心應手。因此，這裡說明了透過技藝，來展現內合外應、物我爲一的體道境界。

　　當然，若以《莊子》與《列子》二書相比較，《莊子》中對於以技進道的故事陳述是較多的，且說理是更爲具體豐富的。同時，二書皆認爲從事藝術創作，須以自然無爲的態度爲之，若是過於強調功利性，使精神遭受壓迫，創造力亦會受到束縛。二書中皆以射箭作爲比喻：

> 以瓦注者巧，以鉤注者憚，以黃金注者殙。（《莊子・達生》）
> 以瓦摳者巧，以鉤摳者憚，以黃金摳者惛。（《列子・黃帝》）

射箭的人技巧並沒有改變，但是因爲作爲賭注的東西不一樣，越是貴重之物心中所受之束縛越深，技巧越是無從發揮。心有所礙，爲利害得失所侷限，人離自然越來越遠了。《莊子・田子方》中描寫了列禦寇爲伯昏無人表演射箭一事：

> 列禦寇爲伯昏無人射，引之盈貫，措杯水其肘上，發之，適矢復沓，方矢復寓。當是時，猶象人也。伯昏無人曰：「是射之射，非不射之射也。嘗與汝登高山，履危石，臨百仞之淵，若能射乎？」於是無人遂登高山，履危石，臨百仞之淵，背逡巡。足二分垂在外，揖禦寇而進之。禦寇伏地，汗流至踵。

《列子・黃帝》中亦有類似的描寫。列禦寇自認爲技藝頗高，但是在「登高山，履危石，臨百仞之淵」之時，便緊張得汗流不止。這只是普通射箭的技巧，還未達於道的境界。當技藝達於道時，是做到「不射之射」，就是處於忘物忘己的無心狀態。無心之時，精神與天地相通往來，發而爲技巧，表現一種熟能生巧，臻於化境的狀態。徐復觀說：

> 伯昏無人的話是就整個人生的精神修養，以成就整個人生、人格的境界。在此境界之內，精神所涵的不僅是某一種特定地具體地藝術對象，而是涵融著整個的世界，而將之加以藝術化。此時可以不必特意要求某一特種藝術的成就；但若有所成就，則在此立基的某種藝術，便不是作爲個人的象牙之塔而存在；乃是做爲全世界，全人生的藝術化的象徵而存在。〔註11〕

一個技巧高妙精熟的人，內心是專一凝神的，精神達於「忘」的境地，進入

〔註11〕見徐復觀：《中國藝術精神》（台北：臺灣學生書局，1998 年 5 月），頁 130。

與萬物爲一的狀態，也就是與道合一的境界。此時，由技進道，所創作出的作品必是合於自然。這中間必須注意的是，從技藝提昇爲藝術的過程中，必須經歷一段艱苦而漫長的修練歷程，與長時間不斷地反覆實踐。劉勰《文心雕龍・知音》說：「凡操千曲而後曉聲，觀千劍而後識器。」〔註12〕《莊子》與《列子》筆下的技藝能手，技藝高妙，並非一蹴可幾，而是有一可遵循的訓練過程，可提供人們學習、修練，以體現對道的實踐。

第三節　漢賦文體

　　《莊子》與《列子》對漢賦此一文學體裁，具有廣泛而深刻的影響。司馬相如說：「賦家之心，苞括宇宙，總攬人物，斯乃得之於內，不可得而傳。」〔註13〕他認爲作賦要能開拓思路，想像上不受時空的限制，這與《莊》《列》哲學思想核心──道的特性是相通的。書中說：

> 在太極之先而不爲高，在六極之下而不爲深，先天地生而不爲久，長於上古而不爲老。（《莊子・大宗師》）

> 不生者疑獨，不化者往復。其際不可終；疑獨，其道不可窮。（《列子・天瑞》）

道是超越時空的，是開闊且無窮盡的，表現一種以「大」爲美的特色。這種道的特性，也影響了文學創作。例如從事賦作時，作者表現了開闊的心胸與視野，思維十分活躍，不受拘限，在深度與廣度上皆有所增益，並且能發揮豐富的想像力，擴充寫作的素材，使文章更具特色。李生龍在《道家及其對文學的影響》一書中說：

> 這典型地表現了道家「道」的思維影響。大賦如司馬相如之〈上林〉、〈子虛〉，揚雄的〈甘泉〉、〈羽獵〉、〈長楊〉、〈河東〉，班固之〈兩都〉、張衡之〈二京〉從題材、立意、結構、規模、場面、思致、氣度等無不表現爲正大、廣大、高大、龐大、宏大、遠大，集中地體現了一種崇尚「大」美的趣向。〔註14〕

〔註12〕見劉勰著、周振甫注：《文心雕龍注釋》（台北：里仁書局，1998 年 9 月），頁888。

〔註13〕見劉歆：《西京雜記》，王雲五主編：《人人文庫》（台北：臺灣商務印書館，1979 年 8 月），頁 8。

〔註14〕見李生龍：《道家及其對文學的影響》（長沙：岳麓書社，1998 年 3 月），頁

因此，對於《莊》《列》和漢賦來說，其共同點便是寫作時思路的不受時空限制。

在寫作技巧上，漢賦可說受有《莊》《列》影響。《莊》《列》全書多由寓言故事所構成，經常假設虛構人名，以涵藏深刻的意旨。如《莊子・天地》記載「黃帝失去玄珠」一事，既已遺失玄珠，於是派知、離朱與喫詬去找，卻未能尋回。最後派象罔去找，結果是「象罔得之」。《莊子》在這則寓言中，將玄珠比喻為道，知比喻為智慧，離朱比喻為明察，喫詬比喻為巧辯，象罔比喻為無心。故事的主旨在說明體道是無法用知識、思慮、語言等方法去求得的，應以無心，即順任自然，不求刻意有所作為，方能體道。

〈知北遊〉中另有一則「知北遊於玄水」的故事。知向無為謂、狂屈、黃帝請教如何才能獲得道，三人的反應大不相同。無為謂一聲不答，不是不答，是因為道不可言。狂屈答應了一聲，正想說些什麼，卻又馬上忘記了。黃帝則給了明確的答案。其實真正的道不是言語可以言說的，說出來即不是道。無為謂深知此理，他才是真正懂得道的人，而「無為謂」這名字的本身就是答案，就是無為之道的化身。

《列子・湯問》中的「愚公移山」故事中，假設虛構了愚公和智叟。這二位人物一「愚」，一「智」，代表著兩種對立的關係。愚公以其無比堅定的信念，加上家族的同心協力，終使移山之事成為可能。因此，雖名為「愚」公，其實並不愚蠢。打破世人短視近利的眼光，無心而為功。智叟，則在愚公移山的過程中，扮演著阻擾者的角色，嘲笑著愚公的行為，雖名為「智」叟，實為自以為是，非真正具有大智慧的人。故事表達了一種堅定不移的信念與精神。

《莊》《列》的這種寫作方式，為漢賦所襲用。司馬相如的〈子虛賦〉、〈上林賦〉亦是採用相同作法，內容虛設「子虛」、「烏有先生」與「無是公」三人進行對話。假託楚國有位子虛，在齊國烏有先生面前誇說楚王畋獵的盛況。烏有先生評論楚王為「奢言淫樂而顯侈靡」，但同時把齊國土地之廣、物產之豐盛，誇耀了一番。無是公聽了兩人的爭辯，大肆鋪陳天子上林苑的壯麗和畋獵的盛大，以壓倒楚、齊兩國。最後以天子幡然悔悟做結，對於齊、楚的越禮行為，及給百姓帶來的危害做了批評。這篇文章所敘述的事情完全是虛構的，人物也是虛設的，「子虛」意為虛言，「烏有先生」、「無是公」意為沒

252。

有這個人。

張衡〈二京賦〉也是採用相同筆法。文中虛構「憑虛公子」、「安處先生」，意指沒有此人。在問答敘述中，把〈二京賦〉的主題表達出來。假託憑虛公子之口，描寫長安的形勢險峻、繁盛富麗、宮室華麗等等，窮極奢靡的景象。「安處先生」痛陳西京人民奢侈浪費的生活習性，並頌讚東京人民儉約的美德。希望君主對於國家的財政、人力的運用，能「取之以道，用之以時」，才能真正達到「章漢祚之有秩」。而安處先生所說「苟好剿民以媮樂，忘民怨之為仇；好殫物以窮寵，忽下叛而生憂也」、「夫水所以載舟，亦所以覆舟，堅冰作於履霜，尋木起於蘗栽」等語，正具有警惕的作用。說明如果統治者只是做些危害百姓的事，自己卻過著奢侈華靡的生活，那麼人民是有可能起來推翻政權的。表現了作者對君主的危機深感憂慮，富有遠見卓識。

像這樣虛構人物名稱，雖形式上類似，但用意有別。《莊》《列》借此表達思想，產生具體的形象，達到更為生動的效果，使人們對於哲理的了解更加深入。漢賦則以此說明，虛構出的人物所說皆為虛言，故意隱去實事，避開對立，進行委婉的諷諫。還有些漢賦，是換化《莊》《列》文中的句子，以構成篇章。如張衡的〈髑髏賦〉，語句幾乎全是化用《莊子·至樂》「髑髏樂死」的寓言。又如賈誼的〈鵩鳥賦〉：

> 且夫天地為鑪兮，造化為工；陰陽為炭兮，萬物為銅。合散消息兮，安有常則？千變萬化兮，未始有極，忽然為人兮，何足控摶；化為異物兮，又何足患！小智自私兮，賤彼貴我；達人大觀兮，物無不可。貪夫殉財兮，烈士殉名。夸者死權兮，品庶每生。怵迫之徒兮，或趨東西；大人不曲兮，意變齊同。愚士繫俗兮，窘若囚拘；至人遺物兮，獨與道俱。眾人惑惑兮，好惡積億；真人恬漠兮，獨與道息。釋智遺形兮，超然自喪；寥廓忽荒兮，與道翱翔。乘流則逝兮，得坻則止；縱軀委命兮，不私與己。其生兮若浮，其死兮若休；澹乎若深泉之靜，泛乎若不繫之舟。不以生故自寶兮，養空而浮；德人無累，知命不憂。細故蔕芥兮，何足以疑！〔註15〕

文章以人鳥對話而展開，形式上受有《莊》《列》寓言的影響。文中所用句子不少來自《莊》《列》二書，內容表現人生禍福的無常，以道家生死齊一的觀點，來消解人生的苦悶，以獲得精神的解脫。

〔註15〕見蕭統編、李善注：《文選》卷十三（台北：華正書局，1991 年 9 月），頁 199。

　　此外，《莊》《列》書中，使用誇張擬人的手法來描繪音樂的動聽，亦影響漢賦。《莊子·齊物論》說：

> 夫大塊噫氣，其名曰風。是唯无作，作則萬竅怒呺，而獨不聞之翏
> 翏乎？山林之畏佳，大木百圍之竅穴，似鼻，似口，似耳，似枅，
> 似圈，似臼，似洼者，似污者，激者，謞者，叱者，吸者，叫者，
> 譹者，宎者，咬者，前者唱于而隨者唱喁。泠風則小和，飄風則大
> 和，厲風濟則眾竅為虛。

風本是個無形之物，難以捉摸形容。這裡卻把風的各種形態都表現出來了，將其千姿百態描寫得淋漓盡致，好像這風是有情感似的，活靈活現地出現在人們眼前。這風吹動各種孔竅，就像是大自然所合奏的交響樂，令人動容。

　　《列子·湯問》中也有類似筆法：

> 薛譚學謳於秦青，未窮青之技，自謂盡之，遂辭歸。秦青弗止，餞
> 於郊衢，撫節悲歌，聲振林木，響遏行雲。薛譚乃謝求反，終身不
> 敢言歸。

這裡描寫秦青「撫節悲歌，聲振林木，響遏行雲」，歌聲可以振動林中的樹木，使天上的浮雲也止住了，可見這音樂動人之深。同篇還有：

> 昔韓娥東之齊，匱糧，過雍門，鬻歌假食。既去而餘音繞梁欐，三
> 日不絕，左右以其人弗去。過逆旅，逆旅人辱之。韓娥因曼聲哀哭，
> 一里老幼悲愁，垂涕相對，三日不食。遽而追之。娥還，復為曼聲
> 長歌。一里老幼喜躍抃舞，弗能自禁，忘向之悲也。乃厚賂發之。
> 故雍門之人至今善歌哭，放娥之遺聲。

韓娥賣唱，歌聲感動人們，竟然「餘音繞梁欐，三日不絕」，附近的居民以為她並沒有離去。後來韓娥經過一家旅店，遭人欺侮而悲泣，當地的男女老幼跟著一起悲傷，吃不下飯。於是派人追回韓娥，韓娥再為他們唱歌，那裡的人高興得忘了先前的悲哀。音樂竟然可以改變周遭環境的氣氛，影響人的情緒，其感人之深，由此可見。

　　賦體亦沿用此法。如司馬相如〈子虛賦〉寫田獵歌舞動人的場面：

> 摐金鼓，吹鳴籟，榜人歌，聲流喝，水蟲駭，波鴻沸，涌泉起，奔
> 揚會，礧石相擊，硠硠礚礚，若雷霆之聲，聞乎數百里之外。[註16]

〔註16〕見蕭統編、李善注：《文選》卷七（台北：華正書局，1991 年 9 月），頁 121。

這裡將歌聲形容得驚天動地。又如王褒〈洞簫賦〉，狀其音聲，嘆其優美動聽，變化無窮，寫簫聲感人動物之深：

> 故聽其巨音，則周流汜濫，并包吐含，若慈父之畜子也。其妙聲，則清靜厭瘱，順敘卑達，若孝子之事父也。科條譬類，誠應義理，澎濞慷慨，一何壯士，優柔溫潤，又似君子。故其武聲，則若雷霆輘輷，佚豫以沸㥜。其仁聲，則若颽風紛披，容與而施惠。或雜遝以聚斂兮，或拔摋以奮棄。悲愴怳以惻惐兮，時恬淡以綏肆。被淋灑其靡靡兮，時橫潰以陽遂。哀悁悁之可懷兮，良醰醰而有味。故貪饕者聽之而廉隅兮，狼戾者聞之而不懟。剛毅彊虣反仁恩兮，嘽唌逸豫戒其失。鍾期、牙、曠悵然而愕兮，杞梁之妻不能為其氣。師襄、嚴春不敢竄其巧兮，浸淫、叔子遠其類。嚚、頑、朱、均惕復惠兮，桀、跖、鬻、博儡以頓顇。吹參差而入道德兮，故永御而可貴。時奏狡弄，則彷徨翱翔，或留而不行，或行而不留。憚漫瀾漫，亡耦失疇，薄索合沓，罔象相求。故知音者樂而悲之，不知音者怪而偉之。故聞其悲聲，則莫不愴然累欷，蟄涕抆淚；其奏歡娛，則莫不憚漫衍凱，阿那腲腇者已。是以蟋蟀蚸蠖，蚑行喘息；螻蟻蝘蜒，蠅蠅翊翊。遷延徙迤，魚瞰雞睨，垂喙蟄轉，瞪瞢忘食，況感陰陽之龢，而化風俗之倫哉！〔註 17〕

劉勰說：「子淵洞簫，窮變於聲貌。」〔註 18〕在音樂描繪上，通過細緻的刻畫，精巧的設計，或擬其聲，或狀其貌，把感官難以把握的東西描繪出來，讓讀者在細細的體味中感受到樂曲的魅力。

第四節　萬物平等

隨著人類經濟文明的發展，不斷開發建設的結果，帶來了許多問題，包括環境污染、空氣污染、資源枯竭、人口膨脹等等，不僅使自然環境受到極大的威脅與破壞，也使得整個生態〔註 19〕環境處於危機之中，甚至威脅後代

〔註 17〕見蕭統編、李善注：《文選》卷七（台北：華正書局，1991 年 9 月），頁 244。
〔註 18〕見劉勰著、周振甫注：《文心雕龍注釋》（台北：里仁書局，1998 年 9 月），頁 138。
〔註 19〕「生態」這一概念產生於現代，並且與自然科學的發展以及現代社會的發展緊密聯繫在一起。見樂愛國：《道教生態學・導論》（北京：社會科學文獻出

子孫的生存發展。人類與環境的關係是非常密切的,「人類既在塑造環境,環境又轉而影響人類。」〔註 20〕生態環境的破壞,危害的不僅是大自然,還有生活在這環境中的所有生物。當大自然反撲時,人類也將自食惡果。正因為環境的破壞日益嚴重,使人們不得不正視此一問題,重新思考與認識人類和自然的關係,學習尊重和保持生態環境,以求得人和自然的和諧發展,使彼此能相互依存共融。道家正是立足於此點,何懷宏在《生態倫理 —— 精神資源與哲學基礎》一書中說到:

> 中國古代的道家為生態倫理提供了一種獨特的精神視野和風景……
> 並且,看來也與今天西方的生態哲學在意蘊上更為接近,它對常常
> 導致環境污染的科技和經濟發展的古老批判,在現代世界中也仍具
> 有一種獨特的感人力量,引起當今有識者的共鳴。〔註21〕

道家不再以人類為本位去思考問題,試著以平等的眼光看待人與自然的關係,將人類與萬物同樣視為自然的存在。而這樣的思想,在《莊》《列》二書中皆可見:

> 天地與我並生,萬物與我為一。(《莊子‧齊物論》)

> 天地萬物與我並生,類也。(《列子‧說符》)

人與其他萬物一樣,都只是宇宙中的一種存在,皆是由道所從出,從自然而來,又回歸自然。「萬物與我並生,旨在讓人了解自己和天地萬物的緊密關係,並且了解人是不能獨存的,這能夠幫助人類了解自我的意義,並且去除強固的我執和極端的自我中心。」〔註 22〕因此,天地萬物與人根本沒有本質上的

版社,2005 年 5 月),頁 2。「生態學」一詞最早由德國生物學家恩斯特‧海克爾(Ernst Heinrich Philipp August Haeckel,1834〜1919 年),於西元 1869 年定義的概念。生態學是研究生物有機體與其周圍環境(包括非生物環境和生物環境),相互關係的科學。非生物環境包括自然環境。如土壤、岩石、水、空氣、溫度及濕度等;生物環境是指生物物種之間和物種內部各個體的關係。見維基百科全書:http://zh.wikipedia.org/w/index.php。生態學不僅涉及環境,且須研究所有生物在那種環境下的相互關係,以及各自對於周圍的相互關係。見〈人在生活環境中〉,《美國生態學會報告書》1971。轉引自周一變:《人類環境學》(台北:黎明文化,1980 年 4 月),頁 3。

〔註 20〕見周一變:《人類環境學》(台北:黎明文化,1980 年 4 月),頁 1。
〔註 21〕見何懷宏《生態倫理 —— 精神資源與哲學基礎》(保定:河北大學出版社,2002),頁 43。
〔註 22〕見許老雍:〈老莊的自然環保思想〉,《國文學報》(高雄師大)第 2 期,2004 年。

區分，有的只是外在形體樣貌的不同。既然萬物，包括人在其中皆無差別，那萬物就是平等齊一的，當然沒有貴賤高下之分，人們也就應當用一種平等的態度去對待其他萬物，而人類自身也不應有尊卑貴賤之分。這是一種更爲廣大的胸襟，當人們能做到天地與我並生，萬物與我爲一時，能泯除一切是非好惡等差異，解除世俗種種束縛，便能超越時空的限制，與宇宙萬物融合爲一，自由自在地遊於「无何有之鄉」、「廣莫之野」（《莊子·逍遙遊》）。這樣的人生，何處不快樂，何處不自在呢？

　　《莊子》與《列子》從自然的角度，把人看作與天萬物同等重要的存在，更客觀地來看待人與其他萬物的關係。萬物的存在皆是可貴的，雖形體千百萬種，千差萬別，其最初的根源卻相同，並沒有高低優劣之分。書中說：

> 莊子釣於濮水。楚王使大夫二人往先焉，曰：「願以境內累矣！」莊子持竿不顧，曰：「吾聞楚有神龜，死已三千歲矣。王巾笥而藏之廟堂之上。此龜者，寧其死爲留骨而貴乎？寧其生而曳尾於塗中乎？」二大夫曰：「寧生而曳尾塗中。」莊子曰：「往矣，吾將曳尾於塗中。」（《莊子·秋水》）

> 齊田氏祖於庭，食客千人。中坐有獻魚雁者，田氏視之，乃歎曰：「天之於民厚矣！殖五穀，生魚鳥以爲之用。」眾客和之如響。鮑氏之子年十二，預於次，進曰：「不如君言。天地萬物與我並生，類也。類無貴賤，徒以小大智力而相制，迭相食；非相爲而生之。人取可食者而食之，豈天本爲人生之？且蚊蚋噆膚，虎狼食肉，非天本爲蚊蚋生人虎狼生肉者哉？（《列子·說符》）

《莊子》認爲與其死後留骨被珍藏於廟堂之上，倒不如「生而曳尾塗中」，過著自由自在的生活。相較於官位、功名來說，生命的本身才是最可貴的。爲了追逐虛名、榮華，而使生命受到損害，這是捨本逐末的行爲。《列子》提出的「人與自然萬物具有同類性與平等性，實際上蘊含著保護自然生命的要求。」〔註23〕

　　生命皆是可貴的，並沒有種類高低之分，人和其他萬物就生命的重要性，和存在價值來說是等同的。不能有只以人爲萬物之靈，而視其他萬物爲人類而生的觀念，這是一種偏差，是人類以自我爲中心的自私想法，是必須有所

〔註23〕見樂愛國：《道教生態學》（北京：社會科學文獻出版社，2005 年 5 月），頁59。

修正的。因此，《莊》《列》皆主張尊重萬物的自由和天性，書中說：

> 牛馬四足，是謂天；落馬首，穿牛鼻，是謂人。故曰：無以人滅天。
> （《莊子·秋水》）

> 馬，蹄可以踐霜雪，毛可以禦風寒，齕草飲水，翹足而陸，此馬之
> 真性也。雖有義臺路寢，無所用之。及至伯樂，曰：「我善治馬。」
> 燒之，剔之，刻之，雒之，連之以羈馽，編之以皁棧，馬之死者十
> 二三矣；飢之，渴之，馳之，驟之，整之，齊之，前有橛飾之患，
> 而後有鞭筴之威，而馬之死者已過半矣。（《莊子·馬蹄》）

> 海上之人有好漚鳥者，每旦之海上，從漚鳥游，漚鳥之至者百住而
> 不止。其父曰：「吾聞漚鳥皆從汝游，汝取來，吾玩之。」明日之海
> 上，漚鳥舞而不下也。（《列子·黃帝》）

> 邯鄲之民以正月之旦獻鳩於簡子，簡子大悅，厚賞之。客問其故。
> 簡子曰：「正旦放生，示有恩也。」客曰：「民知君之欲放之，故競
> 而捕之，死者眾矣。君如欲生之，不若禁民勿捕。捕而放之，恩過
> 不相補矣。」簡子曰：「然。」（《列子·說符》）

「天」即是指自然無為，「人」指的是有為做作。萬物最可貴之處便在其本性，這是與生所具有的，也是最真實自然的。但是人們偏要以後天的作為去做改變，這不僅損害其本性，連生命也會遭受折損。這「落馬首，穿牛鼻」，及伯樂治馬的一連串作為，便是對本真最大的破壞，可悲的是人們還自鳴得意，自以為是，真是執迷不悟。

　　尊重萬物生命皆平等，這是《莊子》與《列子》萬物齊一觀念的延伸。萬物皆一，把宇宙萬物視為一個整體，人不過是宇宙的一個部分，其身份、價值又哪裡會比其他萬物高且有意義。那麼以為人比其他萬物來得重要，不是過於偏執且不通事理了嗎？從《莊》《列》所提出的萬物齊一的觀念，到學習並懂得尊重萬物的存在，引導啟示我們與其他萬物、環境的關係，破除人類中心主義的價值觀念，而是以「自然」為準則去對待關懷其他萬物。別再只是站在自己的角度，去思考自己的需求，應重新思考與其他萬物及生活環境，如何保持平等且和諧的關係。尤其吾人今日處於環境被嚴重破壞，時局動盪不安的年代，《莊》《列》此一思想更顯難能可貴，這是在所謂的文明日漸進步之外，更應深刻反省的問題。

第九章　結　論

　　《老子》、《莊子》與《列子》為道家思想的三大代表作，在唐天寶元年被尊為《道德經》、《南華眞經》與《沖虛至德眞經》，成為道教三部重要經典。《老子》五千餘言，言簡意深。《莊子》與《列子》在老子思想的基礎之下，繼承與發揚道家思想。二書塑造了生動鮮明的形象，將深奧的哲學理論具體化，並且通過譬喻等方法深化論點，使人們更能領會書中深刻的義涵。李生龍曾對道家特點，做過一個概括性的表述，他說：

> 道家是先秦至西漢一個以「道」為其思想體系核心，在天道問題上
> 認為「道」生萬物而萬物自成，在認識問題上主張因任自然，在政
> 治問題上主張清靜無為，在人生問題上主張知雄守雌……的學術流
> 派。〔註1〕

老子思想體系以「道」為最高範疇，從「道」的高度考察自然、人生等問題。他認為「道」是天地萬物所由生，是萬有的原理。《老子‧四十二章》說：「道生一，一生二，二生三，三生萬物。」《莊子》與《列子》的哲學思想同樣以「道」為中心，認為「道」無形無為，不可言說。「道」雖不可言說，卻是普遍且實際的存在，萬物因得之而能化育生長，「道」同時也是超越時空而存在的。

　　《莊子‧知北遊》說道「無所不在」，道不僅在「螻蟻」、「稊稗」、「瓦甓」，甚至連「尿溺」中也有，由此可見「道」的遍存性。《列子‧天瑞》中提出道的意義，認為天地的生成「有太易，有太初，有太始，有太素」等四個階段。萬物依循著自然的天道生滅，「能陰能陽，能柔能剛，能短能長，能員能方，

〔註1〕　見李生龍：《道家及其對文學的影響》（長沙：岳麓書社，1998 年 3 月），頁
　　　　　10。

能生能死，能暑能涼，能浮能沈，能宮能商，能出能沒，能玄能黃，能甘能苦，能羶能香」（〈天瑞〉）。這就是「道」所發揮的成效，能使萬物具有不同特性，也是道普遍存在於萬物之中的證明。

萬物皆是道的產物，從道的立場來看，人與天地萬物並沒有不同，人身是「天地之委形」，人生是「天地之委和」，人的性命是「天地之委順」（《莊子‧知北遊》）、（《列子‧天瑞》），皆是隨自然而生。人的生死猶如日月、四時交替變化一樣，都是道的循環運動而產生的現象。人不過是成為人形，並沒有什麼特別可喜的，一切都是自然之氣的變化。生與死為生命現象的不同形態，「生也死之徒，死也生之始」（〈知北遊〉）、「常生常化者，無時不生，無時不化」（《列子‧天瑞》），兩者並無本質上的區別。由此得出了「萬物一府，死生同狀」（《莊子‧天地》）、「以死生為一條」（《莊子‧德充符》）的結論。不論是對待生存或是對待死亡，都依順自然，從而超越悲苦哀樂之情，做到「不知悅生，不知惡死」，則「哀樂不能入」（《莊子‧大宗師》）。《列子‧天瑞》中說：「死之與生，一往一反。故死於是者，安知不生於彼？故吾知其不相若矣？吾又安知營營而求生非惑乎？亦又安知吾今之死不愈昔之生乎？」一個真正透悟生命的人，應該像拾穗老人林類那樣悠遊達觀，自性自適，坦然面對生死的自然現象。

對於人的性命造成損害的，除了對生死的執著，還有「壽名位貨」等因素，所謂「生民之不得休息，為四事故：一為壽，二為名，三為位，四為貨」（《列子‧楊朱》）。為了追求這些東西，而違反自己的本性，不但耗盡心力，也可能為自己帶來災禍。因此，若能將自身以外的種種世俗價值加以摒除，不爭奪不競逐，不做過度的希冀要求，便能使精神獲得最大的自由。而在這些人們難以擺脫的觀念中，又以對生死的觀念是最為執著的。因此，若是連生死這樣的大事都能超脫，「死生亦大矣，而無變乎己，況爵祿乎」（《莊子‧田子方》）、「死生無變於己，而況利害之端乎」（《莊子‧齊物論》），那世俗中還有什麼可牽掛的呢？至此，則世人所執著的生死、是非、善惡、美醜等問題，都在道的觀照中被消解、泯除了。

人要恢復自然本性，要達到精神的絕對自由，必須捨棄仁義、巧智、名利等等的限制與束縛。仁義是對人性的殘害，甚至成為有心者利用的工具，「昔者黃帝始以仁義攖人之心，堯舜於是乎股無胈，脛無毛，以養天下之形，愁其五藏以為仁義，矜其血氣以規法度……吾未知聖知之不為桁楊椄槢也，仁

義之不爲桎梏鑿枘也」(《莊子・在宥》)、「魯之君臣日失其序，仁義益衰，情性益薄。此道不行一國與當年，其如天下與來世矣？吾始知詩書禮樂無救於治亂」(《列子・仲尼》)。巧智也只是阻礙、羈絆個人體道，使之無從獲得自由的禍源，「巧者勞而知者憂」(《莊子・列禦寇》)、「非智巧果敢之列」(《列子・黃帝》)。爲世俗功利「天下盡殉」(《莊子・駢拇》)，不惜「苦其身，燋其心」(《列子・楊朱》)，爲外物所奴役，「莫不以物易其性」(《莊子・駢拇》)，失去了自然本性，也失去了獨立的人格和精神的自由。

　　對於外物與感官慾念，也必須加以清除，使心不受欲望所奴役，「忘其肝膽，遺其耳目」(《莊子・達生》)，拒絕外界的一切干擾，達到「喜怒哀樂不入於胸次」(《莊子・田子方》)的境界。《列子・黃帝》說：「而後眼如耳，耳如鼻，鼻如口，無不同也。」感官不再有任何區別，正是因爲所有的感官功能都沒有了作用，也就是進入了齊一物我的境界。道家所追求的人生，即是自然、自在而自由的人生。在道家看來，人自身的存在與發展，就是人最高的目的。道家所倡導的是一種自由而恬淡的精神生活，道家所追求的是人的自由與自主，道家所強烈反對的是物對於人的凌辱、摧殘與統治。〔註2〕而這樣的人生境界，〔註3〕也正是《莊子》與《列子》所共同追求的目標。尤其是《莊子》所展現的境界，更是無比的寬廣開闊。徐復觀說：

　　凡在《莊子》一書中所提到的自然事物，都是人格化，有情化，以呈顯出某種新地意味的事物。而順著這種新地意味的自身，體味下去，都是深、遠、玄；都是當下通向無限；用莊子的名詞說，每一事物自身都可以看出即是「道」。但這種深、遠、玄並不離開能見、能聞、能觸的具體形相；並且一經莊子的描述，其能見、能聞、能觸的具體形相，更爲顯著；因爲每一具體形相，此時乃是以其生命地活力，呈現於讀者之前，這眞達到了在有限中呈現無限的極致。

〔註4〕

〔註2〕　見羅安憲：《虛靜與逍遙——道家心性論研究》(北京：人民出版社，2005年9月)，頁23～24。

〔註3〕　只要論人生意義或價值問題，自然會有境界問題。境界是人對生活的基本態度所形成的感受。同樣的社會，同樣的際遇，不同生活理想的人會賦予它不同的眼光，從而在各自心目中呈現不同的景致來，這就是境界。見陳少明：《〈齊物論〉及其影響》(北京：北京大學出版社，2004年2月)，頁253。

〔註4〕　見徐復觀：《中國藝術精神》(台北：臺灣學生書局，1998年5月)，頁108。

《莊子》與《列子》二書，同樣強調以「道」作為其思想的核心，透過修養的功夫，使自己達到體道的境界，獲得心靈與精神的絕對自由，而能逍遙自在於任何地方。

於是，《莊》《列》二書在現實生活中的人的基礎上，塑造出超乎常人，具有特殊能力的人物，以表達其哲學理念。二書中創造出絕對自由的人物，如神人、至人、真人等等，統稱為理想人物。姑射山上的神人，「乘雲氣，御飛龍，而遊乎四海之外」（《莊子・逍遙遊》）、「不偎不愛，仙聖為之臣；不畏不怒，愿愨為之使；不施不惠，而物自足；不聚不斂，而己無愆」（《列子・黃帝》）；至人則是能夠「上闚青天，下潛黃泉，揮斥八極，神氣不變」（《莊子・田子方》）（《列子・黃帝》），還能「蹈火不熱，行乎萬物之上而不慄」（《莊子・達生》）（《列子・黃帝》）；真人也具有「登高不慄，入水不濡，入火不熱」（《莊子・大宗師》）的能力，精神專一，神凝無慮，「其覺自忘，其寢不夢」（《列子・周穆王》）。

除了理想人格的追求，二書中還描繪了理想社會與國度，試圖超越、擺脫世俗的羈絆，以此作為精神的寄託。《莊子・馬蹄》描繪「至德之世」呈現原始的自然風光，人民能與萬物共處，無私無欲，保持自然本性，生活自由自在。〈胠篋〉、〈天地〉、〈盜跖〉等篇中，也提及了「至德之世」，〈山木〉中另有「建德之國」，這些都是《莊子》心中的理想社會，描繪了人們之間關係自然和諧的生活，也反映了其對理想社會的追求。

《列子・黃帝》載「黃帝神遊華胥國」一事，描寫黃帝登位後，弄得自己面色焦黃，憔悴不堪。於是三月不親政事，夢遊「華胥之國」。在這個國度裡，沒有領袖，沒有長者，百姓也沒什麼慾望，人與人之間沒有利害關係，一切都聽任自然地生活。這裡塑造的黃帝形象，是以道家法則治國的形象。他擺脫了現實給予的煩惱，完成了理想的追求，也體現了浪漫精神。〈湯問〉中還有「終北之國」，這個國家的人民，性情委婉和順，不去競逐、爭鬥，不分君臣、貴賤，和睦以生，自然以死，怡然自得地生活。這些理想社會的描寫，多少帶有誇飾的成分，是《莊》《列》為了反對政治迫害，反對繁瑣僵化的禮教，而重新塑造的原始自然社會。

《莊子》與《列子》書中，使用非常多的神話與寓言故事，思想內容豐富多彩，表現方式多樣。有說明自然、人生與處世等哲學理念，有表達理想的追求，有揭露批判社會現實，有探索自然奧秘與表現工藝成就等等，千姿

百態，包羅萬象。尤其《列子》一書，「採取的兼有第一、第二、第三身的哲理、神話、寓言與隱射法，其中尤多神話，不但爲一般人易於接受，且可讀性甚大。」〔註5〕《莊子》與《列子》思想的深層內涵，透過這些鮮明生動的形象描繪，加以生花妙筆的陳述，層層遞顯出來，更加引人入勝。宣穎《莊子南華經解》說：

> 莊子之文，長於譬喻，其玄映空明，解脫變化，有水月鏡花之妙，
> 且喻後出喻，喻中設喻，不啻峽雲層起，海市幻生，從來無人及得。
〔註6〕

《莊子》一書文章變化不可捉摸，其奇特的想像與文筆，表達出深刻的哲理，對後代哲學與文學產生了深遠的影響。至於《列子》一書，雖其成書時代尚有爭議，說法不一，但其爲道家重要典籍之一，亦是不爭的事實。應試圖恢復其在哲學史、文學史、文化史、神話史、科技史等領域應得的地位，也才能在此基礎上，對《列子》進行更加深入的研究，使這一珍貴的文化遺產，得以發揚光大。〔註7〕今日吾人在閱讀《莊》《列》二書時，除給予哲學與文學上的關注之外，更應將其靈活運用，與實際的現實人生做一結合，在前人的智慧經驗之下，吸取其精華，自我反省檢討，作爲立身處世之準則與警惕。

〔註5〕 見楊汝舟：〈列子神秘思想之意旨〉（五），《中華易學》第 4 卷，1983 年 8 月，頁 25。
〔註6〕 見宣穎著、王輝吉校：《莊子南華經解‧莊解小言》（台北：宏業書局，1977 年 6 月），頁 5。
〔註7〕 見馬達：《〈列子〉眞僞考辨》（北京：北京出版社，2000 年 12 月），頁 468～469。

參考書目

一、古　籍（依姓名筆畫順序）

1. 尸佼：《尸子》，《四部備要子部》，台北：臺灣中華書局，1966 年 3 月。
2. 王夫之：《莊子解》，台北：河洛圖書，1974 年 10 月。
3. 王充：《論衡》，台北：臺灣中華書局，1966 年 3 月。
4. 王先謙：《莊子集解》，台北：世界書局，1983 年 2 月。
5. 王冰注、林億等校：《黃帝內經素問》，王雲五主編：《四部叢刊初編子部》，臺北：臺灣商務印書館，1967 年。
6. 司馬遷：《史記》，台北：七略出版社，1985 年 9 月。
7. 永瑢等撰：《四庫全書總目提要（二十八）》，王雲五主編：《萬有文庫薈要》，台北：臺灣商務印書館，1965 年。
8. 張湛注：《列子》，《四部備要子部》，台北：臺灣中華書局，1966 年 3 月。
9. 朱熹：《四書章句集注》，濟南：齊魯書社，1992 年 4 月。
10. 余嘉錫：《古書通例》，台北：丹青圖書，1987 年 4 月。
11. 王弼注：《老子》，《四部備要子部》，台北：臺灣中華書局，1970 年 9 月。
12. 杜預：《春秋左氏傳杜氏集解》卷七，《四部備要經部》，台北：臺灣中華書局，1966 年 3 月。
13. 杜佑：《通典》，北京：中華書局，1988 年 12 月。
14. 林雲銘：《增註莊子因》，台北：廣文書局，1968 年 1 月。
15. 姚際恒：《古今僞書考》，台北：臺灣開明書店，1969 年 4 月。
16. 宣穎著、王輝吉校：《莊子南華經解》，台北：宏業書局，1977 年 6 月。
17. 柳宗元撰、蔣之翹輯注：《柳河東全集》，《四部備要集部》，台北：臺灣中

華書局，1970 年 6 月。

18. 洪興祖：《楚辭補注》，台北：長安出版社，1991 年 8 月。

19. 范曄撰、章懷太子賢注：《後漢書》，《四部備要史部》，台北：臺灣中華書局，1966 年 3 月。

20. 郎擎霄：《莊子學案》，台北：河洛圖書，1974 年 12 月。

21. 孫詒讓：《周禮正義》，北京：中華書局，1987 年 12 月。

22. 班固：《漢書》，台北：新陸書局，1964 年 1 月。

23. 馬其昶撰、馬茂元編次：《定本莊子故》，合肥：黃山書社，1989 年 11 月。

24. 高似孫：《子略》，《叢書集成初編》，北京：中華書局，1985。

25. 高誘：《淮南子注釋》，台北：華聯出版社，1973 年 9 月。

26. 張華：《博物志》，《叢書集成初編》，北京：中華書局，1985。

27. 張繼禹主編：《中華道藏》十、十三、十四、十五冊，北京：華夏出版社，2004 年 1 月。

28. 段玉裁：《說文解字注》，台北：黎明文化，1991 年 8 月。

29. 郭象注、成玄英疏：《南華眞經注疏》，續修四庫全書編纂委員會編：《續修四庫全書》九五五冊，上海：上海古籍出版社，2002 年 3 月。

30. 郭慶藩輯：《莊子集釋》，台北：華正書局，1994 年 8 月。

31. 陳壽昌輯：《南華眞經正義》，台北：新天地書局，1977 年 7 月。

32. 陸西星：《南華眞經副墨》，《中國子學名著集成》，中國子學名著集成編印基金會印行，1978。

33. 陶潛撰、陶澍集注：《靖節先生集》，《四部備要集部》，台北：臺灣中華書局，1966 年 3 月。

34. 章學誠：《校讎通義》，《四部備要史部》，台北：臺灣中華書局，1966 年 3 月。

35. 焦竑：《莊子翼》，台北：廣文書局，1970 年 3 月。

36. 焦竑輯：《焦氏筆乘正續（一）》，《叢書集成初編》，北京：中華書局，1985 年。

37. 楊勇：《世說新語校箋》，台北：正文書局，1992 年 10 月。

38. 葉大慶：《考古質疑》，王雲五主編：《四庫全書珍本別輯》，台北：廣文書局，1969。

39. 葛洪：《抱朴子》，《四部備要子部》，台北：臺灣中華書局，1966 年 3 月。

40. 賈公彥疏：《周禮注疏》，《四部備要經部》，台北：臺灣中華書局，1966 年 3 月。

41. 裴駰：《史記集解》，《文淵閣四庫全書》二四六冊，台北：臺灣商務印書

館，1983。

42. 劉向：《列仙傳》，《叢書集成新編》，北京：中華書局，1985 年。

43. 劉向：《戰國策》上下冊，台北：九思出版社，1978 年 11 月。

44. 劉歆：《西京雜記》，王雲五主編：《人人文庫》，台北：臺灣商務印書館，1979 年 8 月。

45. 劉鳳苞：《南華雪心編》，嚴靈峰編輯：《求無備齋莊子集成初編》，台北：藝文印書館，1972 年 5 月。

46. 劉熙載：《藝概》，台北：金楓出版社，1986 年 12 月。

47. 歐陽脩：《六一居士詩話》，《叢書集成初編》，北京：中華書局，1985 年。

48. 鄭瑗：《庶齋老學叢談及其他四種·井觀瑣言》，台北：新文豐出版社，1984 年 6 月。

49. 黎靖德編：《朱子語類》冊八，台北：文津出版社，1986 年 12 月。

50. 墨翟：《墨子》，《四部備要子部》，台北：臺灣中華書局，1966 年 3 月。

51. 蕭統編、李善注：《文選》，台北：華正書局，1991 年 9 月。

52. 錢大昕：《十駕齋養新錄》，台北：臺灣商務印書館，1965 年 2 月。

53. 憨山：《莊子內篇注》，台北：廣文書局，1973 年 6 月。

54. 嚴羽：《滄浪詩話》，《叢書集成初編》，北京：中華書局，1985 年。

55. 嚴靈峰：《無求備齋列子集成》十二冊，台北：藝文印書館，1971 年 10 月。

56. 蘇軾：《蘇軾七集》，《四部備要集部》，台北：臺灣中華書局，1966 年 3 月。

57. 蘇轍：《古史》，王雲五主編：《四庫全書珍本六集》，台北：臺灣商務印書館，1976 年。

58. 顧炎武撰、黃汝成集釋：《日知錄集釋》，《四部備要子部》，台北：臺灣中華書局，1966 年 3 月。

二、專　書（依姓名筆畫順序）

（一）《莊》《列》專書

（《莊子》）

1. 方勇、陸永品：《莊子詮評》，成都：巴蜀書社，1998 年 9 月。

2. 方勇：《莊子講讀》，上海：華東師範大學出版社，2005 年 9 月。

3. 王叔岷：《莊學管闚》，台北：藝文印書館，1978 年 3 月。

4. 王凱：《逍遙游：莊子美學的現代闡釋》，武漢：武漢大學出版社，2003

　　年 12 月。

5. 王博:《莊子哲學》,北京:北京大學出版社,2004 年 3 月。

6. 白本松、王利鎖:《逍遙之祖 —— 《莊子》與中國文化》,開封:河南大學出版社,1995 年 8 月。

7. 牟宗三講述、陶國璋整構:《莊子齊物論義理演析》,香港:中華書局,1999 年 1 月。

8. 吳怡:《逍遙的莊子》,台北:東大圖書,1991 年 10 月。

9. 吳康:《老莊哲學》,台北:臺灣商務印書館,1955 年 2 月。

10. 李勉:《莊子總論及分篇評注》,台北:臺灣商務印書館,1990 年 8 月。

11. 李錦全、曹智頻:《莊子與中國文化》,貴陽:貴州人民出版社,2001 年 10 月。

12. 周紹賢:《莊子要義》,台北:文景書局,1973 年 9 月。

13. 邱榮鐍:《莊子哲學體系論》,台北:文津出版社,1999 年 7 月。

14. 胡道靜:《十家論莊》,上海:上海人民出版社,2004 年 4 月。

15. 徐克謙:《莊子哲學新探 —— 道·言·自由與美》,北京:中華書局,2005 年 9 月。

16. 崔大華:《莊學研究》,北京:人民出版社,1992 年 7 月。

17. 崔宜明:《生存與智慧 —— 莊子哲學的現代闡釋》,上海:上海人民出版社,1996 年 12 月。

18. 張默生:《莊子新釋》,濟南:齊魯書社,1993 年 12 月。

19. 強昱:《知止與照曠 —— 莊學通幽》,北京:宗教文化出版社,2004 年 10 月。

20. 陳少明:《〈齊物論〉及其影響》,北京:北京大學出版社,2004 年 2 月。

21. 陳品卿:《莊學新探》,台北::文史哲出版社,1984 年 9 月。

22. 陳啓天:《莊子淺說》,台北:臺灣中華書局,1971 年 7 月。

23. 陳紹燕:《中國古代哲人智慧書系 —— 莊子的智慧》,石家莊:河北人民出版社,1997 年 12 月。

24. 陳鼓應:《老莊新論》,香港:中華書局,1991 年 4 月。

25. 陳鼓應:《莊子今註今譯》,台北:臺灣商務印書館,1975 年 12 月。

26. 陳鼓應:《莊子哲學探究》,台北:日盛印製廠,1975 年 10 月。

27. 黃錦鋐:《莊子及其文學》,台北:東大圖書,1977 年 7 月。

28. 黃繩:《莊子 —— 先秦文學的奇葩》,香港:中華書局,1991 年 5 月。

29. 楊柳橋:《莊子譯詁》,上海:上海古籍出版社,1991 年 12 月。

30. 楊儒賓:《莊周風貌》,台北:黎明文化,1991 年。

31. 劉武：《莊子集解內篇補正》，北京：中華書局，1987 年 10 月。

32. 劉笑敢：《莊子哲學及其演變》，北京：中國社會科學出版社，1988 年 2 月。

33. 蔡宗陽：《莊子之文學》，台北：文史哲出版社，1983 年 9 月。

34. 蔡明田：《莊子的政治思想》，台北：牧童出版社，1974 年 10 月。

35. 錢穆：《莊子纂箋》，台北：東大圖書，1985 年 11 月。

36. 鍾泰：《莊子發微》，上海：上海古籍出版社，2002 年 4 月。

37. 韓林合：《虛己以游世 ——《莊子》哲學研究》，北京：北京大學出版社，2006 年 1 月。

38. 顏崑陽：《莊子藝術精神析論》，台北：華正書局，1985 年 7 月。

39. 譚宇權：《莊子哲學評論》，台北：文津出版社，1998 年 6 月。

（《列子》）

1. 王強模譯注：《列子》，臺灣古籍出版社，1996 年 6 月。

2. 何淑貞：《展現生命芬芳的神話傳說——列子的智慧》，台北：圓神出版社，2006 年 3 月。

3. 周兵：《列子處世大智慧——列子今讀》，中國國際廣播出版社。

4. 周紹賢：《列子要義》，台北：臺灣中華書局，1983 年 7 月。

5. 東方橋：《走進列子理想的大世界》，台北：玄同文化事業，2002 年 12 月。
   汪乾明、張清華：《道經精華——列子》，長春：時代文藝出版社，2003 年 8 月。

6. 孫以楷、甄長松：《莊子通論》，北京：東方出版社，1995 年 10 月。

7. 馬達：《〈列子〉真偽考辨》，北京：北京出版社，2000 年 12 月。

8. 莊萬壽：《新譯列子讀本》，台北：三民書局，1996 年 10 月。

9. 陳冠蘭：《飄逸之仙——列子》，長沙：中南大學出版社，2000 年 9 月。

10. 曾傳輝：《沖虛至德真經注譯》，北京：中國社會科學出版社，2004 年 9 月。

11. 楊伯峻：《列子集釋》，台北：華正書局，1987 年 9 月。

12. 楊鴻烈：《歷史研究法》，台北：華世出版社，1975 年 4 月。

13. 蕭登福：《列子古注今譯》，台北：文津出版社，1990 年 3 月。

14. 蕭登福：《列子探微》，台北：文史哲出版社，1990 年 3 月。

15. 應涵：《虛靜人生——列子》，台北：正展出版社，2000 年 10 月。

16. 羅肇錦：《列子快讀——御風而行的哲思》，海口：海南出版社、三環出版社，2005 年 4 月。

17. 嚴北溟、嚴捷：《列子譯注》，台北：書林出版社，1995 年 8 月。

18. 嚴靈峰：《列子辯誣及其中心思想》，台北：文史哲出版社，1994 年 8 月。

（二）其他專書

1. 丁四新：《郭店楚墓竹簡思想研究》，北京：東方出版社，2000 年 10 月。

2. 丁麗潔：《夢說》，濟南：山東畫報出版社，2004 年 1 月。

3. 于省吾：《諸子新證》，台北：樂天出版社，1970 年 9 月。

4. 尹榮方：《神話求原》，上海：上海古籍出版社，2003 年 8 月。

5. 公木：《先秦寓言概論》，濟南：齊魯書社，1984 年 12 月。

6. 方東美：《原始儒家與道家》，台北：黎明文化，1983 年 9 月。

7. 王孝廉：《中國的神話與傳說》，台北：時報文化，1987 年 6 月。

8. 王孝廉：《中國的神話與傳說》，台北：聯經出版社，1978 年 7 月。

9. 王邦雄：《中國哲學論集》，台北：臺灣學生書局，1983 年 8 月。

10. 白本松：《先秦寓言史》，開封：河南大學出版社，2001 年 8 月。

11. 任繼愈：《中國哲學發展史・先秦》，北京：人民出版社，1998 年 5 月。

12. 任繼愈：《中國哲學發展史・魏晉南北朝》，北京：人民出版社，1988 年 4 月。

13. 牟鍾鑒、胡孚琛、王葆玹：《道教通論——兼論道家學說》，濟南：齊魯書社，1991 年 11 月。

14. 何懷宏《生態倫理——精神資源與哲學基礎》，保定：河北大學出版社，2002 年。

15. 余英時：《士與中國文化》，上海：上海人民出版社，1987 年 12 月。

16. 呂思勉：《先秦學術概論》，上海：東方出版中心，1985 年 6 月。

17. 呂慧鵑、劉波、盧達編：《中國歷代著名文學家評傳》第一卷，濟南：山東教育出版社，1983 年 5 月。

18. 李生龍：《道家及其對文學的影響》，長沙：岳麓書社，1998 年 3 月。

19. 李炳海：《道家與道家文學》，長春：東北師範大學出版社，1992 年 5 月。

20. 李富軒、李燕：《中國古代寓言史》，台北：漢威出版社，1998 年 8 月。

21. 李夢生：《左傳譯注》，上海：上海古籍出版社，1998 年 6 月。

22. 李滌生：《荀子集釋》，台北：臺灣學生書局，1979 年 2 月。

23. 李澤厚、劉綱紀：《中國美學史》，台北：谷風出版社，1986 年 10 月。

24. 李霞：《生死智慧——道家生命觀研究》，北京：人民出版社，2004 年 5 月。

25. 杜而未：《山海經神話系統》，台北：臺灣學生書局，1977 年 10 月。

26. 杜而未：《崑崙文化與不死觀念》，台北：臺灣學生書局，1977 年 5 月。

27. 朱可泓：《國語直解》，上海：復旦大學，2000 年 6 月。

28. 周一夔：《人類環境學》，台北：黎明文化，1980 年 4 月。

29. 周世輔：《中國哲學史》，台北：三民書局，1971 年 1 月。

30. 宗白華：《美學散步》，上海：上海人民出版社，1981 年 6 月。

31. 宗白華：《意境》，北京：北京大學出版社，1986 年 6 月。

32. 屈萬里：《詩經詮釋》，台北：聯經出版社，1983 年 2 月。

33. 林尹：《中國學術思想大綱》，台北：臺灣商務印書館，1981 年 10 月。

34. 金岳霖：《論道》，《民國叢書》第二編，上海：上海書店，1990 年 12 月。

35. 茅盾：《茅盾說神話》，上海：上海古籍出版社，1999 年 7 月。

36. 唐君毅：《中國哲學原論》，台北：臺灣學生書局，1978 年 4 月。

37. 唐君毅：《哲學概論（上）》，台北：臺灣學生書局，1996 年 9 月。

38. 孫以楷：《道家與中國哲學·先秦卷》，北京：人民出版社，2004 年 6 月。

39. 孫黨伯、袁謇正主編：《聞一多全集·莊子編》第九冊，武漢：湖北人民出版社，1993 年。

40. 徐文珊：《先秦諸子導讀》，台北：幼獅書店，1972 年 1 月。

41. 徐復觀：《中國人性論史》，台北：臺灣商務印書館，1969 年 1 月。

42. 徐復觀：《中國藝術精神》，台北：臺灣學生書局，1998 年 5 月。

43. 徐漢昌：《先秦諸子》，台北：臺灣書店，1997 年 9 月。

44. 海德格爾：《存在與時間》，北京：生活·讀書·新知三聯書店，1987 年 12 月。

45. 秦彥士：《諸子學與先秦社會》，石家莊：河北人民出版社，2003 年 1 月。

46. 袁珂：《山海經校注》，成都：巴蜀書社，1993 年 4 月。

47. 袁珂：《中國古代神話》，北京：華夏出版社，2004 年 1 月。

48. 袁珂：《中國神話史》，上海：上海文藝出版社，1988 年 10 月。

49. 袁珂：《中國神話傳說》上冊，台北：駱駝出版社，1987 年 8 月。

50. 袁珂：《神話論文集》，台北：漢京文化出版社，1987 年 1 月。

51. 高亨：《老子正詁》，昌平：中國書店，1988 年 10 月。

52. 張成秋：《先秦道家思想研究》，台北：臺灣中華書局，1971 年 4 月。

53. 張岱年：《中國哲學大綱》，台北：藍燈文化，1992 年 4 月。

54. 梁啓超：《中國歷史研究法五種》，台北：里仁書局，1982 年 1 月。

55. 許抗生：《老子與道家》，北京：新華出版社，1993 年 12 月。

56. 郭預衡：《中國古代文學史（一）》，上海：上海古籍出版社，1998 年 7 月。

57. 郭錫良等編：《古代漢語》上冊，北京：北京出版社，1981 年 9 月。

58. 陳鼓應：《老子今註今譯及評介》，台北：臺灣商務印書館，1972 年 12 月。

59. 陳鼓應主編：《道家文化研究》第一輯，上海：上海古籍出版社，1992 年 6 月。

60. 陳鼓應主編：《道家文化研究》第六輯，上海：上海古籍出版社，1995 年 6 月。

61. 陳蒲清：《中國古代寓言史》，湖南：湖南教育出版社，1983 年 11 月。

62. 章滄授：《先秦諸子散文藝術論》，合肥：安徽大學出版社，1996 年 9 月。

63. 傅正谷：《中國夢文學史》，北京：光明日報出版社，1993 年 5 月。

64. 勞思光：《新編中國哲學史（一）》，台北：三民書局，1991 年 1 月。

65. 黃公偉：《道家哲學系統探微》，台北：新文豐出版社，1981 年 8 月。

66. 楊家駱主編：《增補中國思想名著——呂氏春秋集釋》上中下冊，台北：世界書局，1966 年 2 月。

67. 楊家駱主編：《增補中國思想名著——商君書解詁》，台北：世界書局，1966 年 7 月。

68. 楊家駱主編：《增補中國思想名著——管子校正》，台北：世界書局，1966 年 7 月。

69. 楊家駱主編：《增補中國思想名著——韓非子集釋》上下冊，台北：世界書局，1963 年 1 月。

70. 葉舒憲：《中國神話哲學》，北京：中國社會科學出版社，1992 年 1 月。

71. 葛瑞漢著、張海晏譯：《論道者：中國古代哲學論辯》，北京：中國社會科學出版社，2003 年 8 月。

72. 熊鐵基、馬良懷、劉韶軍：《中國老學史》，福州：福建人民出版社，1997 年 7 月。

73. 趙沛霖：《先秦神話思想史論》，北京：學苑出版社，2006 年 3 月。

74. 劉大杰：《中國文學發展史》，台北：華正書局，1991 年 7 月。

75. 劉城淮主編：《先秦寓言大全》，長沙：岳麓書社，1993 年 9 月。

76. 劉勰著、周振甫注：《文心雕龍注釋》，台北：里仁書局，1998 年 9 月。

77. 劉增惠：《道家文化面面觀》，濟南：齊魯書社，2000 年 3 月。

78. 樓宇烈校釋：《王弼集校釋》，台北：華正書局，1992 年 12 月。

79. 樂愛國：《道教生態學》，北京：社會科學文獻出版社，2005 年 5 月。

80. 潘德榮：《詮釋學導論》，台北：五南圖書，1999 年 8 月。

81. 蔣錫昌：《老子校詁》，成都：成都古籍書店，1988 年 9 月。

82. 魯迅：《中國小說史略》，《民國叢書》第二編，上海：上海書店，1992 年。

83. 盧梭著、李常山譯：《論人類不平等的起源和基礎》，台北：唐山出版社，1986 年 10 月。

84. 錢穆：《先秦諸子繫年》，北京：商務印書館，2001 年 8 月。

85. 羅安憲：《虛靜與逍遙——道家心性論研究》，北京：人民出版社，2005 年 9 月。

86. 譚達先：《中國神話研究》，台北：臺灣商務印書館，1992 年 12 月。

三、論　文（依出版年代順序）

（一）學位論文

1. 鄭振復：〈南華經寓言釋義〉，政治大學中國文學研究所碩士論文，1978 年。

2. 郭明記：〈莊子道德人格的標準〉，中國文化大學哲學研究所碩士論文，1986 年。

3. 張明月：〈莊子生命思想之研究〉，中國文化大學哲學研究所碩士論文，1987 年。

4. 周景勳：〈莊子寓言中的生命哲學〉，輔仁大學哲學研究所博士論文，1990 年。

5. 李宣侚：〈莊子的生命理境及其藝術精神〉，中國文化大學中國文學研究所博士論文，1990 年。

6. 林文琪：〈莊子去知的意義研究〉，中央大學哲學研究所碩士論文，1991 年。

7. 郭應哲：〈莊子明王之治思想〉，臺灣大學政治學研究所碩士論文，1991 年。

8. 張子昂：〈莊子之體道與工夫論問題研究〉，輔仁大學哲學研究所碩士論文，1992 年。

9. 李玫芳：〈莊子人生哲學研究〉，輔仁大學哲學研究所碩士論文，1992 年。

10. 謝易眞：〈莊子轉化成心而見獨的人生境界〉，輔仁大學中文研究所碩士論文，1992 年。

11. 吳慕雅：〈張湛《列子注》貴虛思想研究〉，政治大學中國文學研究所碩士論文，1995 年。

12. 陳月婷：〈列子人生哲學研究〉，中國文化大學哲學研究所碩士論文，1995 年。

13. 蘇雅慧：〈莊子生死觀對死亡教育的啓示〉，臺灣師範大學教育研究所碩士論文，1996 年。

14. 楊文良：〈莊子的生命哲學〉，中央大學哲學研究所碩士論文，1996 年。

15. 陳瑞麟：〈《列子》自然思想研究〉，華梵大學東方人文思想研究所碩士論文，1998 年。

16. 謝如柏：〈《列子》「命」概念及其相關問題研究〉，臺灣大學中國文學研究所碩士論文，1998 年。

17. 楊玉如：〈《列子》達生思想研究〉，政治大學中國文學系碩士論文，1999 年。

18. 蘇慧萍：〈《老》《莊》生死觀研究〉，中山大學中國語文研究所碩士論文，2001 年。

19. 黃翔：〈《列子》寓言思想研究〉，臺灣大學中國文學研究所碩士論文，2002 年。

20. 蔡政翰：〈《列子》生命哲學研究〉，高雄師範大學國文學系教學碩士論文，2003 年。

21. 柳秀英：〈先秦道家老莊生命思想研究〉，高雄師範大學國文研究所博士論文，2003 年。

（二）期刊論文

（《莊子》）

1. 孫寶琛：〈莊子的生命哲學〉，《中華文化復興月刊》第 19 卷第 4 期，1986 年 4 月。

2. 楊儒賓：〈昇天變形與不懼水火 —— 論莊子思想中與原始宗教相關的三個主題〉，《漢學研究》第 7 卷第 1 期，1989 年 6 月。

3. 王邦雄：〈莊子思想及其修養工夫〉，《鵝湖月刊》第 17 卷第 1 期，1991 年 7 月。

4. 林聰舜：〈《莊子》無為政治思想的幾層意義〉，《漢學研究》第 11 卷第 1 期，1993 年 6 月。

5. 郁建興、王新華：〈論莊子的人生哲學〉，《浙江大學學報》第 8 卷第 4 期，1994 年 12 月。

6. 袁珂：〈《莊子》的神話與寓言〉，《中華文化論壇》第 3 期，1995 年。

7. 郭道榮：〈生命哲學：莊子哲學之基礎〉，《成都大學學報（社科版）》第 4 期，1995 年。

8. 陳水德：〈淺析莊子無為政治思想的社會性〉，《安徽史學》第 3 期，1995 年。

9. 杜宇民：〈論莊子的生命智慧〉，《安徽教育學院學報》第 1 期，1995 年。

10. 史向前：〈莊子命運觀初探〉，《貴州社會科學》第 3 期，1995 年。

11. 張琦、張炳成：〈試論莊子寓言個性〉，《蘭州大學學報》（社會科學版）第 24 卷第 4 期，1996 年。

12. 朱任飛：〈昆侖、黃帝神話傳說與《莊子》寓言〉，《學術交流》第 6 期，1996 年。

13. 王相民：〈莊子散文的形象和意境〉，《中國古代、近代文學研究》第 7～8 期，1996 年。

14. 王劍峰：〈自由・美・人生──莊子的「道」路〉，《江西社會科學》第 5 期，1996 年。

15. 鄭世明：〈試論莊子的寓言世界〉，《河南大學學報》（社會科學版），第 36 卷第 1 期，1996 年 1 月。

16. 葉舒憲：〈莊子與神話〉，《中國神話與傳說學術研討會論文集》，1996 年 3 月。

17. 李仁質：〈試論莊子寓言的藝術特色〉，《中央社會主義學院學報》第 1 期，1997 年。

18. 朱任飛：〈大海、海神崇拜和《莊子・秋水》寓言〉，《求是學刊》第 1 期，1997 年。

19. 吳懷東：〈試論《莊子》「寓言」〉，《學術界》第 3 期，1998 年。

20. 漆貫榮：〈試論莊子時空觀〉，《陝西天文台台刊》第 21 卷第 2 期，1998 年 12 月。

21. 張亞君：〈《莊子》寓言的文學性〉，《甘肅社會科學》第 4 期，1999 年。

22. 李永平：〈試論莊子哲學的寓言形式〉，《西安石油學院學報》（社會科學版）第 2 期，1999 年。

23. 何保中：〈死亡問題在莊子思想中的意義與地位〉，《國立臺灣大學哲學論評》第 22 期，1999 年 1 月。

24. 陳龍：〈神來靈氣、文彩天成──簡論《莊子》寓言〉，《玉溪師範高等專科學校學報》第 16 卷第 4 期，2000 年。

25. 林志鵬：〈從神話素材的再創造論《莊子》的文學表現〉，《中國文學研究》第 14 期，2000 年 5 月。

26. 董華：〈莊子寓言文學的內涵〉，《青海師範大學學報》（哲學社會科學版）第 2 期，2001 年。

27. 馬漢欽：〈淺析《庄子》寓言創作理論〉，《萍鄉高等專科學校學報》第 2 期，2002 年。

28. 奚亞麗：〈《莊子》與《列子・楊朱》篇人生理論再認識〉，《松遼學刊》（人文社會科學版）第 1 期，2002 年 2 月。

29. 陳忠信：〈試論《莊子》混沌神化〉，《中國文化月刊》第 267 期，2002 年

6 月。

30. 張文彥：〈先秦諸子寓言的一面旗幟 —— 莊子寓言與其他諸子寓言的異同〉，《哈濱學院學報》第 23 卷第 11 期，2002 年 11 月。

31. 許老雍：〈老莊的自然環保思想〉，《國文學報》（高雄師大）第 2 期，2004年。

（《列子》）

1. 楊汝舟：〈列子神秘思想之意旨〉（一）—— （六），《中華易學》第 4 卷，1983 年 8 月。

2. 李季林、錢耕森：〈論列子「貴虛」的人生哲學〉，《孔孟月刊》第 33 卷第 7 期，1995 年 3 月。

3. 章滄授：〈《列子》散文多面觀〉，《安慶師範學院學報》第 2 期，1994。

4. 馬振亞：〈從詞的運用上揭示《列子》偽書的真面目〉，《吉林大學社會科學學報》第 5 期，1995 年。

5. 星舟：〈夸父追日的深層敘事原型〉，《中國古代、近代文學研究》第 3～4期，1995 年。

6. 蔡永貴：〈《夸父逐日》的文化意蘊新解〉，《寧夏大學學報（社會科學版)》第 17 卷第 4 期，1995 年。

7. 陳德安：〈《列子》的世界觀與人生觀教育〉，《雁北師院學報》第 4 期，1996年。

8. 馬達：〈對清代關於《列子》辨偽的匡正〉，《衡陽師專學報》第 5 期，1996年 5 月。

9. 彭自強：〈《列子》的名實觀〉，《西南師範大學學報（哲學社會科學版)》第 5 期，1997 年。

10. 馬達：〈張湛《列子注》與《列子》在義理上的矛盾〉，《北方工業大學學報》第 9 卷第 4 期，1997 年。

11. 馬達：〈《列子》非張湛所偽作〉，《湖南教育學院學報》第 15 卷第 1 期，1997 年 2 月。

12. 馬達：〈劉向《列子敘錄》非偽作 —— 馬敘倫《列子偽書考》匡正之一〉，《大陸雜誌》第 94 卷第 4 期，1997 年 4 月。

13. 李季林：〈論列子的有無、名教自然觀〉，《孔孟月刊》第 35 卷第 10 期，1997 年 6 月。

14. 馬達：〈張湛《列子注》與《列子》在義理上的矛盾〉，《北方工業大學學報》第 9 卷第 4 期，1997 年 12 月。

15. 譚家健：〈《列子》書中的先秦諸子〉，《管子學刊》第 2 期，1998 年。

16. 張燕：〈神話《夸父逐日》象徵意義新探〉，《貴州教育學院學報（社會科

學版)》第 1 期，1998 年。

17. 林義正：〈論列子之「虛」〉，《國立臺灣大學哲學論評》第 22 期，1999 年 1 月。

18. 鄭曉江：〈論《列子》的人生哲學與特質〉，《哲學與文化》第 26 卷第 1 期，1999 年 1 月。

19. 譚家健：〈《列子》的理想世界〉，《中國文學研究》，1999 年 3 月。

20. 馬達：〈「偃師獻技」是列子獨創的科學幻想寓言〉，《棗莊師專學報》第 17 卷第 4 期，2000 年 8 月。

21. 陳宏銘：〈列子的政治思想〉，《中華道教學院南台分院學報》第 1 期，2000 年 9 月。

22. 劉見成：〈死亡與生命的意義：《列子》中的觀點〉，《逢甲人文社會學報》第 1 期，2000 年 11 月。

23. 湯雲航：〈女媧神話考源〉，《承德民族師專學報》第 20 卷第 3 期，2000 年 8 月。

24. 鄭良樹：〈《列子》真偽考述評〉，《中國文哲研究通訊》第 10 卷第 4 期，2000 年 12 月。

25. 陳宏銘：〈列子的宇宙論〉，《中華道教學院南台分院學報》第 2 期，2001 年 10 月。

26. 戴建平：〈《列子》自然觀初探〉，《中國道教》，2002 年 1 月。

27. 吳瑞文：〈《列子·天瑞篇》義理結構試詮〉，《哲學與文化》第 28 卷第 11 期，2001 年 11 月。

28. 戴吾三：〈《列子》三則寓言體現的古代技術觀念〉，《科學技術與辯證法》第 19 卷第 2 期，2002 年 4 月。

29. 林明照：〈《列子》天人思想試析〉，《哲學與文化》第 29 卷第 8 期，2002 年 8 月。

30. 陳宏銘：〈列子的生死觀〉，《中華南台道教學院學報》第 1 期，2003 年 3 月。

31. 陳平坤：〈《列子》的形上思想與人生哲學〉，《宗教與心靈改革研討會論文集》第七屆，2004 年 12 月。

32. 陳宗賢：〈列子思想概述〉，《高雄工商專學報》第 23 期。

（其他）

1. 劉湘王：〈中國神話與古代思想間的關係〉，《中華文化復興月刊》第 19 卷第 4 期，1986 年 4 月。

2. 康錦屏：〈論道家文學的語言特徵〉，《中國古代、近代文學研究》第 7～8 期，1996 年。

3. 楊儒賓：〈道家的原始樂園思想〉，《中國神話與傳說學術研討會論文集》，
1996 年 3 月。

4. 趙沛霖：〈中國神話的分類與《山海經》的文獻價值〉，《中國古代、近代
文學研究》第 4～6 期，1997。

5. 鄔大海：〈先秦時期時空無限思想的若干研究〉，《自然辯證法通訊》第 22
卷第 1 期，2000 年。

6. 張廣保：〈原始道家道論的展開──道家形而上的夢論與生死論〉，《中國
哲學史》第 3 期，2002 年。

四、網路資源

1. 維基百科全書：http://zh.wikipedia.org/w/index.php。

附錄一　《莊子》思想研究

研 究 主 題		學 位 論 文
以某一思想為研究主題	養生思想	謝靜惠〈莊子養生主研究〉（中國文化大學哲學研究所碩士論文，1993）、盧建潤〈莊子養生思想研究〉（輔仁大學哲學研究所碩士論文，1996）、黃憶佳〈由養生主看莊子的養生觀〉（輔仁大學中文系碩士論文，2001）、鍾倍祺〈《莊子‧養生主》思想之研究〉（南華大學哲學研究所碩士論文，2003）、紀毓玲〈莊子養生思想〉（國立高雄師範大學國文教學碩士論文，2004）
	人生哲學	張明月〈莊子生命思想之研究〉（中國文化大學哲學研究所碩士論文，1986）、林文琪〈莊子去知的意義研究〉（中央大學哲學研究所碩士論文，1990）、李玫芳〈莊子人生哲學研究〉（輔仁大學哲學研究所碩士論文，1992）、楊寶綱〈莊子齊物思想的探討〉（東海大學哲學研究所碩士論文，1995）、楊文良〈莊子的生命哲學〉（中央大學哲學研究所碩士論文，1996）、林靜茉〈莊子人學研究〉（臺灣師範大學國文研究所碩士論文，1997）
	體道修養功夫	張子昂〈莊子之體道與工夫論問題研究〉（輔仁大學哲學研究所碩士論文，1992）、沙慶強〈心齋與道——莊子功夫論所展現之境界〉（香港新亞研究所哲學組碩士論文，1997）、施依吾〈莊子修養論工夫次第研究〉（立中央大學中國文學研究所碩士論文，2003）
	政治思想	郭應哲〈莊子明王之治思想〉（臺灣大學政治學研究所碩士論文，1911）、黃源典〈莊子之治道觀〉（南華大學哲學研究所碩士論文，2000）、金登戀〈莊的政治思想〉（中國文化大學政治學研究所碩士論文，2000）、邱茂波〈從「內聖外王」論莊子哲學及其重要詮釋〉（中國文化大學哲學研究所博士論文，2002）、林鈺清〈莊子淑世思想之研究〉（南華大學哲學研究所碩士論文，2003）

美學思想	蔡嘉雄〈莊子書中的美學〉（文化大學/哲學研究所碩士論文，1980）、李宣侚〈莊子的生命理境及其藝術精神〉（中國文化大學中國文學研究所博士論文，1990）、林翠雲〈莊子「技進於道」美學意義之探究〉（國立中央大學中國文學研究所碩士論文，1991）、林世奇〈莊子美學思想研究〉（淡江大學中國文學研究所碩士論文，1999）、王寶惠〈莊子哲學中「遊」的美學意涵〉，（中國文化大學哲學研究所碩士論文，1999）、林淑文〈《莊子》美學原理初探〉（東吳大學/哲學系碩士論文，2001）
以某篇或某幾篇為研究主題	李玉柱〈論莊子齊物論思想之詮釋與建構〉（中國文化大學哲學研究所碩士論文，1987）、黃漢青〈莊子內篇與外雜篇比較研究〉（中國文化大學哲學研究所博士論文，1991）、呂基華〈《莊子》內七篇修養論研究〉（中央大學中國文學研究所碩士論文，1996）、巫永剛〈從莊子《齊物論》看莊子思想〉（香港新亞研究所哲學組碩士論文，1997）、張修文〈莊子內七篇的義理析論〉（中國文化大學哲學研究所碩士論文，1998）、陳奕孜〈莊子〈德充符〉研究〉（中國文化大學哲學研究所碩士論文，1999）、王櫻芬〈莊子〈逍遙遊〉研究〉（中正大學中國文學研究所碩士論文，1999）、董錦燕〈莊子內七篇「氣」的思想研究〉（彰化師範大學國文教育研究所碩士論文，1999）、許貴勝〈莊子《人間世》之研究〉（中國文化大學哲學研究所碩士論文，2001）
以寓言故事為研究主題	鄭振復〈南華經寓言釋義〉（政治大學中國文學研究所碩士論文，1978）、連清吉〈莊子寓言研究〉（東海大學中國文學研究所碩士論文，1980）、周景勳〈莊子寓言中的生命哲學〉（輔仁大學哲學研究所博士論文，1990）、陳瑞琪〈《莊子》寓言之義理研究〉（國立中央大學中國文學研究所碩士論文，1992）、羅賢淑〈莊子書寓言故事研究〉（中國文化大學中國文學研究所碩士論文，1995）、陳玉玲〈《莊子》寓言之生命價值觀研究〉（玄奘大學中國語文研究所碩士論文，2004）
以《莊子》引伸運用為研究主題	劉秋固〈莊子的人學與超個人心理學〉（輔仁大學哲學研究所博士論文，1994）、謝麗卿〈莊子哲學及其教育蘊義〉（東海大學哲學研究所碩士論文，1996）、張月娥〈莊子思維方式的教育功能研究〉（中國文化大學哲學研究所碩士論文，1998）、連經韜〈莊子審美精神與國畫創作之探討〉（屏東師範學院國民教育研究所碩士論文，2002）、林芳珍〈由環境倫理學的角度探討《莊子》人與自然環境的關係〉（國立中央大學哲學研究所碩士論文，2003）、康志崇〈由莊子內七篇省察管理哲學之內涵及其應用〉（國立中山大學傳播管理研究所碩士論文，2004）、呂秀姮〈《莊子》人生哲學之現代運用〉（國立中山大學中國語文學系研究所碩士論文，2004）

附錄二　《莊子》與《列子》寓言互見篇章

《莊子》篇章	寓言內容	《列子》篇章	寓言內容
〈逍遙遊〉「鯤鵬」	北冥有魚，其名爲鯤。鯤之大，不知其幾千里也。化而爲鳥，其名爲鵬。鵬之背，不知其幾千里也；怒而飛，其翼若垂天之雲。是鳥也，海運則將徙於南冥。南冥者，天池也。齊諧者，志怪者也。諧之言曰：「鵬之徙於南冥也，水擊三千里，摶扶搖而上者九萬里。去以六月息者也。」野馬也，塵埃也，生物之以息相吹也。天之蒼蒼，其正色邪？其遠而無所至極邪？其視下也，亦若是則已矣……小知不及大知，小年不及大年。奚以知其然也。朝菌不知晦朔，蟪蛄不知春秋，此小年也。楚之南有冥靈者，以五百歲爲春，五百歲爲秋；上古有大椿者，以八千歲爲春，八千歲爲秋。而彭祖乃今以久特聞，眾人匹之，不亦悲乎！	〈湯問〉「湯問夏革」	荊之南有冥靈者，五百歲爲春，五百歲爲秋。上古有大椿者，以八千歲爲春，八千歲爲秋。朽壤之上有菌芝者，生於朝，死於晦。春夏之月有蠓蚋者，因雨而生，見陽而死。終北之北有溟海者，天池也，有魚焉，其廣數千里，其長稱焉，其名爲鯤。有鳥焉，其名爲鵬，翼若垂天之雲，其體稱焉。世豈知有此物哉？大禹行而見之，伯益知而名之，夷堅聞而志之。
〈逍遙遊〉「姑射神人」	藐姑射之山，有神人居焉，肌膚若冰雪，綽約若處子；不食五穀，吸風飲露；乘雲氣，御飛龍，而遊乎四海之外。其神凝，使物不疵癘而年穀熟。	〈黃帝〉「列姑射神人」	列姑射山在海河洲中，山中有神人焉，吸風飲露，不食五穀；心如淵泉，形如處女。不偎不愛，仙聖爲之臣；不畏不怒，愿愨爲之使；不施不惠，而物自足；不聚不斂，而己無愆。陰陽常調，日月常明，四時常若，風雨常均，字育常時，年穀常豐。而土無札傷，人無夭惡，物無疵厲，鬼無靈響焉。

〈逍遙遊〉「列子御風」	夫列子御風而行，泠然善也，旬有五日而後反。彼於致福者，未數數然也。此雖免乎行，猶有所待者也。	〈黃帝〉「列子御風」	心凝形釋，骨肉都融，不覺形之所倚，足之所履，隨風東西，猶木葉幹殼。竟不知風乘我邪，我乘風乎？
〈齊物論〉「朝三暮四」	勞神明爲一，而不知其同也，謂之朝三。何謂朝三？狙公賦芧，曰：「朝三而暮四」，眾狙皆怒。曰：「然則朝四而暮三」，眾狙皆悅。名實未虧而喜怒爲用，亦因是也。	〈黃帝〉「狙公養狙」	宋有狙公者，愛狙。養之成群，能解狙之意。狙亦得公之心。損其家口，充狙之欲。俄而匱焉，將限其食，恐眾狙之不馴於己也，先誑之曰：「與若芧，朝三而暮四，足乎？」眾狙皆起而怒。俄而曰：「與若芧，朝四而暮三，足乎？」眾狙皆伏而喜。物之以能鄙相籠，皆猶此也。聖人以智籠群愚，亦猶狙公以智籠眾狙也。名實不虧，使其喜怒哉。